Direito
Civil

O GEN | Grupo Editorial Nacional – maior plataforma editorial brasileira no segmento científico, técnico e profissional – publica conteúdos nas áreas de concursos, ciências jurídicas, humanas, exatas, da saúde e sociais aplicadas, além de prover serviços direcionados à educação continuada.

As editoras que integram o GEN, das mais respeitadas no mercado editorial, construíram catálogos inigualáveis, com obras decisivas para a formação acadêmica e o aperfeiçoamento de várias gerações de profissionais e estudantes, tendo se tornado sinônimo de qualidade e seriedade.

A missão do GEN e dos núcleos de conteúdo que o compõem é prover a melhor informação científica e distribuí-la de maneira flexível e conveniente, a preços justos, gerando benefícios e servindo a autores, docentes, livreiros, funcionários, colaboradores e acionistas.

Nosso comportamento ético incondicional e nossa responsabilidade social e ambiental são reforçados pela natureza educacional de nossa atividade e dão sustentabilidade ao crescimento contínuo e à rentabilidade do grupo.

Cesar **Peghini**

COORDENAÇÃO
Renee do Ó **Souza**

Direito Civil

2ª EDIÇÃO REVISTA, ATUALIZADA E REFORMULADA

- O autor deste livro e a editora empenharam seus melhores esforços para assegurar que as informações e os procedimentos apresentados no texto estejam em acordo com os padrões aceitos à época da publicação, e todos os dados foram atualizados pelo autor até a data de fechamento do livro. Entretanto, tendo em conta a evolução das ciências, as atualizações legislativas, as mudanças regulamentares governamentais e o constante fluxo de novas informações sobre os temas que constam do livro, recomendamos enfaticamente que os leitores consultem sempre outras fontes fidedignas, de modo a se certificarem de que as informações contidas no texto estão corretas e de que não houve alterações nas recomendações ou na legislação regulamentadora.

- Fechamento desta edição: *04.05.2022*

- O autor e a editora se empenharam para citar adequadamente e dar o devido crédito a todos os detentores de direitos autorais de qualquer material utilizado neste livro, dispondo-se a possíveis acertos posteriores caso, inadvertida e involuntariamente, a identificação de algum deles tenha sido omitida.

- **Atendimento ao cliente: (11) 5080-0751 | faleconosco@grupogen.com.br**

- Direitos exclusivos para a língua portuguesa
  Copyright © 2022 by
  Editora Forense Ltda.
  Uma editora integrante do GEN | Grupo Editorial Nacional
  Travessa do Ouvidor, 11 – Térreo e 6º andar
  Rio de Janeiro – RJ – 20040-040
  www.grupogen.com.br

- Reservados todos os direitos. É proibida a duplicação ou reprodução deste volume, no todo ou em parte, em quaisquer formas ou por quaisquer meios (eletrônico, mecânico, gravação, fotocópia, distribuição pela Internet ou outros), sem permissão, por escrito, da Editora Forense Ltda.

- Esta obra passou a ser publicada pela Editora Método | Grupo GEN a partir da 2ª edição.

- Esta obra, anteriormente designada "Resumo de Direito Civil", passou a ser intitulada "Direito Civil" a partir da 2ª edição.

- Capa: Bruno Sales Zorzetto

- **CIP - BRASIL. CATALOGAÇÃO NA PUBLICAÇÃO.
  SINDICATO NACIONAL DOS EDITORES DE LIVROS, RJ.**

P423d
2. ed.

Peghini, Cesar
Direito civil / Cesar Peghini; coordenação Renee do Ó Souza. – 2. ed., rev., atual. e reform. –
Rio de Janeiro: Método, 2022.
312 p.; 21 cm. (Método essencial)

Inclui bibliografia
ISBN 978-65-5964-470-4

1. Direito civil – Brasil. I. Souza, Renee do Ó. II. Título. III. Série.

22-77389 CDU: 347(81)

Meri Gleice Rodrigues de Souza – Bibliotecária – CRB-7/6439

Apresentação

Com linguagem acessível e com os pontos estratégicos para a formação do leitor, a presente obra tem como objetivo apresentar um estudo simplificado acerca do Direito Civil com o fundamento de atender os estudantes do Direito. Possui estrutura lógica e didática, explicando os principais temas de Direito Civil, entre eles, mas não se restringindo, a Família, o Contrato e a Propriedade.

Agradecimentos

Agradeço a todos os alunos, que são minha inspiração para seguir na docência.

Agradeço a todos os sócios, associados e estagiários do Escritório Renato Leal Advogados por poderem proporcionar o retorno de onde nunca deveria ter saído.

Dedico este trabalho à minha querida
e amada Doce Alice, que, enquanto dormia,
papai escrevia.

Sumário

Capítulo 1

Considerações gerais – Lei de Introdução às Normas do
Direito Brasileiro 1

1.1 Da classificação das normas 2
1.2 Fontes do direito 3
1.3 A lei e sua vigência no tempo 4
1.4 A lei e a segurança e estabilidade social 5
1.5 A lei no tempo 5
1.6 Interpretação das leis e as antinomias 7
1.7 A lacuna e o sistema de complementação (analogia aos
   costumes, aos princípios gerais de direito) 8

Capítulo 2

Visão geral do Código Civil de 2002 11

2.1 Os princípios norteadores: eticidade, socialidade e ope-
   rabilidade 12
2.2 Da pessoa natural 13
   2.2.1 Conceitos iniciais de personalidade e capacidade 13
2.3 Teoria das capacidades 15
2.4 Rol dos incapazes 16
2.5 Suprimento da incapacidade 17
2.6 Formas de aquisição da capacidade plena 18
   2.6.1 Formas de emancipação 18
2.7 Dos direitos da personalidade (arts. 11 a 21) 19
2.8 Da morte da pessoa natural 22
   2.8.1 Morte real 23
   2.8.2 Morte presumida 24
2.9 Comoriência 27

xii Direito Civil

2.10 Das pessoas jurídicas 27
2.10.1 Classificações quanto às pessoas jurídicas 28
2.10.2 Das pessoas jurídicas de direito privado (art. 44 do CC).. 29
2.10.3 Desconsideração da personalidade jurídica 32
2.11 Domicílio (arts. 70 a 78 do CC)................................... 34
2.12 Dos bens 35

Capítulo 3

Dos fatos, atos e negócios jurídicos.................................... 43

3.1 Fato jurídico em sentido estrito (natural) e ato humano.... 44
3.2 Principais classificações do negócio jurídico 46
3.3 Da existência, validade e eficácia do ato e do negócio jurídico 47
3.4 Dos defeitos do negócio jurídico.................................. 50
  3.4.1 Vícios do consentimento 50
    3.4.1.1 Erro ou Ignorância (art. 138 do CC)................... 51
    3.4.1.2 Dolo civil (art. 145 do CC) 52
    3.4.1.3 Coação (art. 151 do CC).................................. 54
    3.4.1.4 Estado de perigo (art. 156 do CC)..................... 55
    3.4.1.5 Lesão (art. 157 do CC).................................... 55
  3.4.2 Vícios sociais 56
    3.4.2.1 Simulação (art. 167 do CC).............................. 56
    3.4.2.2 Fraude contra credores (art. 158 do CC)............. 59
3.5 Teoria das nulidades... 60
  3.5.1 Nulidade absoluta 60
  3.5.2 Nulidade relativa... 62
3.6 Prescrição e decadência 64
  3.6.1 Distinções entre prescrição e decadência 65
  3.6.2 Prescrição: impedimento, suspensão e interrupção 66

Capítulo 4

Teoria geral das obrigações 69

4.1 Noções introdutórias – Princípios constitucionais aplicados ao direito civil.. 69
4.2 Elementos da obrigação 71

Sumário **xiii**

4.3 Classificação das obrigações 73
  4.3.1 Classificação quanto ao conteúdo do objeto obrigacional 73
  4.3.2 Classificação das obrigações complexas pela multiplicidade de sujeitos 77
  4.3.3 Classificação da divisibilidade (ou indivisibilidade) do objeto obrigacional 78
  4.3.4 Classificação quanto ao local de cumprimento 79
  4.3.5 Classificação quanto ao momento do cumprimento.... 79
4.4 Do pagamento ou adimplemento das obrigações 80
4.5 Pagamento indireto ou formas indiretas de extinção da obrigação 85
4.6 Da transferência ou transmissão das obrigações 88
  4.6.1 Cessão de crédito (arts. 286 a 298 do CC) 89
  4.6.2 Cessão de débito ou assunção de dívida (arts. 299 a 303 do CC) 89
4.7 Inadimplemento obrigacional 90
4.8 Da cessão de contrato 90
4.9 Do inadimplemento parcial (mora) e do inadimplemento total (impossibilidade de realização obrigacional) 90

Capítulo 5

Teoria geral dos contratos 99

5.1 Princípios contratuais 102
5.2 Formação dos contratos 105
5.3 Revisão judicial dos contratos 111
  5.3.1 Revisão contratual por fato superveniente no Código Civil de 2002 (arts. 317 e 478 do CC) 112
5.4 Vícios redibitórios 113
5.5 Extinção dos contratos 115
5.6 Contratos em espécie 117
  5.6.1 Compra e venda 117
  5.6.2 Troca ou permuta 118
  5.6.3 Estimatório 118
  5.6.4 Doação 119
  5.6.5 Locação de coisas 120
  5.6.6 Empréstimo 121

5.6.7	Comodato	121
5.6.8	Mútuo	122
5.6.9	Prestação de serviços	123
5.6.10	Empreitada	124
5.6.11	Depósito	124
5.6.12	Mandato	126
5.6.13	Comissão	127
5.6.14	Agência e distribuição	128
5.6.15	Corretagem	129
5.6.16	Transporte	130
5.6.17	Seguro	131
5.6.18	Constituição de renda	133
5.6.19	Jogo e aposta	134
5.6.20	Fiança	135
5.6.21	Transação	137
5.6.22	Compromisso e arbitragem	137

Capítulo 6

Direito das coisas 141

6.1 Da posse 144
   6.1.1 Principais classificações quanto à posse 147
   6.1.2 Da indenização e retenção das benfeitorias 149
   6.1.3 Responsabilidades 149
   6.1.4 Direito de usucapir 150
   6.1.5 Interditos possessórios 151
   6.1.6 Possibilidades de ingresso de outras ações possessórias 151
6.2 Da propriedade 152
   6.2.1 Visão constitucional e função social da propriedade ... 152
   6.2.2 O conceito e as características da propriedade 153
   6.2.3 Direito de vizinhança 161
   6.2.4 Condomínio (arts. 1.314 a 1.358 do CC) 162
6.3 Direitos reais sobre coisas alheias 163
   6.3.1 Constituição do direito de superfície (elementos formais, subjetivos e objetivos) 164
      6.3.1.1 Características e elementos do direito de superfície 166
      6.3.1.2 Transferência do direito de superfície 169

6.3.2 Servidão 170
6.3.2.1 Elementos formais, subjetivos e objetivos 170
6.3.2.2 Passagem forçada e servidão de passagem 172
6.3.2.3 Classificação das servidões 173
6.3.2.4 Exercício e característica da servidão 174
6.3.2.5 Hipóteses de extinção (arts. 1.387 a 1.389 do CC).... 174
6.3.3 Usufruto 175
6.3.3.1 Elementos formais, subjetivos e objetivos 176
6.3.3.2 Duração do usufruto e transferência 178
6.3.3.3 Direitos do usufrutuário (art. 1.394 do CC) 179
6.3.3.4 Deveres do usufrutuário (art. 1.403 do CC) 179
6.3.3.5 Extinção do usufruto (art. 1.410 do CC) 180
6.3.4 Uso 180
6.3.5 Habitação 181
6.3.6 Laje 181
6.3.6.1 Dos direitos e deveres 182
6.3.6.2 Das questões construtivas 182
6.3.6.3 Do direito de preferência 183
6.3.6.4 Da extinção do direito de laje 184
6.4 Direitos reais de garantia 184
6.4.1 Penhor 186
6.4.1.1 Das espécies de penhor especiais (arts. 1.442 a
1.472 do CC) 187
6.4.2 Hipoteca 188
6.4.3 Anticrese 191
6.4.4 Direito real de aquisição 192

Capítulo 7

Responsabilidade civil 193

7.1 Elementos ou pressupostos da responsabilidade civil 194
7.1.1 Ação ou omissão 194
7.1.2 Culpa 195
7.1.3 Dolo 196
7.1.4 Nexo de causalidade 197
7.1.5 Dano e suas espécies de dano 198
7.2 Hipóteses específicas de responsabilidade civil 200

xvi Direito Civil

Capítulo 8

Das entidades familiares..203
8.1 Princípios do novo direito de família brasileiro.................203
8.2 Casamento...207
8.2.1 Capacidade matrimonial.......................................208
8.2.2 Impedimentos matrimoniais (art. 1.521 do CC)...........209
8.2.3 Causas suspensivas do casamento (art. 1.523 do CC)... 210
8.2.4 Processo de habilitação e da celebração do casamento (art. 1.525 do CC).......................................211
8.2.5 Publicação dos proclamas do casamento (art. 1.527 do CC)..212
8.2.6 Celebração do casamento (art. 1.533 do CC)...............212
8.2.7 Modalidades especiais de casamento quanto à celebração..213
8.2.8 Invalidade do casamento.......................................215
8.2.9 Casamento nulo (art. 1.548 do CC)...........................215
8.2.10 Casamento anulável (art. 1.550 do CC).....................216
8.2.11 Efeitos pessoais e deveres do casamento (arts. 1.565 a 1.570 do CC)..216
8.2.12 Regime de bens..217
8.2.13 Alteração do regime de bens – Princípio da mutabilidade motivada ou justificada do regime de bens (art. 1.639, § 2°, do CC/2002).......................................223
8.3 Dissolução da sociedade conjugal.....................................224
8.3.1 Separação extrajudicial consensual............................224
8.3.2 Separação judicial (art. 1.574 do CC)..........................224
8.3.3 Divórcio...225
8.3.4 Efeitos quanto à dissolução da sociedade conjugal......225
8.3.5 Responsabilidade civil e dissolução da sociedade conjugal..227
8.4 União estável...228
8.5 Alimentos..229
8.6 Relações de parentesco..231
8.6.1 Relações de parentesco: conceito, modalidades de parentesco e regras gerais (arts. 1.591 a 1.595 do CC).....231
8.6.2 Regras de contagem de parentesco consanguíneo (arts. 1.591, 1.592 e 1.594 do CC)............................234

Sumário **xvii**

Capítulo 9

Direito das sucessões 237

9.1 Conceitos basilares 237

9.1.1 Modalidades de sucessão 238

9.1.2 Da transmissão da herança 239

9.1.3 Da vocação hereditária 240

9.1.3.1 Daqueles que herdam por sucessão legítima 240

9.1.3.2 Daqueles que herdam pela sucessão testamentária.. 241

9.1.3.3 Daqueles que não poderão ser herdeiros ou legatários (art. 1.801 do CC) 243

9.1.4 Da delação sucessória (aceitação ou renúncia da herança) 245

9.1.4.1 Aceitação ou adição da herança 245

9.1.4.2 Renúncia da herança 246

9.1.5 Dos excluídos da sucessão: da indignidade e da deserdação 246

9.1.5.1 Motivos ou causas para exclusão 248

9.1.5.2 Da reabilitação do indigno (art. 1.818 do CC) 251

9.1.6 Herdeiro aparente ou putativo e da validade de seus atos 253

9.1.7 Da herança jacente e da herança vacante 254

9.1.7.1 Da herança jacente (arts. 1.819 a 1.823 do CC) 254

9.1.7.2 Herança vacante 254

9.2 Da sucessão legítima 254

9.2.1 Regra geral para verificação da concorrência do cônjuge e companheiro sobrevivente na sucessão legítima ... 254

9.2.2 Questão preliminar: requisitos necessários para que o cônjuge seja herdeiro (art. 1.830 do CC) 257

9.2.3 Concorrência sucessória com os descendentes do morto (art. 1.829, I, do CC) 257

9.2.3.1 Regimes em que o cônjuge não concorrerá com os descendentes 259

9.2.3.2 Regimes em que o cônjuge concorrerá com os descendentes.. 260

9.2.4 Do quinhão do cônjuge que concorre com os descendentes 261

9.2.5 Da sucessão legítima na linha reta ascendente 262

9.2.6 Da concorrência sucessória do cônjuge sobrevivente com os ascendentes do morto (art. 1.829, II, do CC e art. 1.837 do CC)... 263

9.2.7 Da sucessão dos colaterais (art. 1.829, IV, do CC e arts. 1.839 a 1.843 do CC).. 265

9.3 Da sucessão testamentária (art. 1.857 do CC).................... 268

9.3.1 Introdução... 268

9.3.2 Das formas de testamento.. 270

9.3.3 Modalidades de testamento.. 271

9.3.3.1 Testamentos ordinários ou comuns........................... 271

9.3.3.2 Testamentos extraordinários ou especiais.............. 276

9.4 Codicilo (arts. 1.881 a 1.885 do CC)................................... 277

9.4.1 Extinção do testamento... 278

9.4.2 Revogação.. 279

9.4.3 Do rompimento ou ruptura do testamento (arts. 1.973 a 1.975 do CC)... 281

9.4.4 Caducidade e invalidade do testamento........................ 282

9.4.5 Cláusulas testamentárias, interpretação e integração do testamento 283

9.4.5.1 Das disposições testamentárias.............................. 283

Referências 291

1

Considerações gerais – Lei de Introdução às Normas do Direito Brasileiro

Anteriormente denominada Lei de Introdução ao Código Civil – Decreto-lei nº 4.657/1942 embora esteja anexada ao Código Civil, não se aplica apenas às leis civis, sendo uma norma sobre direito, ressalvadas as hipóteses específicas em lei.

Conforme Maria Helena Diniz (2020c, p. 73), a nomenclatura anterior era equivocada, sendo necessária sua alteração, que ocorreu pela Lei nº 12.376, de 30 de dezembro de 2010.

A Lei de Introdução às Normas do Direito Brasileiro regulamenta basicamente os seguintes institutos:

A eficácia da lei no tempo (art. 1º da LINDB); antinomia, considerando o fenômeno da vigência da lei (art. 2º da LINDB); obrigatoriedade sob a luz do direito (art. 3º da LINDB); anomia (ausência de norma), lacuna e meios de preenchimento das lacunas (art. 4º da LINDB); hermenêutica jurídica (art. 5º da LINDB); direito intertemporal e segurança jurídica (art. 6º da LINDB); normas de conexão de direito internacional privado (arts. 7º a 19 da

2   Direito Civil

LINDB); e, por fim, as normas de interpretação do direito público (arts. 20 a 30 da LINDB).

1.1 Da classificação das normas

A lei pode ser classificada nos termos dos seguintes elementos:

a) **Natureza**:

- **normas substantivas ou materiais**: regulam o direito material, puro não regulamentado;
- **normas formais ou processuais**: visam a proteção do direito material, ou seja, concedem o procedimento pelo qual deve transitar o direito material.

b) **Hierarquia**:

- **normas constitucionais**: decorrem da Constituição Federal, bem como seus demais elementos, tais como as emendas;
- **normas complementares**: são normas regulamentadoras de determinado assunto (art. 69 da CF);
- **normas ordinárias**: referem-se às leis comuns (art. 61 da CF);
- **normas delegadas**: leis de delegação do Presidente da República (art. 68 da CF);
- **medidas provisórias**: originam por ato do Presidente (art. 62 da CF);
- **decretos legislativos**: normas promulgadas pelo Poder Legislativo sobre assuntos de sua competência (art. 59, VI, da CF);
- **resoluções**: normas expedidas pelo Poder Legislativo para regulamentar matéria de sua competência (art. 59, VII, da CF);
- **regimentos internos**: normas de caráter regimental e estatutário aplicado aos entes públicos e particulares.

Considerações gerais – Lei de Introdução às Normas do Direito Brasileiro **3**

c) **Imperatividade:**

■ **normas cogentes ou de ordem pública:** interessam a toda a coletividade, logo, não podem ser alteradas pela vontade das partes, seja por contrato ou outra forma, uma vez que possuem imperatividade absoluta. Exemplo: arts. 11 a 21 do CC;

■ **normas dispositivas ou de ordem privada:** interessam somente aos entes privados, portanto podem ser transacionadas pelas partes. Exemplo: a liberdade de contratar.

d) **Especialidade:**

■ **normas gerais:** contêm caráter regulamentador geral, com premissas e elementos aplicados a toda uma sedimentação. Exemplo: o Código Civil e o Código Penal, não obstante estes também possuem suas características especiais;

■ **normas especiais:** dispõem de tratamento específico de determinado instituto jurídico. Exemplo: Lei de Locações nº 8.245/1991.

1.2 Fontes do direito

As fontes do direito são os fatores determinantes que diferenciam o aspecto moral para a ciência jurídica. Trata-se de normas de condutas que podem ser classificadas como fontes formais e fontes não formais.

As fontes formais estão previstas no art. 4º da LINDB, quais sejam: **a lei, a analogia, os costumes e os princípios gerais de direito.** Por sua vez, as demais consideradas não formais compõem a **doutrina e a jurisprudência** dos tribunais, que não são regras jurídicas, mas acabam contribuindo de forma significativa para a sistematização das fontes do direito.

A lei é fonte primária, pois temos como regra a fonte derivativa decorrente do *Civil Law* romano-germânico, ou seja, que tem por "base somente" a lei como regra matriz do direito. No entanto, existe ainda o sistema conhecido como *Common*

4   Direito Civil

Law, com origem no direito inglês, baseado exclusivamente nos costumes e nas decisões do Poder Judiciário.

Até 2004, era muito claro que o direito brasileiro baseava-se no sistema *Civil Law*. Entretanto, com a entrada em vigor da EC n° 45, que introduziu o art. 103-A na Constituição Federal, temos uma nova condição, pela qual passamos a ter um sistema misto, com a criação das Súmulas Vinculantes, as quais, para a maior parte da doutrina, são fontes primárias.

Como exemplo podemos citar a Súmula Vinculante n° 13 do STF que trata do nepotismo:

> A nomeação de cônjuge, companheiro ou parente em linha reta, colateral ou por afinidade, até o terceiro grau, inclusive, da autoridade nomeante ou de servidor da mesma pessoa jurídica, investido em cargo de direção, chefia ou assessoramento, para o exercício de cargo em comissão ou de confiança, ou, ainda, de função gratificada na Administração Pública direta e indireta, em qualquer dos Poderes da União, dos Estados, do Distrito Federal e dos municípios, compreendido o ajuste mediante designações recíprocas, viola a Constituição Federal.

As demais fontes, ou seja, a analogia, os costumes e os princípios gerais de direito, conforme boa parte da doutrina, são aplicadas na ordem apresentada no art. 4°. Contudo, tendo em vista a nova sistemática hermenêutica da constitucionalização do direito civil, os princípios constitucionais norteadores complementam aquelas ferramentas, formando uma nova hermenêutica jurídica.

1.3 A lei e sua vigência no tempo

A lei passa por um processo antes de entrar em vigor. Após a elaboração, promulgação e publicação, existe a incidên-

Considerações gerais – Lei de Introdução às Normas do Direito Brasileiro **5**

cia de um período denominado *vacatio legis* que, conforme o art. 1° da LINDB, será de 45 dias depois de sua publicação, salvo disposição em contrário.

A *vacatio legis* pode ser conceituada como um período que medeia entre a publicação da lei e sua entrada em vigor. Tem por finalidade fazer que seus destinatários a conheçam e, por consequência, preparem-se para aplicá-la. Ela pode ser alterada pelo instituto da **cláusula de vigência** que indica a data a partir da qual a lei entrará em vigor.

A forma de contagem do prazo da *vacatio legis* está prevista no art. 8°, § 1°, da Lei Complementar n° 95/1998, alterada pela Lei Complementar n° 107/2001, na qual devem ser incluídos o dia da publicação e o último dia do prazo, devendo a lei entrar em vigor no dia imediatamente subsequente, independentemente de ser dia útil ou não.

1.4 A lei e a segurança e estabilidade social

Tal como apontam o art. 5°, XXXVI, da CF e o art. 6° da LINDB, a norma jurídica é criada para valer para o futuro, ou seja, sua aplicação somente tem validade para os fatos posteriores a sua vigência. Entretanto, caso uma norma atinja fatos pretéritos, devem ser respeitados os critérios do Código Civil e da Constituição Federal e, em especial, não violar o ato jurídico perfeito, direitos adquiridos e a coisa julgada.

1.5 A lei no tempo

As regras de revogação da lei encontram-se no art. 2° da LINDB, que consagra o princípio da continuidade. Todavia, a doutrina aponta duas formas de retirada da lei no tempo, as quais tratam da **revogação** e da **ineficácia**.

6 Direito Civil

Quanto à **revogação**, no que tange à sua **extensão**, pode ser:

a) total ou ab-rogação (exemplo: art. 2.045 do CC); ou, então,

b) parcial ou derrogação (exemplo: primeira parte do Código Comercial, determinada pelo art. 2.045 do CC).

Com relação ao **modo**, pode ser a revogação:

a) expressa (exemplo: o Código Civil, novo e antigo); ou, então,

b) tácita (exemplo: a Lei de Divórcio, que foi parcialmente incorporada pelo Código Civil).

Há, ainda, o **efeito repristinatório** previsto no art. 2º da LINDB, que trata da restauração da vigência de uma lei, anteriormente revogada, em virtude da revogação de lei revogadora, estabelecida no art. 2º, § 3º, da LINDB. Cumpre registrar que o efeito repristinatório existe no direito brasileiro, porém não é automático, devendo vir expresso no texto da lei, ou, ainda, quando ocorrer a declaração de inconstitucionalidade, conforme o art. 11, § 2º, da Lei nº 9.868/1999.

Um exemplo de repristinação legal pode ser retirado do Decreto nº 9.716, de 26 de fevereiro de 2019.

Já a **ineficácia** ocorre quando a lei perde a sua validade, ou seja, deixou de ser aplicada ao caso concreto. São hipóteses de ineficácia:

a) **Caducidade**: ocorre pela superveniência de uma situação cronológica ou factual que torna a norma inválida sem que ela tenha sido revogada.

b) **Desuso**: a norma torna-se inefetiva porque o titular de direitos não quer dela se valer.

Considerações gerais – Lei de Introdução às Normas do Direito Brasileiro **7**

c) **Costume**: *contra legem* ou negativo, que é aquela que contraria a lei. O costume não revoga a lei, mas pode gerar a sua ineficácia.

1.6 Interpretação das leis e as antinomias

Em decorrência do princípio da indeclinabilidade de jurisdição, o juiz é obrigado a decidir, ainda que não haja lei para solucionar o caso concreto. Nessa hipótese, ele deve se socorrer das seguintes **técnicas de interpretação**:

a) **Interpretação gramatical**: consiste na busca do real sentido do texto legal a partir das regras de linguística do vernáculo nacional.

b) **Interpretação lógica**: consiste na utilização de mecanismos de lógica, como silogismo, deduções, presunções e de relações de textos legais.

c) **Interpretação ontológica**: busca pela essência da lei, ou seja, sua motivação ou sua razão de ser (*ratio legis*).

d) **Interpretação histórica**: consiste no estudo das circunstâncias históricas fáticas que envolveram a elaboração das normas.

e) **Interpretação sistemática**: é interpretação que tem como base a comparação entre a lei atual, em vários de seus dispositivos, e outros textos, ou textos anteriores.

f) **Interpretação sociológica ou teleológica**: busca interpretar de acordo com a adequação da lei ao contexto da sociedade e aos fatos sociais.

A **antinomia**, por seu turno, é a presença de duas normas conflitantes, válidas e emanadas da autoridade competente, sem que se possa dizer qual delas merecerá aplicação em um caso concreto. Na análise das antinomias, três metacritérios devem ser considerados para a solução dos conflitos:

a) **Cronológico**: segundo o qual a norma posterior prevalece sobre a anterior. É o mais fraco deles.

b) **Especialidade**: segundo o qual a norma especial prevalece sobre a geral. É um critério intermediário e tem base constitucional no art. 5°, que trata do princípio da isonomia, ou da igualdade *lato sensu*.

c) **Hierárquico**: segundo o qual a norma superior prevalece sobre a inferior. É o mais forte deles, tendo em vista, inclusive, a importância do texto constitucional.

1.7 A lacuna e o sistema de complementação (analogia aos costumes, aos princípios gerais de direito)

Conforme imposição constitucional no art. 5°, II, da CF (princípio da legalidade), há obrigatoriedade quanto à aplicação da lei. No entanto, é nítida a disposição de que há falhas no sistema legislativo, pois, caso contrário, não necessitaríamos dos arts. 4° e 5° da LINDB.

Nesse sentido, entende-se que o direito criou ferramentas próprias para sistematizar e blindar eventuais lacunas no próprio direito, sendo as seguintes modalidades de classificação:

a) **lacuna normativa**: ausência de norma prevista para determinado caso concreto;

b) **lacuna ontológica**: presença da norma para o caso concreto, mas que não tenha eficácia social;

c) **lacuna axiológica**: presença de norma para o caso concreto, mas que a aplicação seja injusta ou insatisfatória;

Considerações gerais – Lei de Introdução às Normas do Direito Brasileiro **9**

d) lacuna de conflitos ou antinomia: choque de duas ou mais normas válidas, pendentes de solução no caso concreto.

Nas referidas situações, deverão ser aplicadas às **demais fontes do direito**, que são:

a) Analogia: é aplicação ao caso não previsto de uma lei reguladora de caso semelhante. Tem por fundamento o argumento *pari ratione*, ou seja, da lógica dedutiva, segundo o qual, para a solução do caso omisso, utiliza-se o mesmo raciocínio do caso semelhante.

> Como exemplo podemos citar o art. 1.831 do CC que trata do direito real de habitação, em que ele pode ser estendido do cônjuge para o companheiro. São espécies de analogia: legal é aquela que aplica ao caso omisso lei que regula caso semelhante; e jurídica aplica ao caso omisso um compilado de leis.

b) Costumes: é a repetição da conduta de maneira uniforme e constante (requisito objetivo) com a convicção da sua obrigatoriedade (requisito subjetivo), repetição e aceitação.

> Como exemplo, nos termos do art. 32 da Lei do Cheque, este é pagável à vista; considera-se não escrita qualquer menção em contrário. Se o cheque for apresentado antes do dia indicado, como o da emissão, deverá ser pago no dia da sua apresentação.

c) Princípios gerais do direito: trata-se de premissas que não foram ditadas explicitamente pelo legislador, mas estão contidos de forma preponderante no ordenamento jurídico.

d) Doutrina: fonte de interpretação da lei feita pelos estudiosos da matéria, sendo construída por pareceristas, ensinamentos dos professores e mestres, nas opiniões decorrentes dos tratados, pelas dissertações e teses acadêmicas.

e) **Jurisprudência**: é interpretação da lei conforme os órgãos do Poder Judiciário, que também faz parte dos costumes, e é formada especialmente pelos tribunais superiores.

f) **Equidade**: não se encontra no rol do art. 4°, porém está nitidamente elencada no art. 5° da LINDB, fato que permite que a justiça seja aplicada ao caso concreto.

2

Visão geral do Código Civil de 2002

Diferentemente do que ocorreu com o Código Civil anterior (1916), que foi escrito somente por Clóvis de Beviláqua, a atual codificação foi elaborada por uma comissão iniciada em 1975, bem como capitaneada por Miguel Reale e composta pelos seguintes membros: Reale e como colaboradores temáticos os ilustres juristas José Carlos Moreira Alves (Parte Geral), com Agostinho de Arruda Alvim (Direito das Obrigações), Sylvio Marcondes (Atividade Negocial), Ebert Vianna Chamoun (Direito das Coisas), Clóvis do Couto e Silva (Direito de Família) e Torquato Castro (Direito das Sucessões), criando, assim, uma grande diversidade de pensamentos.

Nesse novo panorama, em 2002, entra em vigor o atual Código Civil, que deixa de ser, prioristicamente, individualista e patrimonialista e passa a ter como valores básicos e fundamentais, entre outros, a função social, bem como a boa-fé objetiva. Em continuidade, pode-se afirmar que algumas premissas foram estabelecidas conforme a exposição de motivos do Código Civil, sendo elas:

12 Direito Civil

a) mantenimento, dentro do possível, da codificação anterior, tendo em vista sua excelência técnica e continuidade de posicionamentos doutrinários e jurisprudenciais já existentes;

b) fazer constar somente a orientação de matérias já consolidadas e debatidas, pois as questões polêmicas deverão ser analisadas conforme a legislação especial, como era o caso da bioética, biodireito e direito do espaço virtual. Por essa razão, o Código Civil não tinha como objetivo ser um diploma revolucionário;

c) valorização de um sistema pautado por novos ditames principiológicos baseados preponderantemente em três princípios: eticidade; socialidade; e operabilidade, os quais passamos a analisar.

2.1 Os princípios norteadores: eticidade, socialidade e operabilidade

Nesse sentido, conforme a devida aplicação do direito, não se pode esquecer que, antes de mais nada, devemos observar as disposições constitucionais para os preenchimentos dessas lacunas, bem como a utilização dos demais princípios como forma de integração.

a) Eticidade: este princípio está intimamente ligado à boa-fé, que afasta a aplicação da simples vontade das partes *pacta sunct servanda*, para um sistema baseado da participação de valores éticos, possibilitando o magistrado ter uma maior interpretação do caso concreto.

O referido princípio tem sua incidência em vários artigos, entre eles podem-se citar: o art. 113 do CC, que tem função interpretativa, ou seja, de hermenêutica; art. 187 do CC, que tem a função de controle, ou seja, a sanção; e por

Visão geral do Código Civil de 2002 **13**

fim o art. 422, que intui a função de integração, ou seja, a boa-fé deve estar vigente em todos os momentos e fases contratuais.

b) **Socialidade**: também conhecida como função social, transcende a dicotomia da individualidade para o coletivo, criando, assim, uma denotação social ao direito civil. Exemplos: função social da propriedade – art. 1.228 do CC; função social dos contratos – art. 421 do CC; função socioambiental da propriedade – art. 1.228 do CC, segunda parte.

c) **Operabilidade**: este princípio tem caráter eminentemente hermenêutico, ou seja, seu objetivo, em um primeiro momento, é facilitar a interpretação da legislação, tendo como melhor exemplo a nova regulamentação da prescrição e decadência, conforme os arts. 189 a 211 do CC.

Em um segundo momento, implementou o sistema de "cláusulas gerais" ou "sistema de janelas abertas" aplicadas à concretude, ou seja, ao caso concreto, como é o exemplo do art. 575, parágrafo único, do CC, entre muitos outros.

2.2 Da pessoa natural

2.2.1 Conceitos iniciais de personalidade e capacidade

Conforme se verifica no art. 1º do CC, o direito civil tem como objetivo o estudo das regras estabelecidas entre os sujeitos, bem como seus direitos e deveres. Algumas considerações nesse sentido devem ser observadas, entre elas:

a) A nova disposição muda o termo homem (art. 2º do CC/1916) para pessoa (art. 1º do CC); referida mudança

14   Direito Civil

se fez necessária tendo em vista o atual paradigma existente previsto na Constituição Federal em que homens e
mulheres são iguais. conforme o art. 5°, I.

Observação

A ideia da pessoa natural é distintiva da pessoa física; esta **última é**
aplicada nos elementos materiais da pessoa, tanto é assim que tal
denominação é utilizada pelo fisco.

---

b) Segunda diferença da disposição anterior é o termo direito
e deveres, que na codificação anterior constava direitos e
obrigações (art. 1° do CC/1916). Conforme estudaremos
o conceito, os deveres são mais amplos que a obrigação,
pois esta última somente decorre do acordo de vontades,
já os deveres resultam da lei.

Dispõe o art. 2° do CC que "a personalidade civil da pessoa começa do nascimento com vida; mas a lei põe a salvo,
desde a concepção, os direitos do nascituro". O conceito de
pessoa natural exclui os animais, os seres inanimados e as entidades místicas e metafísicas, tidos como objeto do direito. Tal
situação foi um critério técnico.

Personalidade jurídica é a aptidão genérica para adquirir
direitos, deveres e contrair obrigações, no que se refere a pessoas físicas. Inicialmente, podemos anotar que esta ocorre com
o nascimento com vida, não obstante o registro no cartório tem
natureza declaratória. Quanto às pessoas jurídicas de direito
privado, o registro no órgão competente tem natureza consti-
tutiva, pois elas são consideradas pessoas a partir do registro.

O surgimento da personalidade jurídica, dado pela **interpretação literal** do Código Civil, começa do nascimento com

Visão geral do Código Civil de 2002   **15**

vida (funcionamento do aparelho cardiorrespiratório com a consequente separação da mãe), não se exigindo forma humana ou tempo mínimo de sobrevida.

■ **O nascituro:** trata-se do ente concebido, porém não nascido ainda, mas com vida intrauterina, cuja natureza jurídica tem a seguinte explicação teórica:

☐ **teoria natalista ou teoria da natalidade:** para aquisição da personalidade é necessário o nascimento com vida, visto que o nascituro possui expectativa de direito;

☐ **teoria da viabilidade ou personalidade condicional:** o nascituro possui direitos que, porém, estão sujeitos a uma condição suspensiva fundada no art. 130 do CC (elemento acidental do negócio jurídico), ou seja, são direitos eventuais;

☐ **teoria da concepção:** basicamente defende o início da personalidade desde a concepção.

Essa teoria nos parece mais adequada, pois tal situação encontra-se completamente alinhada com os demais princípios do direito, como: ECA, art. 8°; CP, art. 124, em que este não teria direito à vida; investigação de paternidade; e ao nome e imagem.

2.3 Teoria das capacidades

a) **Capacidade de direito ou de gozo:** decorre da aptidão para ser titular de direitos e obrigações na ordem civil. Esta capacidade se confunde com a própria personalidade, bem como, no Brasil, toda pessoa é capaz de direito, pois inexiste incapacidade civil de direito.

b) **Capacidade de fato ou de exercício:** é a aptidão para que alguém possa exercer por si os atos da vida civil. Importan-

16 Direito Civil

te registrar que a cumulação das duas capacidades confere ao destinatário a **capacidade civil plena**.

Referente à capacidade de fato, esta vem a ser presumida, não necessitando ser demonstrada. Tal justificativa tem como fundamento que o incapaz, em regra, pode praticar todos os atos da vida civil desde que esteja representado ou assistido pelo seu representante legal.

Questão relevante é muito bem colocada por Flávio Tartuce (2020, p. 62), que diferencia capacidade de legitimação e legitimidade. Para ele, legitimação é uma condição especial para celebrar determinado ato, por exemplo, a legitimidade para o casamento em que há impedimentos para sua realização, independentemente de capacidade (art. 1.521 do CC). Já a legitimidade trata-se de um instituto de direito processual civil relacionada como uma das condições da ação previstas no Código de Processo Civil.

2.4 Rol dos incapazes

O rol da incapacidade subdivide-se em duas fases: a dos absolutamente incapazes e a dos relativamente incapazes, que serão tratadas de forma pontual respectivamente.

Todavia, antes, deve ser lembrado que a atual redação do disposto originalmente foi alterada pela Lei n° 13.146/2015, que trata do Estatuto da Pessoa com Deficiência, cujo objetivo maior era a autonomia às pessoas com deficiência, bem como erradicar qualquer ato discriminatório.

Dessa forma, a redação passou a ser a seguinte:

a) **Absolutamente incapazes**: de exercer pessoalmente os atos da vida civil os menores de 16 anos.

Visão geral do Código Civil de 2002 **17**

b) Relativamente incapazes: trata-se de uma situação inter-mediária, entre a plena capacidade civil e a incapacidade, pois estes não possuem capacidade total de discernimen-to e autodeterminação, bem como o rol taxativo, por ser norma excepcional que não admite o uso da analogia, são:

- os maiores de dezesseis e menores de dezoito anos;
- os ébrios habituais e os viciados em tóxico;
- aqueles que, por causa transitória ou permanente, não puderem exprimir sua vontade;
- os pródigos.

Indígenas: a rigor, o índio não é mais incapaz, conforme codificação anterior. Para saber se há plena integração, é ne-cessário que seja submetido a uma perícia antropológica. Se in-tegrado à civilização, aplicam-se as mesmas normas referentes aos não índios, contudo este conta com a proteção do Ministério Público Federal e da Fundação Nacional do Índio – Órgão Tutelar (Funai), pois são tidos a rigor como hipossuficientes.

2.5 Suprimento da incapacidade

Com relação ao tema, importante constar a diferença entre a **representação** e a **assistência**. A primeira trata dos atos praticados pelos absolutamente incapazes, que, caso o prati-quem sem serem representados, seus atos serão nulos de pleno direito (art. 166, I, do CC), porém a **assistência** decorre dos atos praticados pelos relativamente incapazes, e estes atos serão anuláveis (art. 171, I, do CC), se não houverem sido assistidos.

Em suma, decorre da representação o ato praticado pelo representante em nome do representado, e a assistência ad-vém do ato praticado pelo próprio incapaz, com a presença do representante legal.

18   Direito Civil

2.6 Formas de aquisição da capacidade plena

São as seguintes formas de aquisição da capacidade plena:

a) **maioridade civil**: atingida aos 18 anos completos, lembrando que a capacidade civil não influencia os demais direitos como o penal, o eleitoral ou o administrativo (art. 5º do CC);

b) **levantamento da interdição**: decorre dos efeitos da sentença de interdição em razão da cessação da causa que a determinou; e

c) **emancipação**: é o instituto jurídico que atribui capacidade plena aos menores de 18 anos. São características da emancipação:

■ **irrevogabilidade**, se validamente concedida, não pode ser revogada pelos pais ou pelo menor. No entanto, ela pode ser anulada, se decorrente de erro, dolo ou coação;

■ **perpetuidade**, pois ela é definitiva; e a

■ **pura e simples**, não admite termo ou condição, bem como, em todas as espécies a seguir, faz-se necessário que o menor tenha 16 anos completos.

2.6.1 Formas de emancipação

a) **Voluntária**: concedida por ambos os pais mediante escritura pública, que deve ser inscrita no cartório de registro civil competente, devendo o menor ter 16 anos completos.

Todavia, nada impede a emancipação voluntária por apenas um dos pais quando o outro já estiver falecido, estiver interditado, ou então se decaiu do poder familiar. Se, porventura, um dos pais estiver em local incerto e não sabido, o outro,

Visão geral do Código Civil de 2002   **19**

para emancipar **voluntariamente** o filho, deve pedir ao juiz uma autorização.

b) **Judicial**: concedida por sentença que deverá ser escrita no cartório de registro civil competente após oitiva do Ministério Público. Ocorrerá:

- em casos de menor sob tutela; e
- divergência entre os pais; nesse caso, o procedimento é de jurisdição contenciosa, prevalecendo o interesse do menor.

c) **Legal**: prevista no art. 5º do CC, opera-se automaticamente, independentemente de ato dos pais ou de sentença judicial, bastando que se dê uma das hipóteses previstas em lei, sendo as seguintes modalidades:

- casamento: a idade núbil ocorre a partir dos 16 anos completos, quando então o casamento é possível com a autorização dos pais ou tutor;
- pelo exercício de emprego público efetivo, afastam-se os empregos comissionados e temporários;
- pela colação de grau em curso de ensino superior;
- pelo estabelecimento civil ou comercial com economia própria, ou seja, não sofre a interferência dos responsáveis legais; e
- existência de relação de emprego em que ele aufira rendimentos suficientes à sua subsistência.

2.7 Dos direitos da personalidade (arts. 11 a 21)

Os direitos da personalidade dizem respeito aos direitos individuais de cujo fato jurídico decorre do nascimento com vida. Trata-se de direitos próprios das pessoas, e suas características são a intransmissibilidade, a irrenunciabilidade e a imprescritibilidade.

20   Direito Civil

Para Carlos Roberto Gonçalves (2020a, p. 203), as características dos direitos da personalidade distribuem-se da seguinte forma:

a) **intransmissibilidade e irrenunciabilidade**: tratam da indisponibilidade de tais direitos, o que significa dizer que seus titulares não podem desses direitos dispor, transmitir ou renunciar, uma vez que "ninguém pode desfrutar em nome de outrem bens como a vida, a honra, a liberdade etc.";

b) **absolutismo**: decorre da oponibilidade *erga omnes* por ser pertinente à pessoa humana;

c) **não limitação**: os direitos da personalidade não se restringem ao disposto em nossa legislação civil, pois se trata de rol meramente exemplificativo;

d) **imprescritibilidade**: diz respeito à não extinção dos direitos da personalidade em decorrência do uso e decurso temporal;

e) **impenhorabilidade**: por se tratar de direito da pessoa humana e dela inseparáveis, os direitos da personalidade não estão disponíveis, logo, são impenhoráveis;

f) **não sujeição à desapropriação**: "Os direitos da personalidade inatos não são suscetíveis de desapropriação" por serem inerentes à pessoa humana em que não podem ser separados ou removidos;

g) **vitaliciedade**: "Os direitos de personalidade inatos são adquiridos no instante da concepção" e seguem até a morte da pessoa, logo, são vitalícios, observando que, ainda após a morte, alguns direitos pertinentes ao morto tratam da honra, memória e direito moral de autor, por exemplo.

Isso posto, vale acrescentar que os direitos de personalidade são inerentes à dignidade da pessoa humana (art. 1°, III,

Visão geral do Código Civil de 2002   **21**

da CF), cujos grupos são exemplificativamente caracterizados por Flávio Tartuce (2020, p. 62) da seguinte forma:

a) vida e integridade físico-psíquica;

b) nome da pessoa natural ou jurídica;

c) imagem-retrato ou das qualificações da pessoa;

d) honra subjetiva e objetiva;

e) intimidade da pessoa.

Ademais, elencados nos arts. 11 a 21 da nossa legislação civil e decorrentes dos direitos fundamentais determinados pela Constituição Federal, o rol exemplificativo que será visto a seguir é pertinente aos direitos tutelados, como se vê:

a) **direitos à integridade física**: trata do direito à vida e aos alimentos. O direito à vida compreende também o direito a uma qualidade saudável de vida, por exemplo: a questão envolvendo os transgênicos; direito ao próprio corpo vivo; direito ao próprio corpo morto; direito ao corpo alheio vivo; direito ao corpo alheio morto; direito às partes separadas do corpo vivo; direito às partes separadas do corpo morto;

b) **direitos à integridade moral**: o direito à liberdade civil, política e religiosa; direito à honra; direito à imagem; direito à privacidade; direito à identidade pessoal, familiar e social; e

c) **direitos à integridade intelectual**: direito à liberdade de pensamento; direito pessoal do autor científico; direito pessoal do autor artístico; direito pessoal do inventor.

Por fim, quanto às previsões do direito da personalidade no CC/2002, nos termos do apontado anteriormente, os direitos da personalidade, na atual codificação, estão arrolados nos arts. 11 a 21 do CC, dispositivos estes que verificam as diretrizes básicas quanto aos direitos da personalidade. No entanto, cumpre registrar que esse rol não é taxativo e busca somente ressaltar os elementos caracterizadores já indicados.

Inicialmente, cumpre ressaltar que não somente as pessoas físicas possuem direito da personalidade: conforme amplamente já defendido, a pessoa jurídica também possui personalidade. Nesse sentido, podemos citar o art. 52 do CC, bem como a Súmula nº 227 do STJ, no qual a pessoa jurídica pode sofrer dano moral.

2.8 Da morte da pessoa natural

Dá-se o fim do direito da personalidade com a morte. Contudo, a doutrina assevera que tal regra não é absoluta, haja vista que ainda cabem medidas para a proteção de alguns direitos, como honra ou imagem do *de cujus* (personalidade jurídica formal).

São as seguintes hipóteses de incidência da morte civil estipuladas pelo ordenamento jurídico:

a) morte real;

b) morte presumida **sem** declaração de ausência; e

c) morte presumida ou ficta **com** declaração de ausência.

Há outras presunções de morte existentes no atual sistema, e uma delas é a comoriência. Prevista no art. 8.º do CC, refere-se a mais uma presunção, porém essa presunção legal trata-se de morte simultânea de duas ou mais pessoas ligadas pelo vínculo sucessório, ou seja, elas são herdeiras entre si. Não é necessário que as mortes decorram do mesmo evento casuístico.

Visão geral do Código Civil de 2002 **23**

O principal efeito da comoriência é que não há transmissão de bens entre os comorientes, ou seja, eles não herdam entre si. Importante frisar que a questão hereditária e todos os seus desdobramentos serão enfrentados em momento oportuno. A situação jurídica da comoriência vem prevista no art. 8° do CC/2002, nos seguintes termos: "Art. 8° Se dois ou mais indivíduos falecerem na mesma ocasião, não se podendo averiguar se algum dos comorientes precedeu aos outros, presumir-se-ão simultaneamente mortos".

2.8.1 Morte real

Prevista no art. 6° do CC, a morte real é decorrente da existência do cadáver, devidamente atestada pelo médico ou, na falta deste, atestada por duas pessoas que tenham presenciado ou verificado o fato, nos termos do art. 77 da Lei dos Registros Públicos (LRP, Lei n° 6.015/1973).

Em continuidade, quanto à ocorrência e verificação da morte real, atualmente prevalece o entendimento de que a verdadeira morte é a cerebral do tipo encefálica, ou seja, caracterizada pela ausência de impulsos cerebrais.

Tal afirmação tem embasamento legal previsto na Lei n° 9.434/1997 conhecida como "Lei de Doação de Órgãos", conforme segue:

> Art. 3° A retirada *post mortem* de tecidos, órgãos ou partes do corpo humano destinados a transplante ou tratamento deverá ser precedida de diagnóstico de morte encefálica, constatada e registrada por dois médicos não participantes das equipes de remoção e transplante, mediante a utilização de critérios clínicos e tecnológicos definidos por resolução do Conselho Federal de Medicina.

Alguns são os efeitos da morte real, conforme Maria Helena Diniz (2020c, p. 270):

a) dissolução da sociedade conjugal e regime matrimonial;

b) extinção do poder familiar, contratos personalíssimos e mandato;

c) finda a cessação obrigacional alimentar, obrigação de fazer de cunho pessoal, pacto de preempção;

d) extinção do usufruto, da dação por subvenção periódica, do encargo testamentário e benefício da justiça gratuita.

2.8.2 Morte presumida

Prevista no art. 7° do CC, decorre da não localização do cadáver. Há um juízo de probabilidade muito forte a respeito de sua ocorrência, que será apurada por meio de silogismo lógico, ou seja, juízo de probabilidade muito forte.

A morte presumida SEM decretação de ausência, conforme disposição legal, somente será possível em duas hipóteses:

a) se for extremamente provável a morte de quem estava em perigo de vida. Exemplo: desaparecimento do indivíduo em uma catástrofe;

b) o desaparecido em campanha ou feito prisioneiro, se não encontrado em até dois anos após o término da guerra. Nessa hipótese, antes do prazo mencionado, a morte não poderá ser declarada, pois se trata de um requisito formal.

A morte presumida ou ficta COM decretação de ausência (arts. 22 a 39 do CC), tal como a morte presumida, também está prevista no art. 7° do CC, e decorre apenas a suspeita de morte.

Visão geral do Código Civil de 2002   **25**

Como exemplo, cita-se o ausente que desaparece sem deixar apontamentos de procurador que conduza seus bens. O exemplo clássico para tal situação se refere ao sujeito que vai comprar cigarro e não volta mais.

Somente se verifica a morte pela modalidade ficta com sentença definitiva de ausência proferida em ação declaratória de ausência.

O procedimento de ausência existe em três fases: **curadoria, sucessão provisória e sucessão definitiva.** Referido procedimento é instaurado no último domicílio do ausente e opera pela jurisdição voluntária.

Qualquer interessado pode requerer sua instauração, inclusive o Ministério Público, contudo terá interesse no processo de instauração da ausência, se houver bens.

a) **Da curadoria de bens do ausente (arts. 22 a 25 do CC):** convencido do desaparecimento o juiz após análise da inicial, declarará a ausência e nomeará um curador, conforme o art. 24 CC.

Importa notar que a lei não exige prazo mínimo de desaparecimento para instauração do procedimento e, ainda, determinará a arrecadação dos bens que ficarão sob a administração do curador nomeado e, em seguida, estabelecerá a publicação de editais.

Passado **um ano da publicação** do primeiro edital, uma de três situações poderá ocorrer:

■ retorno do ausente: nesse caso, ele assume seus bens e extingue seu procedimento. O ausente, nessa situação, receberá todos os frutos e rendimentos de seus bens, deduzindo-se somente os valores gastos com a administração;

26   Direito Civil

- certeza da morte: provado o óbito, o procedimento é convertido em inventário; e
- persistência da ausência: nesse caso, o procedimento avança para a segunda fase, ou seja, da sucessão provisória.

b) **Da sucessão provisória (arts. 26 a 36 do CC)**: a **declaração** pelo magistrado da abertura da sucessão provisória será após o decurso do prazo de um ano da publicação do primeiro edital, ou, então, no prazo de três anos, se o ausente tiver deixado procurador ou representante legal (art. 26 do CC).

c) **Da sucessão definitiva (arts. 37 a 39 do CC)**: a **decretação** da sucessão definitiva se dará:

- dez anos depois do trânsito em julgado da sentença que concedeu a abertura da sucessão provisória (art. 37 do CC);
- cinco anos a contar de suas últimas notícias, se o ausente contava com 80 anos (art. 38 do CC); ou
- com a certeza da morte do ausente.

A sentença de sucessão definitiva produz os seguintes efeitos:

- presunção de morte do ausente denomina "morte ficta"; a averbação dessa sentença no Cartório de Registro Civil;
- dissolução do casamento – art. 1.571 CC, § 1°; o cônjuge do ausente é considerado viúvo; extinção do poder familiar;
- levantamento das cauções prestadas pelos herdeiros que se imitiram na posse dos bens;
- imissão na posse dos herdeiros que não haviam tomado posse por falta de caução; e
- aquisição da propriedade resolúvel dos bens por parte dos herdeiros.

Visão geral do Código Civil de 2002 **27**

Importa notar que, dentro de dez anos, a contar da sentença de sucessão definitiva, uma das seguintes hipóteses pode ocorrer (art. 39 do CC):

1. retorno do ausente ou de algum herdeiro mais próximo: nesse caso, o ausente ou o herdeiro terá direito aos bens no estado em que se encontram, conforme o art. 39 do CC. Eles não terão direitos aos frutos ou rendimentos a nenhum dos bens durante o período de ausência; e

2. persistência da ausência: nesse caso, a propriedade resolúvel dos bens pelos herdeiros passa a ser definitiva. Se o ausente retorna dez anos depois da sentença de sucessão definitiva, ele não tem direito de reaver nenhum de seus bens.

2.9 Comoriência

Prevista no art. 8º do CC, refere-se à morte simultânea de duas ou mais pessoas ligadas pelo vínculo sucessório, ou seja, elas são herdeiras entre si. O principal efeito da comoriência é que não há transmissão de bens entre os comorientes, ou seja, eles não herdam entre si.

2.10 Das pessoas jurídicas

Conforme doutrina, as pessoas jurídicas, também denominadas de pessoas coletivas, morais, fictícias ou abstratas, podem ser conceituadas como um conjunto de pessoas ou de bens arrecadados que adquirem personalidade jurídica própria por uma ficção. Um artigo que retratava muito bem essa condição era o art. 20 do Código Civil de 1916, que intui que a pessoa jurídica não se confunde com seus membros, sendo essa regra inerente à própria concepção natural.

28 Direito Civil

Aquisição da personalidade da pessoa jurídica (art. 45 do CC): o registro do Estatuto ou do Contrato Social da pessoa jurídica, em regra, na Junta Comercial ou Cartório de Registro de Pessoa Jurídica, é constitutivo de sua existência. Carecendo de registro será considerada **sociedade despersonificada**, anterior **sociedade irregular ou de fato** (arts. 986 e ss.). Nesse caso, seus sócios responderão de forma pessoal, solidária e ilimitada pelas obrigações contraídas ou atribuídas à sociedade.

São algumas as consequências da aquisição da personalidade jurídica:

a) o poder da pessoa jurídica de praticar todos os atos e negócios jurídicos, salvo aqueles que lhe são vedados de forma expressa ou tácita pela lei;

b) o poder da pessoa jurídica de figurar como parte nas relações jurídicas materiais e nas processuais;

c) autonomia patrimonial, pois o patrimônio delas não se confunde com o patrimônio pessoal dos seus integrantes.

2.10.1 Classificações quanto às pessoas jurídicas

Elas podem ser:

a) **pessoas jurídicas de direito público interno ou externo**: é o conjunto de pessoas ou bens que visam atender aos interesses públicos, sejam internos ou externos. Seu rol encontra-se no art. 41 do CC, cujas sociedades possuem tratamento distinto e devem ser estudadas pelo direito administrativo, matéria esta que capitaneia sua regulamentação, inclusive, principiológica, *in verbis*:

I – a União;

II – os Estados, o Distrito Federal e os Territórios;

III – os Municípios;

IV – as autarquias, inclusive as associações públicas;

V – as demais entidades de caráter público criadas por lei.

b) **pessoas jurídicas de direito externo**: são aquelas que possuem as características do art. 42 do CC, ou seja, todas as pessoas regidas pelo direito internacional público;

c) **pessoas jurídicas de direito privado**: são aquelas estabelecidas no art. 44 do CC, quais sejam:

I – as associações;

II – as sociedades;

III – as fundações;

IV – as organizações religiosas;

V – os partidos políticos.

2.10.2 Das pessoas jurídicas de direito privado (art. 44 do CC)

Para que existam, hão de se observar três fases:

a) vontade das pessoas humanas;

b) efetivação dessa vontade (documento escrito); e

c) registro.

A distinção simplificada entre associação e fundação é:

Associação	Fundação
É uma corporação (união de pessoas).	É um patrimônio que se personaliza para atingir finalidade científica, moral, religiosa, cultural e assistências.
A finalidade pode ser alterada pelos associados.	A finalidade/objeto não pode ser alterada.
Não é fiscalizada pelo Ministério Público.	É fiscalizada pelo Ministério Público.

Importa notar que tanto a associação como a fundação não têm finalidade lucrativa, o que não significa, no entanto, que elas não possam auferir lucros, porém estes são meios para atingir seus fins.

No que diz respeito ao início da personalidade jurídica (art. 45 do CC), está se dará com a inscrição do estudo no órgão competente. Nos cartórios de registro civil das pessoas jurídicas ou nas juntas comerciais quando se tratar de sociedade empresária.

Um parêntese se faz quanto ao registro das pessoas jurídicas:

- no Cartório das Pessoas Jurídicas: associações, fundações e sociedade simples;
- na Junta Comercial do respectivo Estado: sociedades empresárias; e
- na Ordem dos Advogados do Brasil (OAB): sociedade de advogados.

a) **Associações**: são pessoas jurídicas de direito privado, formadas pela união de indivíduos com o objetivo de realizar fins não econômicos (finalidade ideal). São exemplos de associações: de moradores de bairro, clubes recreativos, Organizações Não Governamentais (ONGs), sindicatos.

O início da personalidade se dá com o registro do seu estatuto no Cartório de Registro Civil das Pessoas Jurídicas. Referido estatuto deverá conter, sob pena de nulidade, os requisitos previstos no art. 54 do CC.

A assembleia geral é o órgão de deliberação máxima das entidades associativas e a sua convocação se faz na forma do art. 60 do CC. É certo ainda que as matérias previstas no art. 59 são de atribuições privativas das assembleias, não podendo o estatuto dispor de forma contrária.

A dissolução da associação pode ser inicialmente espontânea quando deliberada pelos associados reunidos em assembleia geral convocada para este fim e observando o quórum do estatuto.

Art. 61. Dissolvida a associação, o remanescente do seu patrimônio líquido, depois de deduzidas, se for o caso, as quotas ou frações ideais referidas no parágrafo único do art. 56, será destinado à entidade de fins não econômicos designada no estatuto, ou, omisso este, por deliberação dos associados, à instituição municipal, estadual ou federal, de fins idênticos ou semelhantes.

§ 1º Por cláusula do estatuto ou, no seu silêncio, por deliberação dos associados, podem estes, antes da destinação do remanescente referida neste artigo, receber em restituição, atualizado o respectivo valor, as contribuições que tiverem prestado ao patrimônio da associação.

§ 2º Não existindo no Município, no Estado, no Distrito Federal ou no Território, em que a associação tiver sede, instituição nas condições indicadas neste artigo, o que remanescer do seu patrimônio se devolverá à Fazenda do Estado, do Distrito Federal ou da União.

b) **Das fundações**: resulta da afetação de patrimônio que faz o seu instituidor, por escritura pública ou testamento, que especifica a finalidade ideal que pretende atingir.

Em outras palavras, é um patrimônio que se personifica, o qual busca sempre finalidade não lucrativa (religiosa, moral, cultural ou de assistência). A receita gerada pela fundação é reinvestida nela própria.

A fundação pode ser constituída tanto por pessoa física como por pessoa jurídica de direito privado. Para se criar uma fundação, seu instituidor a constituirá por meio de escritura pública ou então por meio de testamento. Trata-se de ato solene.

A extinção da fundação, conforme o art. 69 do CC, depende de sentença judicial. Qualquer interessado ou então o Ministério Público poderá requerer a extinção quando a sua finalidade se tornar ilícita, impossível ou inútil e ainda se vencido o prazo de sua existência.

Quanto ao patrimônio da fundação, decretado por sentença o seu fim, ele será incorporado em primeiro lugar na entidade designada no testamento ou na escritura pública; em segundo lugar, na entidade designada no estatuto; se omisso, em terceiro lugar, cabe ao juiz decidir em benefício de outra entidade de finalidade idêntica ou semelhante. Inexistindo, aplica-se por analogia a regra prevista no § 2º do art. 61 do CC.

c) **Sociedades**: são pessoas jurídicas constituídas mediante uma reunião de pessoas que exploram atividades lícitas, por meio de **contrato social**, e perseguem lucro ou finalidade econômica. Podem ter caráter civil (sociedade simples) ou empresarial (Ltda. e S.A.).

d) **Dos entes despersonalizados**: conforme se verifica na doutrina, trata-se daqueles que, não obstante sejam destituídos de personalidade jurídica, titularizam alguns direitos e obrigações na esfera jurídica, bem como podem realizar alguns atos específicos quanto a sua finalidade ou então aqueles para os quais estejam especificamente autorizados.

2.10.3 Desconsideração da personalidade jurídica

Será efetivada para permitir que os credores possam satisfazer seus direitos no patrimônio pessoal do sócio ou administrador que cometeu um ato abusivo.

Visão geral do Código Civil de 2002 **33**

A desconsideração deve ser aplicada apenas ao sócio ou administrador que cometeu o ato abusivo, ou se beneficiou dele, não atinge diretamente a pessoa jurídica. **A desconsideração é admitida para qualquer pessoa jurídica, e não apenas para sociedades.**

Em caso de abuso da personalidade jurídica, caracterizado pelo desvio de finalidade, ou pela confusão patrimonial, pode o juiz decidir, a requerimento da parte, ou do Ministério Público quando lhe couber intervir no processo, que os efeitos de certas e determinadas relações de obrigações sejam estendidos aos bens particulares dos administradores ou sócios da pessoa jurídica.

Os requisitos para a desconsideração da personalidade jurídica:

a) insolvência;

b) abuso do sócio ou administrador, caracterizado não pela intenção ou dolo específico, aspecto subjetivo de difícil comprovação, mas **objetivamente** pelo:

- desvio de finalidade, quando o sócio ou administrador desrespeita o objetivo da sociedade; ou
- confusão patrimonial.

Sendo assim, o Código Civil adotou a Teoria Maior da desconsideração, ou seja, tenta coibir a fraude e os abusos acometidos pela sociedade. Por sua vez, O Código de Defesa do Consumidor no art. 28, assim como a lei dos crimes ambientais, art. 4º (Lei nº 9.605/1998), bem como o Direito do Trabalho, adotaram a Teoria Menor da Desconsideração, ou seja, apenas o descumprimento da obrigação.

Por fim, referido tema tem passado por alterações legislativas importantes nos últimos anos, entre elas, a criação do incidente da desconsideração da personalidade jurídica previsto no art. 133 do CPC, bem como a contribuição da Lei nº 13.874/2019, conhecida como Lei da Liberdade Econômica, que inclui vários requisitos no art. 50 do CC para desconsideração da personalidade jurídica.

2.11 Domicílio (arts. 70 a 78 do CC)

Pode ser dividido em duas modalidades, o domicílio da pessoa natural e o da pessoa jurídica, e pode ser classificado quanto à origem, natureza e domicílio, como será visto a seguir:

a) **Quanto à origem:**

- voluntário: aquele escolhido livremente pela pessoa;
- necessário ou coativo: aquele imposto pela lei, ou seja, original adquirido ao nascer. Exemplo: o domicílio do recém-nascido é o dos seus pais; e o Legal: fixado em lei, previsto no art. 76, parágrafo único.

b) **Quanto a natureza:**

- geral: aquele fixado para todos os atos e negócios jurídicos em geral e compreende o domicílio voluntário e o necessário;
- contratual/foro de eleição/especial: é o fixado pelas partes visando o cumprimento de certos direitos ou obrigações.

c) **Domicílio da pessoa natural:** conforme o art. 70 do CC, é a residência com ânimo definitivo, ou seja, com a intenção de permanecer por tempo indeterminado, que não se confunde com residência, é o lugar onde a pessoa habita com estabilidade relativa. Exemplo: o estudante do interior que vem para São Paulo fazer o curso FMB. São os elementos caracterizadores do domicílio da pessoa natural:

Visão geral do Código Civil de 2002   **35**

- objetivo: a residência; e
- subjetivo: é o *animus* (intenção) de aí fixar-se por tempo indeterminado. É possível mudar-se de domicílio sem que se adquira outro, pois a lei prevê o domicílio ocasional, é o que se dá, por exemplo, quando a pessoa passa a ser andarilho.

Tem-se, por fim, que a pessoa natural pode ter seu domicílio facultativo, conforme previsto anteriormente, ou necessário, nos termos do art. 76, parágrafo único, do CC: "Têm domicílio necessário o incapaz, o servidor público, o militar, o marítimo e o preso".

São regulamentados pelo parágrafo único do referido dispositivo:

> [...] do incapaz é o do seu representante ou assistente; o do servidor público, o lugar em que exercer permanentemente suas funções; o do militar, onde servir, e, sendo da Marinha ou da Aeronáutica, a sede do comando a que se encontrar imediatamente subordinado; o do marítimo, onde o navio estiver matriculado; e o do preso, o lugar em que cumprir a sentença.

d) **Domicílio da pessoa jurídica**: a regra encontra-se prevista no art. 75 do CC; no que concerne à pessoa jurídica de direito privado, o seu domicílio é tanto aquele onde funcionam sua diretoria e administração como também aquele lugar que foi eleito no ato de constituição dela.

2.12 Dos bens

Entende-se que coisa é gênero de bem, pois coisa é tudo aquilo que existe objetivamente, com a exclusão do homem. Por sua vez, os bens são coisas que podem ser úteis e raras para o interesse humano, ou seja, são suscetíveis de apropriação e contêm valor econômico.

Diante do exposto, bens são os valores materiais e imateriais que tenham conotação econômica e que, portanto, podem ser objetos de uma relação jurídica. São categorizados da seguinte forma:

a) **Classificação quanto à tangibilidade**:
- **bens corpóreos materiais ou tangíveis**: aqueles dotados de existência física. Ex.: dinheiro, automóvel etc.; e
- **bens incorpóreos, imateriais ou intangíveis**: aqueles que somente podem ser compreendidos em razão da inteligência do homem, pois eles não têm estrutura física. Exemplo: crédito, ponto comercial etc.

b) **Classificação quanto à mobilidade**:
- **bens imóveis**: aqueles que não se podem transportar sem destruição de um lugar para o outro (arts. 79 a 81 do CC). Podem ser divididos em:
  ☐ **imóveis por própria natureza ou essência** (art. 79, primeira parte, do CC): compreende o solo e tudo quanto nele se lhe incorpora **naturalmente**. Importa notar que as coisas naturalmente incorporadas ao solo e ao subsolo somente são consideradas imóveis enquanto estiverem aderentes a eles, pois, depois de retiradas, tornam-se bens móveis. Exemplo: a água que corre no subsolo é bem imóvel, porém, se engarrafada, passa a ser considerada bem móvel;
  ☐ **podem ser imóveis por acessão física industrial ou artificial** (art. 79, primeira parte, do CC): compreende o solo e tudo quanto nele se lhe incorpora **com intervenção humana**. Abrange tudo aquilo que o homem incorpora artificialmente ao solo, a ponto de não po-

Visão geral do Código Civil de 2002   **37**

der ser removido sem destruição da sua substância, ou da sua destinação econômico-social;

☐ **podem ser imóveis por força da lei ou disposição legal** (art. 80 do CC): a razão da imobilização é a segurança das relações jurídicas, pois o regime jurídico de proteção aos bens imóveis é muito mais rígido do que aquele atinente aos móveis.

■ **bens móveis:**

☐ **bens móveis por natureza ou essência:** aqueles susceptíveis de **movimento próprio**, por exemplo, os semoventes, bem como os **sucessíveis de remoção de força alheia** sem alteração da sua substância, por exemplo, mercadorias e automóveis;

☐ **bens** móveis por antecipação: aqueles incorporados temporariamente ao solo para depois serem removidos, a fim de cumprirem sua destinação econômico-social. Exemplo: as árvores destinadas ao corte para posterior transformação em papel, ou ainda a colheita; e

☐ **bens móveis por força de lei** (art. 83 do CC): aqueles estabelecidos no referido artigo, que dispõe:

> [...]
>
> I – as energias que tenham valor econômico [energia elétrica];
>
> II – os direitos reais sobre objetos móveis e as ações correspondentes [penhor];
>
> III – os direitos pessoais de caráter patrimonial e respectivas ações [direitos autorais].

c) **Classificação quanto à fungibilidade:**

■ **bens fungíveis:** aqueles que podem ser substituídos por outros da mesma espécie, qualidade e quantidade, conforme o art. 85 do CC;

38 Direito Civil

- **bens infungíveis:** aqueles que não podem ser substituídos por outros da mesma espécie, qualidade e quantidade, conforme o art. 85 do CC, analisado *a contrario sensu*.

d) **Classificação quanto à consuntibilidade:**

- **bens inconsumíveis:** aqueles que comportam o uso reiterado, sem a destruição mediata de sua substância. Exemplo: o livro;

- **bens consumíveis:** aqueles bens móveis cujo uso importa destruição imediata da própria substância, sendo também considerados tais os destinados à alienação nos termos do art. 86 do CC.

e) **Classificação quanto à divisibilidade:**

- **bens divisíveis:** aqueles que podem fracionar sem alteração na sua substância, diminuição considerável de valor, ou prejuízo do uso a que se destinam; e

- **bens indivisíveis:** aqueles cujo fracionamento implica em destruição de sua substância ou na diminuição considerável do seu valor ou do uso a que se destina.

f) **Classificação quanto à individualidade:**

- **bens singulares:** aqueles que, embora reunidos, consideram-se de *per si*, independentemente dos demais, ou seja, esses bens, ainda que reunidos, têm características próprias e, assim, podem ser identificados, por exemplo, uma caneta, um lápis e uma borracha;

- **bens coletivos ou universais:** aqueles constituídos de duas ou mais coisas singulares. Exemplo: a caneta, o lápis e a borracha, porém todos dentro de um estojo.

g) **Classificação quanto à dependência com relação a outro bem (bens reciprocamente considerados):**

- **bens principais (ou independentes):** aqueles que existem de maneira autônoma sem a intervenção de outro para sua forma (art. 92 do CC); e

Visão geral do Código Civil de 2002   39

■ **bens acessórios (ou dependentes)**: aquelas cujas existência e finalidade dependem de outro bem denominado principal.

h) **Dos frutos**: são as produções normais e periódicas cuja percepção deixa intacta a coisa que os produziu. Os frutos quanto a sua origem podem ser:

■ **naturais**: reproduzem-se naturalmente pela própria força orgânica das coisas, por exemplo, as frutas e as crias dos animais;

■ **industriais**: reproduzem-se em decorrência do trabalho do homem, por exemplo, a produção de uma fábrica;

■ **civis**: os rendimentos produzidos por um bem, por exemplo, juros e aluguéis.

Referente ao estado em que se encontram, os frutos podem ser classificados em:

■ **pendentes**: aqueles que estão unidos às coisas que os produziram;

■ **percebidos**: aqueles já colhidos;

■ **frutos estantes**: aqueles que já foram colhidos, porém encontram-se armazenados para a venda;

■ **frutos percipiendos**: aqueles que já deviam ter sido colhidos, mas ainda não o foram; e

■ **frutos consumidos**: aqueles que não mais existem, pois já foram utilizados.

i) **Dos produtos**: são as utilidades que se extraem de uma coisa com dispêndio de sua substância. Exemplo: o ouro extraído de uma mina. Os produtos, diferentemente dos frutos, não se reproduzem periodicamente e, uma vez destacados do principal, acarretam a destruição deste, ainda que de forma paulatina.

j) **Das pertenças**: são os bens que, embora não constituam as partes integrantes, destinam-se de modo duradouro ao uso, ao serviço ou ao aformoseamento de outro bem.

40   Direito Civil

k) Das benfeitorias:

- são voluptuárias aquelas que decorrem de mero deleite ou recreio; elas não aumentam o uso habitual do bem, ainda que o tornem mais agradável ou sejam de elevado valor;
- são úteis as que aumentam ou facilitam o uso do bem; e
- são necessárias as que têm por fim conservar o bem ou evitar que se deteriore.

Tem-se que, se a **benfeitoria for necessária**: têm direito a sua indenização tanto os possuidores de boa-fé quanto os de má-fé. Se for **benfeitoria útil**, apenas o possuidor de boa-fé tem direito a sua indenização.

Por fim, se forem **voluptuárias**, o possuidor de boa-fé tem o direito de levantá-las (*jus tolendi*), desde que isso seja possível, ou seja, sem dano ou destruição da coisa.

l) Das ascensões: trata-se da **junção de uma coisa à outra em razão de forma externa:**

- são naturais, quando a união provier da força da natureza, por exemplo: aluvião; avulsão; abandono de álveo; e formação de ilhas;
- são industriais ou artificiais aquelas que decorrem de uma união proveniente da intervenção do homem, por exemplo, construção de uma obra; ascensão mista, quando a união decorrer da força da natureza e da intervenção do homem, por exemplo, as plantações.

Importa não confundir benfeitoria com ascensão industrial, pois, a efeito, as benfeitorias são melhoramentos realizados em coisa já existente, por exemplo, a reforma de uma casa ou a construção de uma garagem. Já a ascensão industrial é obra que cria coisa nova, como a construção de uma casa em um terreno vazio.

m) Dos bens públicos: aqueles pertencentes a uma pessoa jurídica de direito público, qualquer que seja a sua afeta-

Visão geral do Código Civil de 2002   **41**

ção, bem como aqueles pertencentes a uma pessoa jurídica de direito privado, quando afetados à prestação de um serviço público (Enunciado n° 287 do CJF/STJ).

Os bens públicos podem ser classificados em:

■ **de uso comum do povo**: aqueles que, em razão da sua própria natureza ou da lei, permitem o acesso a todos. Exemplos: rios, mares, ruas, praças, estradas etc.;

■ **de uso especial**: aqueles utilizados pela administração pública para atingir seus fins. Exemplos: edifícios públicos, cemitérios públicos, carros oficiais, terras indígenas etc.; e

■ **dominiais ou dominicais**: aqueles que não têm destinação pública e integram, portanto, o patrimônio disponível do poder público. Exemplos: terrenos de marinha, terras devolutas, ilhas (salvo aquelas necessárias à proteção dos ecossistemas que são consideradas bens de uso especial).

3

Dos fatos, atos e negócios jurídicos

Fatos jurídicos em sentido amplo compreendem os acontecimentos naturais e voluntários em virtude dos quais nascem, modificam-se e extinguem-se os direitos e as obrigações, ou seja, decorrem de duas grandes forças: **força da natureza** e **força humana.**

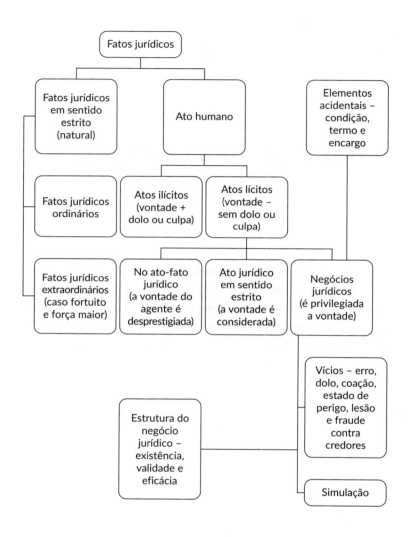

3.1 Fato jurídico em sentido estrito (natural) e ato humano

Fato jurídico em sentido estrito (natural) diz respeito aos acontecimentos naturais, em razão dos quais os direitos nascem, modificam-se ou extinguem-se. Exemplo: aluvião,

Dos fatos, atos e negócios jurídicos **45**

avulsão, nascimento, maioridade, morte natural (não homicídio é ato ilícito).

Por sua vez, o **ato humano** pode ser dividido em:

a) **Atos ilícitos (vontade + dolo ou culpa)**: acontecimentos emanados de dolo ou culpa, são lesivos aos interesses alheios. Exemplo: a reparação no caso de dano.

Em outras palavras, é o ato lícito no antecedente e ilícito no consequente, por exemplo, a concessionária que corta a luz de um mercadinho, acarretando prejuízos à atividade exercida pelo seu dono, em decorrência de uma dívida de R$ 0,85. Trata-se de caso de abuso de direito (agressão ao fim econômico).

b) **Atos lícitos (vontade = sem dolo ou culpa)**: acontecimentos emanados sem dolo ou culpa, não são lesivos aos interesses alheios. Estes demais atos podem ser atos lícitos como **ato-fato jurídico; ato jurídico em sentido estrito; e negócio jurídico**, e sua diferença **está basicamente na vontade do agente**. Assim:

▪ no **ato-fato jurídico (a vontade do agente é desprestigiada)**, ou seja, irrelevante, pois a lei se preocupa apenas com os seus efeitos, por exemplo, o menor que compra um lanche, um incapaz que acha bem alheio e terá direito a uma recompensa;

▪ **ato jurídico em sentido estrito (a vontade é considerada, mas os efeitos decorrem da lei)**: existe uma participação da vontade na construção do ato, mas os efeitos dele decorrem da lei, por exemplo, a questão da adoção, bem como para alguns autores os efeitos do casamento; e

▪ **negócios jurídicos (é privilegiada a vontade)**: são os acontecimentos emanados da vontade lícita do homem em razão dos quais seus efeitos nos direitos nascem, mo-

46   Direito Civil

dificam-se ou extinguem-se em decorrência dessa vontade. Exemplos: casamento, contratos etc.

Os atos e negócios jurídicos produzem efeitos voluntários, de acordo com a vontade do agente; já os atos ilícitos compreendem as ações humanas, cujos efeitos são involuntários, por exemplo, casos de obrigação de indenizar.

3.2 Principais classificações do negócio jurídico

a) **Quanto à manifestação de vontade:**

■ **negócios jurídicos unilaterais**: aqueles em que a declaração de vontade somente importa a um dos sujeitos da obrigação, por exemplo, trata-se do testamento e da promessa de recompensa;

■ **negócios jurídicos bilaterais**: aqueles em que há duas manifestações de vontade coincidentes sobre o mesmo objeto, ou seja, há um sinalagma contratual. Exemplo: ato da compra e venda; e

■ **negócios jurídicos plurilaterais**: negócios jurídicos que envolvem mais de duas partes interessadas sobre o mesmo objeto. Exemplo: consórcio.

b) **Quanto aos efeitos no aspecto temporal:**

■ **negócios jurídicos *inter vivos***: aqueles destinados em vida e têm seu efeito imediato;

■ **negócios jurídicos *causa mortis***: aqueles em que os efeitos somente ocorrem após a morte. Exemplo: testamento.

c) **Quanto à necessidade ou não de solenidade:**

■ negócios jurídicos formais ou solenes: aqueles que têm a forma prescrita pela lei; e

■ negócios jurídicos informais ou não solenes: aqueles que não necessitam de qualquer formalidade para sua validade ou aperfeiçoamento.

Dos fatos, atos e negócios jurídicos **47**

3.3 Da existência, validade e eficácia do ato e do negócio jurídico

a) **Elementos essenciais**: aqueles sem os quais o ato/negócio não existem. Exemplo: na compra e venda, são elementos essenciais à coisa o preço e o consentimento.

b) **Elementos naturais**: são as consequências automáticas do ato/negócio e por isso mesmo não exigem menção expressa, por exemplo, com relação ao vendedor que deve entregar a coisa vendida e do comprador que deve pagar o preço que foi convencionado.

c) **Elementos acidentais**: são as cláusulas acrescentadas no ato/negócios destinadas a modificar as suas consequências naturais; é o caso da condição, do termo e do cargo.

O estudo dos negócios jurídicos é realizado com fulcro na Teoria Ponteana e, para produção de seus regulares efeitos, o negócio jurídico passa por três etapas: **existência, validade e eficácia,** conforme quadro a seguir:

Elementos de existência	Requisitos de validade (art. 104 do CC)	Fatores de eficácia
Agente (emissor da vontade)	Agente **capaz** – capacidade geral e específica; esta última é entendida como legitimidade (integração pela representação e assistência). A incapacidade absoluta do agente gera a nulidade do negócio, enquanto a relativa, sua anulabilidade	Condição (suspensiva e resolutiva)

48   Direito Civil

Elementos de existência	Requisitos de validade (art. 104 do CC)	Fatores de eficácia
Objeto	Objeto **lícito** – possível, determinável ou determinado (sob pena de nulidade absoluta)	Termo (inicial e final)
Forma (veículo ou meio pelo qual a vontade se manifesta)	Forma **prescrita em lei** – livre ou prescrita em lei (em regra, será livre, entretanto, quando prevista forma específica em lei, deverá ser observada, sob pena de nulidade absoluta)	Encargo – há aquisição do direito e possibilidade imediata de seu exercício. Entretanto, se o encargo não for cumprido, a liberalidade poderá ser revogada
Manifestação de vontade (interna + externa)	Vontade livre, esclarecida e ponderada	

d) **Plano da existência**: perfaz-se pelos seguintes elementos:
- manifestação da vontade;
- agente (emissor da vontade);
- objeto (bem da vida);
- forma (o meio pelo qual a vontade se manifesta).

e) **Plano da validade**: o plano da validade apresenta-se de forma muito clara no art. 104 do CC, que dispõe:

> A validade do negócio jurídico requer:
>
> I – agente capaz;
>
> II – objeto lícito, possível, determinado ou determinável;
>
> III – forma prescrita ou não defesa em lei.

O referido dispositivo trata dos pressupostos de existência **qualificados**. Assim, os elementos da existência são qualificados da seguinte forma:

- **manifestação de vontade deve ser livre e de boa-fé;**
- **agente deve ser capaz e legitimado;**

Dos fatos, atos e negócios jurídicos **49**

- **objeto deve ser lícito, possível determinado ou determinável; e**
- **forma deve ser livre e prescrita ou não defesa em lei.**

f) **Plano da eficácia e seus elementos acidentais:**

- **condição**: traduz um acontecimento **futuro e incerto** que subordina ou interfere com a eficácia jurídica do negócio jurídico. Exemplo: darei a você uma casa, quando passar no exame da Ordem dos Advogados. Classifica-se da seguinte forma:

  □ **quanto ao modo de atuação: suspensiva**, quando suspende ou paralisa o início dos efeitos jurídicos do negócio, por exemplo: contrato de doação subordinando-o ao casamento do donatário; até a ocorrência da condição, o negócio não é exigível, partes não têm obrigações e direitos entre si; e **resolutiva**, diferentemente da suspensiva, verifica-se nos termos do art. 127 do CC, **resolvem** os efeitos que estavam sendo produzidos por determinação do negócio jurídico ao ocorrer a condição resolutiva;

  □ **quanto à ilicitude: lícita** não é contrária à lei, ordem pública e bons costumes; e, **ilícita** é a contrária à lei, à ordem pública e aos bons costumes;

  □ **quanto à origem: casual** é a condição relativa a evento da natureza. "Se chover" etc.; **mista** é a que deriva de vontade das partes e da vontade de terceiro; e **potestativa** é a que deriva da vontade da parte, e essa condição possui dois tipos: (1) simplesmente potestativa que deriva da **vontade da parte, mas não é arbitrária** porque se conjuga a circunstâncias exteriores. Exemplo: transferência de jogador será feita se conseguir ser melhor artilheiro do campeonato, que depende de fatores externos – outros jogadores e times etc., mas também do próprio jogador; e (2) puramente potestativa, que deriva do exclusivo arbítrio de uma das partes; é ilícita porque é abusiva (art. 122 do CC).

Prazo de reflexão: sete dias, oferecido por fornecedor (art. 49 do CDC).

■ **termo**: é o acontecimento **futuro e certo** em que começa ou **termina a eficácia** do negócio jurídico. Não confundir termo com prazo, pois o termo corresponde a uma data certa, enquanto o prazo é o lapso de tempo entre o termo inicial e o final;

■ **encargo ou modo**: é a cláusula imposta nos negócios gratuitos que acaba por restringir a vantagem do beneficiado. Exemplo: uma doação de um terreno ao Antônio, desde que ele construa um asilo. Portanto, o encargo é o ônus que se atrela a uma liberalidade, ou seja, não é obrigação, é ônus, porque não há contraprestação, dá-se tipicamente em contratos gratuitos.

3.4 Dos defeitos do negócio jurídico

Trata-se de um negócio jurídico oriundo de um vício, seja do consentimento do agente ou de um vício social. São duas as categorias de defeitos:

■ **defeito ou vício do consentimento ou da vontade do agente**: decorre do fato de a vontade declarada não coincidir com a vontade interna do agente. Estão abarcados nesta condição o erro, o dolo, a coação, o estado de perigo e a lesão; e

■ **defeitos ou vícios sociais**: a vontade interna coincide perfeitamente com a vontade declarada, porém esta é manifestada com a intenção de fraudar a lei ou prejudicar terceiro. Nesse caso, temos as hipóteses da simulação e da fraude contra credores.

3.4.1 Vícios do consentimento

Nos vícios do consentimento, a vontade do agente nasce com um defeito na liberdade (coação moral), no esclarecimento (erro e dolo) ou na ponderação (lesão e estado de perigo).

Dos fatos, atos e negócios jurídicos **51**

3.4.1.1 *Erro ou Ignorância (art. 138 do CC)*

O erro é a falsa percepção da realidade que influi na vontade declarada, ou seja, é a noção falsa acerca de determinada pessoa ou de determinado objeto. Não se confunde com a ignorância, que é a ausência completa de conhecimento a respeito de certo fato, objeto, ou pessoa.

Embora os institutos sejam distintos, a lei dá o mesmo tratamento jurídico para ambos, ou seja, ocorrendo um ou outro, a consequência é a nulidade relativa do negócio (prevalência da boa-fé).

Requisitos: o erro para anular um negócio praticado deve **ser substancial** e **real**; trata-se daquele que pode ser percebido por qualquer indivíduo de diligência normal, em face das circunstâncias do negócio.

a) **Substancial**: aquele que foi determinante para a prática do negócio jurídico; sem o erro, o negócio não teria sido realizado. Por outro lado, erro acidental é aquele que apenas influenciou alguns aspectos no negócio, tornando-o mais oneroso, contudo não foi a razão pela qual se determinou a sua prática. As hipóteses estão previstas taxativamente no art. 139 do CC e dizem respeito:

- à natureza do negócio: o sujeito quer praticar um negócio, mas acaba realizando outro, por exemplo, o sujeito lavra uma escritura pública de doação pensando tratar-se de dação em pagamento;
- ao erro sobre o objeto principal da declaração: nesse caso, o negócio praticado faz menção a uma coisa, em vez de outra, por exemplo, o sujeito compra um apartamento em São Vicente, pensando que ele se localiza em Santos;
- ao erro sobre a qualidade essencial do objeto: o sujeito compra um relógio dourado, pensando que ele é de ouro.

Observação

Erro quanto ao objeto x vício redibitório – o vício redibitório é um vício do objeto, algo que não permite que este exerça normalmente as suas funções; já o erro está localizado no consentimento dos agentes. Os casos que dizem respeito ao erro geralmente vêm acompanhados das expressões "pensando ser" ou "imaginando ser".

- ao erro sobre a pessoa: refere-se à identidade, que pode ser física (uma pessoa por outra), ou civil (divorciado e solteiro), podendo ainda recair sobre a qualidade essencial da pessoa (boa fama e honra). Nessa seara, temos o art. 1.557 do CC, que trata dos casos de anulação do casamento;
- ao negócio: incide na própria declaração negocial da vontade; dá-se quando a pessoa celebra um negócio, imaginando se tratar de outro (exemplo: o proprietário de um imóvel imagina estar locando seu bem, quando, na verdade, está dando em comodato);
- ao erro de direito: é o desconhecimento da lei ou a sua interpretação equivocada; para fins de anulação do negócio, é equiparável ao erro de fato, desde que tenha influenciado a manifestação de vontade e preencha dois requisitos, o primeiro deles que não implique na recusa da lei, bem como em um segundo momento não ser o motivo único ou principal do negócio jurídico.

b) **Real**: é aquele que causa prejuízo efetivo para o sujeito.

3.4.1.2 *Dolo civil (art. 145 do CC)*

Dolo é o erro provocado pela **má-fé alheia**, ou seja, é todo artifício empregado para enganar alguém, induzindo à prática de um negócio jurídico. A distinção fundamental entre

Dos fatos, atos e negócios jurídicos **53**

o erro e dolo civil é que aquele é espontâneo, pois quem erra, erra sozinho. Já o dolo é o erro provocado pela má-fé alheia, ainda que seja pelo silêncio.

Para anular o dolo, o negócio deve ser **principal e** *malus*.

Espécies ou modalidades de dolo:

a) **dolo principal**: foi determinante para a prática do negócio jurídico; sem ele, o negócio não teria sido praticado. Nesse sentido, há a anulação **e** o direito da ação de perdas e danos (art. 145 do CC);

b) **dolo acidental**: aquele que onera o negócio, mas não foi a razão determinante para sua prática. Nesse caso, ele não anula o negócio, mas dá causa à indenização por perdas e danos (art. 146 do CC);

c) **dolo positivo**: é aquele que resulta de uma ação. Nesse sentido, pode ser principal ou acidental com as consequências pertinentes;

d) **dolo negativo ou por omissão**: é o silêncio intencional sobre determinada coisa ou fato ou pessoa, por exemplo, o sujeito vende o seu pomar de laranjas silenciando sobre a praga que o atinge. O dolo negativo pode ser principal ou acidental, com as consequências pertinentes (art. 147 do CC);

e) *dolus bonus*: é a conversa enganosa aceita no mundo dos negócios, pois a outra parte desde logo percebe "o engodo". Não dá causa à anulação do negócio, bem como não gera a indenização por perdas e danos. Exemplo: publicidade; campanhas publicitárias realçam características do produto. O que não se aceita é a deturpação das características do produto ou a omissão de informação, que implica propaganda enganosa; daí o aviso "foto meramente ilustrativa" das caixas de cereais;

54 Direito Civil

f) _dolus malus_: é o artifício para enganar o homem médio, pode ser principal ou acidental com as consequências pertinentes, porém o juiz deve auferir se o dolo _malus_ deve seguir o critério do homem médio. Há entendimento em outro sentido de que devam ser verificadas as condições das pessoas;

g) dolo bilateral ou recíproco: ambas as partes estão de má-fé e o negócio jurídico é válido, pois não é possível alegar a própria torpeza (art. 150 do CC);

h) dolo de terceiro: dolo direto é aquele emanado de uma das partes. Dolo de terceiro é aquele causado por quem não é parte no negócio (art. 148 do CC). O dolo de terceiro só anula quando a parte beneficiada sabia ou tinha possibilidade de saber do engodo, ainda que não tenha cooperado para o artifício fraudulento.

Ainda nesse caso, além da anulação, a parte beneficiada e o terceiro respondem pelas perdas e danos; em contrapartida, se a parte beneficiada não sabia nem tinha possibilidade de saber do engodo, o negócio praticado é válido, mas o terceiro responde pelas perdas e danos perante o ludibriado.

3.4.1.3 Coação (art. 151 do CC)

Coação é a ameaça de dano grave iminente e injusto, contra o coagido, seus bens ou pessoa de sua família, que funciona como uma causa determinante para a prática do negócio jurídico.

São requisitos para configuração da coação:

a) a coação deve consistir em uma ameaça: baseada em uma promessa de malefício, ou seja, prometer o mau futuro;

b) a ameaça deve ser grave: capaz de intimidar a vítima, e não o homem médio, ou seja, o juiz tem que analisar o caso concreto (art. 152 do CC); e

c) a ameaça deve referir-se: ao coagido, aos seus bens e sua família.

Se recair sobre pessoa não pertencente à família, o juiz julgará por equidade, analisando o caso concreto e considerando, por exemplo, a afetividade e a proximidade (art. 151, parágrafo único, do CC).

3.4.1.4 Estado de perigo (art. 156 do CC)

Tanto na lesão quanto no estado de perigo, o sujeito paga de maneira desproporcional. Em ambos os casos, a vontade não nasce ponderada. Sendo assim, o agente que realiza negócio jurídico, assume para si uma obrigação excessivamente onerosa para evitar, ou tentar evitar, um dano de caráter pessoal, que é do conhecimento da outra parte.

a) **Requisitos**: situação de perigo atual que ameaça causar um grave dano pessoal, **conhecimento do perigo pela outra parte** e assunção de obrigação excessivamente onerosa.

b) **Estado de perigo x coação**: no estado de perigo, a pessoa se aproveita da situação de risco em que o prejudicado se encontra, enquanto na coação o coator é quem cria a situação que acaba por ensejar o negócio viciado.

3.4.1.5 Lesão (art. 157 do CC)

A lesão aqui referida é decorrente do ato de uma pessoa que, mediante grande necessidade ou por inexperiên-

56 Direito Civil

cia, é explorada de forma desproporcional ao valor da prestação oposta.

Se o indivíduo, por inexperiência ou premente necessidade, assume uma prestação extremamente desproporcional com outrem, configurada estará a lesão. Nesse caso, independe da ciência da outra parte.

3.4.2 Vícios sociais

3.4.2.1 Simulação (art. 167 do CC)

A simulação pela atual sistemática dá causa à nulidade absoluta do negócio praticado, trata-se de vício imprescritível e pode ser arguido pelo próprio simulador.

Esse vício é o único que não tem prazo, pois é nulidade absoluta e não convalescerá com o tempo. Nos demais casos, há prazo decadencial de quatro anos, conforme o art. 178 do CC, causando a nulidade relativa do negócio jurídico.

A simulação é o acordo feito entre as partes para dar existência real ao negócio jurídico fictício, ou, então, para ocultar negócio realmente realizado, com a finalidade de fraudar a lei ou de prejudicar terceiro.

A fundamental distinção da simulação e do dolo se dá pois no dolo uma das partes é enganada pela outra ou por terceiro, enquanto na simulação nenhuma das partes é enganada, ambas têm ciência do engodo, o que elas querem é fraudar a lei ou prejudicar terceiro.

Os atos jurídicos unilaterais também são passíveis de simulação, desde que haja conluio, por exemplo: homem casado que promete pagar promessa de recompensa, mas realmente entregou para sua amante, com intuito de doação.

São requisitos da simulação:

a) **acordo:** conluio entre as partes ou com a pessoa a quem se destina;

b) **declaração enganosa:** com dolo;

c) **intenção de fraudar a lei** ou prejudicar terceiro.

São espécies de simulação:

a) **simulação fraudulenta ou maliciosa:** é aquela em que há intenção de fraudar a lei ou prejudicar terceiro; são todas as hipóteses anteriores, salvo a inocente;

- **absoluta:** as partes não têm intenção de praticar negócio algum, é tudo uma grande farsa, por exemplo, homem casado que simula dívida com um amigo para prejudicar a mulher quando da separação;

- **relativa:** decorre de um negócio jurídico aparente simulado, o qual visa esconder o negócio jurídico verdadeiro (dissimulado), por exemplo, doação de um imóvel que o homem casado faz a sua amante mascarada de compra e venda;

- **subjetiva:** decorre da questão pessoal, ou seja, transmite direito a determinada pessoa (intermediário) para que esta o repasse há quem ele quer realmente beneficiar; e

- **objetiva:** decorre do negócio jurídico, contém declaração não verdadeira, por exemplo, escritura de compra e venda lavrada inferior ao real.

b) **inocente:** é aquela que não tem intenção de fraudar a lei, nem prejudicar terceiro, por exemplo, homem solteiro que faz a doação de um imóvel à namorada mascarada de compra e venda.

Acerca dos principais efeitos da simulação: a simulação fraudulenta, seja absoluta, relativa, subjetiva ou objetiva, gera

58 Direito Civil

a nulidade absoluta do negócio praticado e, portanto, pode ser decretada de ofício pelo juiz. Trata-se de vício imprescritível, sendo certo que o negócio não pode ser ratificado pelas partes (art. 169 do CC).

Pela atual sistemática, ela pode ser arguida pelo próprio simulador.

Apesar de fraudulenta a simulação, a segunda parte do *caput* do art. 157 do CC dispõe que o negócio será válido, se ele tiver preenchido os seus requisitos formais e substanciais.

Como exemplo, escritura de venda e compra lavrada com preço inferior ao real. Não se decreta a nulidade do negócio sobre o todo, e sim somente sobre a diferença não paga.

Já na doação de imóvel em que o namorado faz mascarada compra e venda, a Fazenda Pública Estadual tem o interesse em propor a ação de nulidade do negócio jurídico, visando obter o imposto devido referente à doação, visto que aquele é devido em razão de compra e venda recolhido pelo município.

Simulação e a reserva mental (art. 110 do CC): inicialmente, cumpre ressaltar que a redação do referido dispositivo é precária e não coaduna com o princípio da operabilidade, e pode nele constar: "A manifestação de vontade subsiste ainda que o seu autor haja feito a reserva mental de não querer o que manifestou, salvo se dela o destinatário tinha conhecimento".

Dessa ponderação pode-se extrair o entendimento de que na reserva mental:

a) se a outra parte contratante não tem conhecimento da reserva mental (mentira), o contrato é válido;

b) se a outra parte conhece a reserva mental, o negócio jurídico é nulo, pois se aproxima da simulação.

Dos fatos, atos e negócios jurídicos **59**

Sendo assim, a reserva mental tem como elemento basilar declaração de vontade, resguardando, em seu íntimo, o propósito de não atender ou cumprir o fim pretendido.

3.4.2.2 Fraude contra credores (art. 158 do CC)

Negócio jurídico realizado pelo devedor insolvente, ou que esteja na iminência de tornar-se insolvente, capaz de reduzir ainda mais seu patrimônio, ou seja, a premissa do estudo da fraude contra credores, é a figura do terceiro de boa-fé.

Logo, se A tem conhecimento do vencimento de várias dívidas que não serão liquidadas, vende ou doa a B imóvel de seu patrimônio, ato este que o leva à insolvência, configura-se o vício social (art. 158).

Requisitos para configuração da fraude contra credores dividem-se em duas frentes:

- nas disposições onerosas: *consilium fraudis* (intenção de prejudicar credores) e *eventus damni* (prejuízo causado);
- nas disposições gratuitas: somente necessita *eventus damni* (prejuízo causado), conforme art. 158 do CC.

Não confundir fraude contra credores com fraude à execução, instituto processual muito mais grave do que fraude contra credores, porque desrespeita a administração da justiça. Na fraude à execução, já existe demanda contra o devedor.

Fraude contra credores	Fraude à execução
Instituto de Direito Civil	Instituto de Direito Processual Civil
O devedor tem várias obrigações assumidas e transfere de forma onerosa ou gratuita bens visando prejudicar credores	Executado já citado ou não em ação executiva ou condenatória aliena bens

60   Direito Civil

Fraude contra credores	Fraude à execução
Requisitos *consilium fraudis* e *eventus damni*	Bastava a presença do prejuízo, porém agora temos a Súmula n° 375 do STJ que aproxima os institutos
Necessidade de propositura de ação	Reconhecida mediante petição no processo já em trâmite
Constitutiva negativa – visa à anulabilidade do ato	Declaratório – visa à ineficácia do ato

3.5 Teoria das nulidades

Conforme doutrina dominante, a validade do negócio jurídico está intimamente ligada ao fato de que determinado ato é uma infração à lei ou não. A expressão invalidade em sentido amplo é empregada para designar o negócio jurídico que não produz os seus efeitos desejados (essa é a opção prevista nos arts. 166 e 184 do CC).

Portanto, as consequências decorrentes da presença de um defeito no negócio jurídico variam de acordo com a gravidade do defeito, podendo implicar:

a) na sua nulidade, se mais grave (objeto ilícito, agente absolutamente incapaz e desobediência à forma); ou

b) na sua anulabilidade, se menos grave (agente relativamente incapaz e todos os vícios do consentimento).

3.5.1 Nulidade absoluta

Conforme se pode observar, as modalidades de nulidades podem ser extraídas do disposto no art. 166 do CC, o qual passamos a analisar:

a) celebrado por pessoa absolutamente incapaz (hipóteses do art. 3° do CC);

Dos fatos, atos e negócios jurídicos **61**

b) for ilícito, impossível ou indeterminável o seu objeto (pode ser material ou imaterial);

c) o motivo determinante, comum a ambas as partes, for ilícito (independe de o contrato ser válido, mas, se seu objetivo for ilícito, a nulidade atinge o negócio, por exemplo, o aluguel de carros ou motos para um sequestro);

d) não revestir a forma prescrita em lei (exemplo: celebrar contrato com objeto acima de 30 salários mínimos deve observar forma pública);

e) for preterida alguma solenidade que a lei considere essencial para a sua validade (exemplo: portas abertas para celebrar casamento civil);

f) tiver por objetivo fraudar lei imperativa (exemplo: *off-shore* e o contrato de retrovenda como "máscara" do mútuo decorrente de juros abusivos);

g) a lei taxativamente o declarar nulo, ou proibir-lhe a prática, sem cominar sanção (é a nulidade virtual, por exemplo, o *pacta corvina*);

h) além das referidas situações, temos o disposto no art. 167 do CC referente à simulação, instituto que foi analisado anteriormente;

i) a coação física irresistível também é causa de nulidade absoluta.

Características do negócio jurídico nulo:

a) Nulidade absoluta, dada sua gravidade, pode ser arguida por qualquer pessoa e reconhecida de ofício pelo juiz (art. 168 do CC).

b) Nulidade absoluta não admite confirmação nem convalesce pelo decurso do tempo (art. 169 do CC).

c) O negócio jurídico nulo deve ser declarado por meio de sentença com efeitos retroativos (*ex tunc*) e efeito *erga omnes*.

3.5.2 Nulidade relativa

Na ordem sistêmica, pode-se aperceber que a nulidade relativa é aquela que envolve questões de ordem privada, de interesse das partes e, dessa forma, tem tratamento especial no ordenamento jurídico, tendo seu ambiente de aplicação o disposto no art. 171 do CC, o qual é alocado a seguir:

a) por incapacidade relativa do agente (negócios jurídicos realizados no art. 4º do CC);

b) por vício resultante de erro, dolo, coação, estado de perigo, lesão ou fraude contra credores (simulação **não** está relacionada aqui por ser causa de nulidade);

c) demais casos previstos na legislação vigente (demais previsões do Código Civil de 2002).

Características do negócio jurídico anulável:

a) A anulabilidade não é imprescritível, submetendo-se a prazos **decadenciais** (arts. 178 e 179 do CC).

b) O disposto no art. 177 do CC deixa bastante clara a questão privada da referida situação, tendo em vista o reconhecimento da anulabilidade *ex officio*, dos legitimados e a intervenção do Ministério Público.

c) Três dispositivos (arts. 172, 173 e 174 do CC) devem ser analisados em conjunto, pois possibilitam a convalidação do ato, desde que não prejudique terceiros e necessite de confirmação expressa, sendo esta desnecessária quando a obrigação já foi cumprida por parte do devedor, sabendo que ela era anulável.

d) Outro grande dispositivo trata da irrevogabilidade da confirmação. Nesses termos, o art. 175 do CC dispõe:

Dos fatos, atos e negócios jurídicos **63**

> Art. 175. A confirmação expressa, ou a execução voluntária de negócio anulável, nos termos dos arts. 172 a 174, importa a extinção de todas as ações, ou exceções, de que contra ele dispusesse o devedor.

e) Ainda no tocante aos princípios norteadores do contrato, especialmente o princípio do mantenimento do contrato, ele pode ser percebido no art. 176 do CC que dispõe: "Quando a anulabilidade do ato resultar da falta de autorização de terceiro, será validado se este a der posteriormente".

f) Os arts. 180 e 181 do CC são correlatos entre si, pois guardam o negócio jurídico celebrado com relativamente incapazes.

g) Como regra, o efeito da sentença anulatória é tido como efeito *inter partes* e *ex nunc*, ou seja, seus efeitos somente valem após seu trânsito em julgado. Tal entendimento está bastante claro no disposto do já ventilado art. 177 do CC.

h) Em continuidade, o disposto no art. 183 prevê que a invalidade do próprio instrumento não invalida o negócio, se ele pode ser provado por outro meio. Como exemplo, o contrato preliminar, que não necessita de forma, mas foi realizado por instrumento particular, não poderá ser anulado, se for provado por testemunhas.

i) Por fim, porém não menos importante, temos o disposto no art. 184 do CC que viabiliza o mantenimento do contrato, na parte em que ele não estiver viciado. Mais um bom exemplo de mantenimento do contrato.

Nulidade absoluta	Nulidade relativa
Interessa à ordem pública, por isso o ordenamento age de maneira violenta, por exemplo, casamento entre irmãos	Só interessa aos particulares e a sanção recai apenas sobre estes, por exemplo, nulidade de casamento

64   Direito Civil

Nulidade absoluta	Nulidade relativa
Não se convalida com o decurso do tempo; não se convalida pela vontade das partes; não há prazo para sua declaração	Convalida-se pelo decurso do prazo ou pela vontade das partes que podem pacificar o negócio, bem como os prazos são decadenciais
Pode ser alegada pelo Ministério Público e interessados	Somente pode ser alegada pelos interessados
Pode ser conhecida de ofício pelo juiz	Só será conhecida, se provocada
Tem efeito *ex tunc* e sua declaração retroage	Tem efeito *ex nunc*, ou seja, não retroage
Não há prazo para pleitear sua nulidade absoluta	Há prazos decadenciais variados para pleitear anulabilidade; não havendo prazo expresso, será de dois anos
A sentença que se busca é de natureza declaratória	A sentença que se busca é desconstitutiva
A ação cabível é a ação declaratória de nulidade absoluta	Comporta ação anulatória

3.6 Prescrição e decadência

Assim, tanto a prescrição como a decadência são institutos relacionados com o elemento temporal, pois o exercício de um direito não pode ficar pendente de forma indefinida no tempo, daí a conhecida frase "o direito não socorre quem dorme". Pode-se afirmar ainda que esses institutos têm como finalidade a pacificação social na certeza e segurança da ordem jurídica, podendo até ser afirmada uma boa-fé do próprio legislador.

Visando esclarecer o assunto, Agnelo Amorim Filho (1960) buscou sistematizar estes institutos conforme segue:

a) **as ações condenatórias aplicam-se aos casos de prescrição**: a aplicação desse instituto, quando das ações relacionadas com os direitos subjetivos, próprios das relações obrigacionais e de inobservância das partes ou pela ordem

Dos fatos, atos e negócios jurídicos **65**

jurídica, ou seja, veiculam uma pretensão de dar, fazer ou não fazer;

b) **as ações constitutivas (negativas ou positivas) aplicam-se aos casos de decadência**: trata de um estado de sujeição, com o próprio direito potestativo, ou seja, é aquela que cria, modifica ou extingue uma relação jurídica, não vinculada a uma pretensão;

c) **as ações declaratórias aplicam-se aos casos de imprescritibilidade**: nessa hipótese, citam-se casos de nulidade absoluta e, portanto, não há que falar em prescrição ou decadência. Nota-se que essa imprescritibilidade se justifica com base na norma cogente, ou seja, trata-se de um dispositivo de norma de ordem pública, não convalescendo pelo decurso do tempo (art. 169 do CC).

3.6.1 Distinções entre prescrição e decadência

É importante aqui trazer o rol distintivo da descrição da prescrição e da decadência, como nos ensina Flávio Tartuce (2020, p. 308):

a) enquanto a prescrição extingue a pretensão, a decadência extingue o direito;

b) na prescrição, os prazos seguem somente o estabelecido em lei; na decadência, os prazos são estabelecidos pela lei (legal) ou diante da convenção das partes (convencional);

c) a prescrição deve ter conhecimento de ofício pelo juiz, bem como a decadência legal, porém a decadência convencional não requer tal autorização;

d) a prescrição pode ser alegada pela parte, podendo ser renunciada pelo devedor após a consumação, cuja situação é idêntica para a decadência convencional; por outro lado, é vetada a renúncia na decadência legal;

66 Direito Civil

e) a prescrição é limitada a determinadas pessoas, enquanto a decadência se restringe somente aos absolutamente incapazes, conforme o art. 3° do CC;

f) enquanto na prescrição há casos em que pode ser impedida, suspensa ou interrompida, na decadência essas condições não são permitidas, exceto em regras específicas;

g) a prescrição é pertinente aos direitos subjetivos e atinge as ações condenatórias; por sua vez, a decadência é inerente aos direitos potestativos, atingindo ações constitutivas positivas e negativas;

h) a prescrição tem um prazo geral de dez anos (art. 205 do CC), enquanto a decadência não possui prazo geral (doutrina majoritária), exceto para anulação de negócio jurídico, que possui dois anos a partir de sua celebração (art. 179 do CC);

i) existem prazos especiais para a prescrição que podem variar entre um a cinco anos (art. 206 do CC), enquanto a decadência possui prazos especiais contados em dia, mês e ano, entre um a cinco anos, previstos em dispositivos distintos daqueles prescricionais.

3.6.2 Prescrição: impedimento, suspensão e interrupção

Ainda seguindo os ensinamentos de Flávio Tartuce (2020, p. 283), as causas de impedimento, suspensão e interrupção prescricionais assim se caracterizam:

a) são causas de **impedimento prescricional** (arts. 197, I a III, e 199, I e II, do CC) as condições que não permitem o seu início, ou seja, não ocorrerá prescrição:

■ entre o casal durante a sociedade conjugal, quando o casamento ocorrer depois do início do caso de suspensão;

Dos fatos, atos e negócios jurídicos   **67**

- entre ascendentes e descendentes, durante o poder familiar;
- entre os tutelados ou curatelados e seus respectivos tutores e curadores, "durante a tutela ou curatela";
- enquanto estiver pendente a condição de suspensão;
- enquanto estiver em vigor o prazo, ou seja, enquanto não estiver vencido.

b) são causas de **suspensão prescricional** (arts. 198, I a III, e 199, III, do CC) aquelas condições em que se requer a paralisação temporária do prazo já iniciado para resolução pontual que, ao concluir-se, permite que o prazo prescricional dê sua continuidade a partir do ponto em que se tornou suspenso, ou seja, são as causas contra:

- os absolutamente incapazes, em conformidade com o art. 3º do CC;
- os servidores públicos ausentes em território nacional;
- os arrolados nos arts 22 a 39 do CC, que tratam dos assuntos pertinentes à curadoria dos bens, sucessão provisória e sucessão definitiva;
- os servidores das Forças Armadas, em tempo de guerra;
- as partes envolvidas em evicção, enquanto houver pendência de ação.

c) são causas de **interrupção prescricional** (arts. 202 a 204 do CC) aquelas que encerram com a prescrição que já se iniciou, porém retoma seu prazo integral na data em que houve a interrupção, ocorrência legal que só é permitida uma única vez. São causas interruptivas as seguintes:

- despacho do juiz com ordem de citação, desde que o pedido do interessado ocorra dentro do prazo e respeitando as determinações legais;
- protesto judicial e cambiário que vise a prevenção da responsabilidade, manter a integridade dos direitos ou for-

malizar determinada manifestação, constituindo o devedor em mora;

- ato que constitua o devedor em mora, desde que seja pelos meios judiciais;
- ato inequívoco do devedor, seja judicial ou não, desde que permita o reconhecimento do direito do credor.

4

Teoria geral das obrigações

4.1 Noções introdutórias – Princípios constitucionais aplicados ao direito civil

Tradicionalmente, o Código Civil era considerado a constituição do direito privado porque resolvia com exclusividade as questões entre os particulares (ilha isolada). Atualmente, considera-se o Código Civil parte de um sistema. Na metáfora de Ricardo Lorenzetti (TARTUCE, 2020, p. 49), o sol ocupa o centro do sistema solar e emana raios que alcançam todos os planetas; por sua vez, a Constituição Federal ocupa o centro do sistema jurídico e seus princípios atingem todos os códigos, leis e microssistemas.

Princípios (exemplos):

a) dignidade da pessoa humana (art. 1°, III, da CF);

b) solidariedade (art. 3°, I);

c) isonomia ou igualdade (*caput* do art. 5°).

A partir da principiologia, surgem dois fenômenos, quais sejam: repersonalização pela qual a pessoa humana assume um papel de relevo e despatrimonialização pela qual o patrimônio exerce um papel de coadjuvante. Adeptos dessa corrente: Paulo Lobo, Luiz Edson Fachin e Gustavo Tepedino.

O conceito de obrigação nada mais é do que o vínculo jurídico pelo qual o devedor assume um compromisso para realizar algo em favor do credor, seja por meio de prestação de dar, fazer ou não fazer.

O segundo aspecto interessante é saber diferenciar a teoria geral das obrigações da teoria geral do pagamento, que são momentos distintos, e seu equívoco imperdoável. Tal justificativa tem como fundamento de que o devedor da obrigação é o que assume determinado conteúdo obrigacional (dar – art. 233; fazer – art. 247; e não fazer – art. 250), e não o que tem que efetuar o pagamento (art. 304 do CC). Sendo assim, é nítida a organização do sinalagma contratual. Podemos citar como exemplo o pagamento, o qual, quando não pactuado, é realizado no domicílio do devedor, ou seja, aquele que deve executar o conteúdo obrigacional ou no local do pagamento (art. 327 do CC).

Trata-se de uma relação jurídica transitória, existente entre o sujeito ativo e passivo, denominado credor e devedor. Configura um conjunto de atividades necessárias à satisfação do credor, seja esta positiva ou negativa, a fim de levar ao adimplemento da obrigação.

São fontes da obrigação:

a) **contrato**: é o negócio jurídico bilateral ou plurilateral que cria, modifica ou extingue relações jurídicas de caráter patrimonial. O contrato pode ser típico, se regulamentado por lei, ou atípico, se decorrer da autonomia privada (art. 425 do CC);

b) **atos unilaterais**: são atos humanos lícitos em que uma declaração de vontades gera obrigação. Exemplo: promessa de recompensa, gestão de negócios, pagamento indevido e enriquecimento sem causa;

c) **atos ilícitos e abuso de direito**: são aqueles que causam danos e, por conseguinte, importantíssimos para o direito obrigacional; e

d) **títulos de crédito**: são documentos de caráter autônomo, bem como de natureza obrigacional privada, porém de interesse maior do direito empresarial.

4.2 Elementos da obrigação

a) **Elemento subjetivo**: são as partes – o sujeito ativo é denominado credor (beneficiário da obrigação) e o passivo, devedor, que assume o dever de cumprir determinado conteúdo de uma obrigação. Em regra, a relação obrigacional são prestações conjuntivas denominadas sinalagma, ou seja, ambas são devedoras e credoras entre si proporcionalmente.

Pode ainda haver um titular de uma obrigação tido como indeterminado. Nesse caso, não se sabe quem vai ocupar a posição de credor (indeterminabilidade subjetiva ativa) ou devedor (passiva). Exemplo: promessa de recompensa.

b) **Elemento objetivo ou material da obrigação**: trata do objeto da obrigação, ou seja, a prestação pode ser: **próxima ou imediata** (dar, fazer ou não fazer), ou, então, **mediata ou remota** (o objeto, e não a prestação).

c) **Elemento imaterial (ideal, virtual, espiritual)**: é o vínculo jurídico, ou seja, o liame entre o credor e o devedor. Referente a esse elemento inicialmente existia a corrente monista ou unitária que entendia que, para a obrigação ser válida, somente eram necessários o vínculo e os elementos subjetivos. No entanto, pela teoria dualista ou binária,

72　Direito Civil

compreende-se que o vínculo jurídico é constituído por dois elementos, quais sejam:

- **dívida** (alemão = *schuld*; em latim = *debitum*): é o cumprimento espontâneo da prestação pelo devedor; e
- **responsabilidade** (alemão = *haftung*; em latim = *obligatio*): é a prerrogativa conferida ao credor de, em caso de inadimplemento, proceder à execução do patrimônio do devedor.

Quanto à natureza jurídica dessas modalidades de obrigação, deve ser anotado que há obrigação **civil** (*schuld* **mais** *haftung*); obrigação **natural** (*schuld* **menos** *haftung*); e obrigação **moral** (não há *schuld* **nem** *haftung*), fruto apenas da consciência; sanção resume-se a consciência pesada.

Pela literalidade do art. 391 do CC, que traz a responsabilidade civil contratual, todos os bens do devedor respondem por suas dívidas, **porém** na realidade preserva-se um patrimônio mínimo em atenção ao princípio constitucional da dignidade da pessoa humana. Exemplo: impenhorabilidade dos direitos da personalidade, do salário, do bem de família.

Em decorrência do exposto é possível haver uma obrigação sem responsabilidade, como nas obrigações imperfeitas, que são aquelas em que há apenas um elemento do vínculo.

Modalidades de obrigações imperfeitas:

a) **Dívida sem responsabilidade (*schuld* sem *haftung*)**: é a chamada obrigação natural em que o sujeito deve, mas não pode ser cobrado.

Nesse sentido, temos três disposições legais:

- dívida prescrita (art. 882 do CC);
- dívida de jogo e aposta não legalizados (arts. 814 e 815 do CC); e
- mútuo feito a menor sem prévia autorização daquele que o tiver a guarda (art. 588).

Teoria geral das obrigações **73**

b) **Responsabilidade sem dívida (*haftung* sem *schuld*)**: são as hipóteses em que há um terceiro garantidor. Exemplo: fiador, avalista.

Observação

O devedor solidário responde pela totalidade da dívida, mas só deve parte dela e, por isso, se solvê-la integralmente, terá direito de regresso.

Obrigação *propter rem* (em razão de): também chamada de *ob rem* (diante de), ambulatória e reipersecutória. É a obrigação que não surge da vontade expressa ou tácita do devedor, mas decorre do fato de o devedor ser titular do direito real, ou seja, é parte direito obrigacional e parte direito real.

Trata-se de uma relação jurídica com característica pessoal e real, ou seja, trata-se de uma obrigação que se une a uma coisa, acompanhando-a.

São exemplos desse direito:

a) pagamento das despesas de conservação da coisa comum, ou seja, taxa condominial prevista no art. 1.345 do CC;

b) obrigação dos vizinhos de não prejudicar a segurança, o sossego e a saúde dos vizinhos, conforme o art. 1.277 do CC.

4.3 Classificação das obrigações

4.3.1 Classificação quanto ao conteúdo do objeto obrigacional

De acordo com o conteúdo da prestação, a obrigação pode ser positiva ou negativa. Quando positiva, será decorrente de uma ação e quando negativa, de uma abstenção. Nesses casos, temos as obrigações de fazer e não fazer; todavia, se a obrigação estiver liame com o objeto, determinado ou determinável, a obrigação será de dar.

Obrigação de dar: a obrigação de dar é aquela em que há entrega do objeto, ou seja, a tradição. Caso o devedor entregue o objeto que está pronto, a obrigação é de dar.

Regras da obrigação de dar:

a) a propriedade das coisas móveis só se transfere com a tradição, e não com o acordo de vontades (art. 1.267 do CC). Por sua vez, a propriedade dos imóveis se transfere pelo registro no registro de imóveis;

b) quem sofre a perda é o dono (*res perit domino* – a coisa perece para o dono); e

c) para fins de aplicação das regras, devedor é aquele que tem que entregar o objeto.

Modalidades:

Obrigação de dar coisa certa: coisa certa é aquela individualizada, determinada ou específica (móvel ou imóvel) desde o início da criação do vínculo obrigacional. Exemplo: obrigação de entregar o cavalo "Soberano". Na obrigação de dar coisa certa, o credor não é obrigado a receber outra coisa, ainda que mais valiosa. Inadimplemento da obrigação de dar coisa certa:

a) perda ou perecimento da coisa certa:

■ **sem culpa do devedor:** são as hipóteses de caso fortuito ou de força maior. O devedor não arca com as perdas e danos (dano material ou moral), mas a obrigação se extingue e as partes retornam ao estado anterior (*status quo ante*);

Teoria geral das obrigações **75**

Observações:

- Nesse caso, a culpa engloba tanto o sentido amplo (*lato sensu*) como o dolo (intenção de descumprimento), bem como a culpa em sentido estrito ou *stricto sensu* (descumprimento de obrigação preexistente por imprudência, imperícia e negligência).

- Há casos em que as partes respondem pelo fortuito ou força maior, por exemplo: devedor em mora art. 399; havendo previsão no contrato art. 393; quando a lei assim dispuser.

- O vendedor que recebeu o preço deve restituí-lo acrescido de correção monetária, e não de juros, pois a coisa perece para o dono.

- **com culpa do devedor**: o devedor responde pelo equivalente (valor da prestação perdida) mais perdas e danos (indenização);

Obrigação de dar coisa incerta: é uma obrigação genérica, cujo objeto é indicado por seu gênero, qualidade e quantidade reputada no art. 104, II, CC. Exemplo: uma vaca "Nelore" ou 10 sacas de café.

A incerteza é transitória e cessa quando ocorre a escolha ou concentração cientificada/informada à outra parte, ou seja, não é qualquer coisa, e sim coisa predeterminada, conforme o art. 243 do CC. Na ausência de algum deles, o negócio é nulo. A qualidade pode ser indicada no momento da concentração (escolha, individualização da coisa). A partir da concentração, houve uma transformação da espécie de obrigação.

A escolha cabe ao devedor (quem tem que entregar o objeto), pois é dele o fardo obrigacional. Contudo, o contrato pode transferir o direito ao credor. Quando a lei conferir escolha, esta, em regra, é do devedor. O critério de escolha é o da medianidade, ou seja, nem o melhor, nem o pior do gênero, mas sim a coisa

76 Direito Civil

média; a regra decorre da boa-fé, bem como do enriquecimento sem causa. O contrato pode dispor de maneira diversa.

Após o feito transitório de escolha, a obrigação genérica se torna específica, aplicando então as regras de dar coisa certa. Conforme o art. 246 do CC, como gênero não perece e, ainda que a coisa se perca pelo caso fortuito ou pela força maior, o devedor continua obrigado à prestação (*genus non perit*).

Obrigação de fazer: consiste em uma ação positiva, no cumprimento de uma tarefa ou atribuição. Espécies da obrigação de fazer:

a) **fungível**: a figura do devedor não é importante; interessa o fazer, e não quem o fará. Exemplo: lavagem do carro;

b) **infungível ou personalíssima (*intuitu personae*)**: aquela em que as qualidades do devedor são essenciais. Exemplo: obrigação do arquiteto em realizar o projeto.

Inadimplemento da obrigação de fazer:

■ **sem culpa do devedor**: a obrigação se extingue e não há perdas e danos. Conforme o art. 247, o devedor restitui ao credor as quantias que já tenha recebido, pois as partes retornam ao *status quo*; e

■ **com culpa do devedor**: conforme o art. 247, o devedor responde pelas perdas e danos (tutela genérica), mas o direito cria mecanismos para a obtenção da própria prestação descumprida:

  □ o credor pode pedir judicialmente que outra pessoa realize a prestação às custas do devedor; e

  □ no caso em que o fazer for **urgente**, o credor pode realizar a prestação e depois cobrar judicialmente o devedor (hipótese excepcional de autotutela).

Obrigação de não fazer: consiste inicialmente em uma obrigação quase sempre infungível, personalíssima, sendo predominantemente indivisível conforme o art. 258 do CC. Decorre de origem **legal** ou **convencional**, sendo exemplo do primeiro caso a não possibilidade de construção em detrimento do direito de vizinhança; na segunda, uma abstenção que decorre de um vínculo contratual, como exclusividade de certo ator com a emissora, ou uma pessoa que vende sua loja e conveniona com seu comprador, que não poderá abrir outra de mesma atividade, perto da loja vendida.

Inadimplemento da obrigação de não fazer:

a) **sem culpa do devedor:** não há responsabilidade por perdas e danos e, em alguns casos, a obrigação se extingue. Exemplo: por contrato, o vizinho se obriga a não construir muro divisório, mas em razão de mudança de lei o município o obriga a construir;

b) **com culpa do devedor:** o devedor responderá por perdas e danos conforme o art. 250 do CC. Além das perdas e danos, o credor pode se valer de medidas para conseguir a prestação de não fazer; e, caso a ação de não fazer for urgente, o credor poderá realizá-la (a prestação) e depois cobrar judicialmente o devedor (hipótese excepcional de autotutela).

4.3.2 Classificação das obrigações complexas pela multiplicidade de sujeitos

Conforme já pontuado, as obrigações complexas quanto aos seus sujeitos podem ser: ativa (pluralidade de credores), passiva (pluralidade de devedores), ou mista (pluralidade tanto de credores como de devedores).

Regras gerais:

78   Direito Civil

a) **Solidariedade**: é imperativo ao afirmar que há solidariedade na obrigação de concorrer mais de um devedor ou
credor. Sendo assim, na obrigação solidária ativa, qualquer
um dos credores pode exigir a dívida por inteiro, bem
como na obrigação solidária passiva, qualquer um dos devedores pode pagar qualquer um dos devedores;

b) **A solidariedade não se presume**, logo, ela resulta da lei ou
da vontade das partes; e

c) **Direito de regresso**: com o pagamento, extingue-se o
pagamento para com o credor e finda a solidariedade. O
devedor que pagou terá direito de regresso contra os codevedores e, apesar de se sub-rogar nos direitos do credor
(hipoteca), só pode cobrar dos codevedores os quinhões
na dívida.

4.3.3 Classificação da divisibilidade (ou indivisibilidade) do objeto obrigacional

a) **Obrigação divisível**: é aquela que tem por objeto uma
coisa divisível (pode ser fracionado sem a perda de sua
substância). Se o bem é divisível, a obrigação será considerada dividida entre tantos quantos sejam os credores
e devedores. Exemplo: João e José mutuários devem mil
reais à Maria.

Presumem divididos em tantas obrigações, iguais e distintas, quantos os credores ou devedores, ou seja, há o
tratamento simples da solidariedade quanto ao adimplemento da obrigação. No entanto, trata-se de presunção
simples *iuris tantum* que pode ser afastada pela lei ou pelo
contrato. Exemplo: divisão de despesas e frutos do bem
em condomínio que se dá de acordo com o quinhão na
propriedade.

Teoria geral das obrigações **79**

b) **Obrigação indivisível**: é aquela em que há uma prestação que se tem por objeto uma coisa ou um fato não suscetível de divisão, por sua natureza, por motivo de ordem econômica, ou dada a razão determinante do negócio jurídico.

4.3.4 Classificação quanto ao local de cumprimento

a) **Quesível ou *querable*** tem cumprimento no domicílio do devedor, bem como, não havendo regra contratual diversa, esta é a regra geral.

b) **Portável ou *portable*** tem cumprimento no domicílio do credor ou outro lugar indicado. Somente terá eficácia quando estiver prevista expressamente do contrato.

4.3.5 Classificação quanto ao momento do cumprimento

a) **Obrigação instantânea com cumprimento imediato**: é aquela cumprida imediatamente após sua constituição e será em regra relacionada com o pagamento à vista.

b) **Obrigação de execução diferida**: é aquela em que o cumprimento ocorrerá de uma única vez, porém em evento futuro. É o caso de cheques pós-datados ou pré-datados. Nesse caso, é possível a revisão por fato superveniente, pois versa acerca de um contrato pendente de imprevisibilidade somada por onerosidade excessiva.

c) **Obrigação de execução continuada**: decorre da ineficiência de crédito imediato, é aquela de trato sucessivo, ou seja, por prestações periódicas. Nesse sentido, é possível a revisão por fato superveniente, pois aborda um contrato que pende de imprevisibilidade somada por onerosidade excessiva. Exemplos nítidos: contrato de locação e financiamentos imobiliários.

4.4 Do pagamento ou adimplemento das obrigações

Conforme se verifica na doutrina, a principal forma de extinção da obrigação é o pagamento **direto**, que também detém como expressão sinônima de **solução, cumprimento, adimplemento, implemento, satisfação obrigacional e remição** (do verbo remir). Tal situação exonera totalmente o devedor do vínculo obrigacional.

O pagamento é condição *sine qua non* da estabilidade social, pois toda obrigação tem sua orientação direcionada à **conclusão**, ou seja, ninguém é vinculado à necessidade de contratar, porém, uma vez fazendo essa escolha, deve assumir sua posição obrigacional.

Sendo assim, ao buscar o efetivo adimplemento, existem duas modalidades de pagamento: o pagamento **direto**, que se realiza com o pagamento propriamente dito, e o pagamento **indireto**, que possui algumas regras especiais que serão analisadas.

Elementos subjetivos do pagamento direto: o *solvens* trata de quem deve pagar e **o** *accipiens* trata de quem deve receber.

Do *solvens* **(quem deve pagar):** o devedor é o sujeito passivo da obrigação e ativo do pagamento, conforme os arts. 304 a 307 do CC.

Ao sistema interessa o pagamento, e não quem o efetua, pois o processo obrigacional tem por finalidade o adimplemento, salvo se verificadas obrigações personalíssimas, por exemplo, elaboração de um sistema singular de segurança virtual.

Conforme o art. 304 do CC, terceiros podem pagar as dívidas, sejam eles **interessados ou não**. O terceiro interessado tem força impositiva para realização do pagamento, pois este possui meios contundentes para a exoneração, por exemplo, havendo oposição do credor, aquele poderá utilizar-se do pagamento em consignação judicial ou extrajudicial, previsto no art. 334 do CC.

Quanto aos terceiros, há duas modalidades distintas: os terceiros interessados na dívida (interesse patrimonial) e os terceiros não interessados na dívida (interesse afetivo). Portanto:

a) **os terceiros interessados**: são aqueles que podem sofrer as consequências do inadimplemento, por exemplo, o fiador que responde pela dívida, sublocatário que poderá ser despejado, se o locatário não pagar o aluguel. Em tal situação, temos a chamada **sub-rogação legal ou automática**, conforme o art. 346, III, do CC. Nesse caso, o terceiro interessado tem direito de regresso contra o devedor e se sub-roga nos direitos do devedor, recebendo as garantias da dívida;

b) **os terceiros não interessados**: são aqueles que pagam por motivo pessoal ou moral, por exemplo, pai que paga a dívida do filho. Assim, temos duas situações:

■ se o terceiro não interessado pagar em nome do devedor, ocorreu uma liberalidade que equivale a uma doação (pois não é um contrato), e não há qualquer reembolso, e tampouco sub-rogação, ou seja, as garantias anteriores; e

■ diferentemente do caso anterior, se o terceiro não interessado paga em nome próprio, não há uma liberalidade, bem como é garantido o direito de reembolso, porém não é assegurada a sub-rogação, ou seja, as garantias anteriores.

Do *accipiens* **(a quem se deve pagar)**: é também chamado, em geral, como credor obrigacional com regulamentação. Conforme regra estabelecida no art. 308 do CC, o pagamento

82   Direito Civil

deve ser feito ao credor, usualmente, porém poderão receber seu representante legal, pais quanto ao filho menor, convencional (mandatário), ou sucessores do credor como herdeiros e legatários.

Desse modo, conforme regra geral, se o devedor pagar a terceiros, o pagamento será ineficaz, ou seja, não produzirá efeito liberatório e, portanto: "quem paga mal paga duas vezes", visto que este continua devendo.

Exceções:

a) hipótese de o credor confirmar, ratificar o pagamento. Entretanto, nesse caso, eventual cobrança posterior do credor será considerada contra a boa-fé (*venire contra factum proprium*);

b) se o devedor comprovar que o pagamento foi revertido ao benefício do próprio credor, esta hipótese evitará enriquecimento sem causa.

Em continuidade, conforme o art. 309 do CC, tem-se a figura do credor putativo, ou seja, aparente. Nesse caso, temos uma das principais implicações da **teoria da aparência** que procura valorizar a verdade real, em detrimento da verdade formal.

Tal afirmativa tem como fundamento que credor é aquele que, aos **olhos do mundo, parece ser credor** quando, na realidade, não o é. Logo, o pagamento feito de boa-fé ao credor putativo é eficaz, ou seja, libera o devedor e o credor real deve cobrar o putativo. Contudo, se o devedor agiu de má-fé, o pagamento é ineficaz e, portanto, poderá ser cobrado pelo credor real.

Do objeto do pagamento (arts. 313 a 318 do CC):

a) **princípio da individualização do pagamento**: o credor não é obrigado a aceitar prestação diversa da original, ainda que mais valiosa; se o credor aceitar prestação diversa, ocorre uma das formas indiretas de pagamento, em especial, a dação em pagamento;

b) **princípio da identidade física da prestação**: mesmo sendo a obrigação divisível, o credor não é obrigado a receber a obrigação em partes;

c) **princípio do nominalismo (art. 315 do CC)**: as dívidas em dinheiro devem ser pagas no seu vencimento pelo valor nominal, bem como em moeda nacional, ou seja, sem qualquer correção ou acréscimo, salvo revisão judicial do contrato (art. 317 do CC).

Referido instituto também é conhecido como **a revisão contratual por fato superveniente diante de uma imprevisibilidade somada à onerosidade excessiva.** Nessa hipótese em que as prestações contratuais nascem equilibradas, mas por motivos imprevisíveis se desequilibram, poderá o juiz realizar sua revisão, ajustando o valor da prestação, instituto conhecido como **teoria da imprevisão.**

Quanto à prova do pagamento, interessante anotar que:

a) a prova do pagamento necessita de quitação regular, bem como a sua forma é **não solene e informal**, contudo possui os requisitos facultativos do art. 320 do CC, tendo em vista a liberalidade das formas (art. 107 do CC);

b) nos casos da necessidade da devolução do título, uma vez este desaparecido, poderá o devedor exigi-lo, retendo o pagamento, bem como declaração do credor que inutilize o título desaparecido (art. 321 do CC);

c) presunções quanto ao pagamento (*iuris tantum*):

■ o pagamento da última parcela presume a quitação das anteriores;

84 Direito Civil

- o pagamento do principal presume a quitação dos juros;
- a entrega do título ao devedor firma a presunção do pagamento;
- as despesas pelo pagamento são do devedor; e
- se o pagamento tiver que ser feito por medida, ou peso, a regra aplicada será a do lugar da execução. Exemplo: a extensão do alqueire que varia de acordo com a região.

Do lugar do pagamento: em regra, a dívida é paga no **domicílio do devedor**, sendo chamada de quesível ou *quérable*, contudo o contrato ou a lei podem estabelecer pagamento em lugar diverso, e a dívida será chamada de portável ou *portable*.

Observação

Portar é carregar e, portanto, a dívida é levada para um lugar que não o domicílio do devedor.

Caso conste no contrato mais de um lugar para pagamento, a escolha caberá ao credor; tal situação é uma exceção geral. Se o pagamento consistir na tradição de um imóvel, ou em prestações relativas a imóvel, far-se-á no lugar onde situado o bem (art. 328 do CC).

Por fim, temos o art. 330 do CC, que, ao dispor sobre o pagamento reiteradamente feito em lugar diverso do contratado, faz presumir renúncia do credor quanto ao previsto no contrato. Isso porque a conduta das partes gera confiança, o que conta com proteção jurídica, em razão da boa-fé.

Do tempo do pagamento (arts. 331 a 333 do CC): o vencimento é o momento em que a obrigação deve ser satisfeita, cabendo ao credor a faculdade de cobrá-la. Tal situação pode ocorrer de duas formas: inicialmente pela vontade das partes, ou pela disposição da lei.

Teoria geral das obrigações   85

4.5 Pagamento indireto ou formas indiretas de extinção da obrigação

Como é sabido, existem outras formas de adimplir a obrigação, em ainda que não avençadas inicialmente. Referidas formas são denominadas de Pagamento indireto ou formas indiretas de extinção da obrigação que podem ocorrer nas situações a seguir expostas.

Do pagamento por consignação (consignação em pagamento): conforme doutrina balizada, a consignação em pagamento é o depósito da coisa devida feito pelo devedor ou terceiro, visando à extinção da obrigação. Hipóteses de cabimento:

a) se o credor não puder ou sem justa causa recusar a receber o pagamento ou dar quitação;

b) se o credor não for, nem mandar receber a coisa no lugar, tempo e condições devidos;

c) motivos relativos à pessoa do credor: se o credor for incapaz de receber, pois é ineficaz o pagamento ao incapaz; se o credor for desconhecido, por exemplo, morre o credor e o devedor desconhece quem é herdeiro; se o credor for declarado ausente, ausência no sentido jurídico; se o credor residir em lugar incerto; se o credor residir em lugar perigoso ou de difícil acesso;

d) se ocorrer dúvida de quem receber o pagamento;

e) se pender litígio quanto ao objeto, por exemplo, o objeto devido é alvo de disputa em ação reivindicatória.

Do pagamento com sub-rogação: conforme se verifica na doutrina, é a substituição da figura do credor obrigacional (mantendo o mesmo vínculo contratual), ou seja, quando terceiro que não o devedor originário paga dívida, extinguindo-se a obrigação perante o credor originário sempre de forma gratuita.

Observação

No direito obrigacional, não há regulamentação da alteração da figura do devedor obrigacional, pois tal instituto somente ocorrerá nos casos de novação subjetiva passiva.

Essa modalidade de sub-rogação não pode ser confundida com a sub-rogação real ou objetiva, que decorre da troca de um bem gravado de um ônus real para outro bem, ou ainda com a sub-rogação resultante do direito de família.

Quais os principais efeitos?

a) liberatório, porque libera o credor primitivo da obrigação; e

b) translativo, porque transfere o direito de "recobrar" o pagamento do devedor originário.

Assim, nesse cenário, temos a sub-rogação pessoal ativa, conforme os arts. 346 a 351 do CC, em que se extingue a obrigação com o credor inicial, mas mantém-na com quem realizou o pagamento.

Da imputação no pagamento: ocorrerá quando o devedor tem com o mesmo credor mais de uma dívida líquida, certa e vencida. O devedor escolhe qual dívida está pagando – "imputar" significa indicar. Se o devedor não escolhe, a escolha passa ao credor; se ele também não o fizer, será a dívida mais onerosa.

Dação em pagamento ocorre quando o credor aceita prestação diversa da contratada; trata-se de afastar a regra do art. 313 do CC, *aliud pro alio*, pela vontade das partes. Portanto, para o presente caso, teremos a regra do *datio in solutum*, que é a forma de pagamento indireto, em comum acordo com ambas as partes, pois estamos tratando da troca de um objeto por outro.

Também importante anotar que o instituto da dação não pode ser confundido com a doação, pois esta decorre de contrato ligado à liberalidade patrimonial, enquanto aquela é uma forma indireta de pagamento.

Assim, a dação pode ocorrer nas prestações de dar, fazer ou não fazer, por exemplo, o credor do muro aceita uma piscina em pagamento. Entretanto, não se confunde com obrigação facultativa ou alternativa, pois ambas já constavam na época da constituição do negócio.

Atenção: devemos tomar cuidado, pois referida operação pode culminar em fraude contra credores.

Da novação: constitui a criação de uma obrigação nova para extinguir uma antiga. São três os elementos da novação: obrigação antiga; obrigação nova; e a intenção de novar, ou seja, *animus novandi*, pois sem a inovação a segunda obrigação apenas confirma a primeira.

Da compensação: prevista nos arts. 368 a 380 do CC, é uma das modalidades de pagamento indireto, pois decorre da cumulação de dívidas recíprocas, vencidas, líquidas e fungíveis, existentes entre o credor e o devedor.

Conforme disposto na legislação em vigor, são três modalidades de compensação:

a) compensação legal: decorre da disposição legal, pois envolve direito público, bem como independe da vontade das partes (art. 369 do CC);

b) compensação convencional: decorrente da vontade das partes, verificando o sinalagma contratual;

Presentes os requisitos legais (dívidas recíprocas, vencidas, líquidas e fungíveis), a compensação é automática e

88 Direito Civil

independe de declaração judicial ou vontade das partes, porém, uma vez ausentes os requisitos legais, a compensação decorre de acordo das partes (compensação voluntária), que não é automática;

c) compensação judicial: decorre de ordem judicial, proveniente de uma lide contenciosa, que, via de regra, verifica-se com a inicial e reconvenção ou pedido contraposto.

Da confusão: é a reunião obrigacional de uma mesma pessoa das qualidades de devedor e credor. São requisitos da confusão:

a) unidade da relação obrigacional, pressupondo a existência de uma mesma obrigação;

b) a identificação na mesma pessoa do devedor e credor;

c) reunião efetiva de patrimônio.

Exemplo: a empresa "A" vende produtos para a empresa "B"; posteriormente, a primeira é incorporada pela segunda. Outro exemplo: o sobrinho deve valor ao tio que o nomeia único herdeiro por testamento, operando seus efeitos com a morte; ou, ainda, casamento sob o regime da comunhão universal de bens.

Remissão ou perdão da dívida: é negócio jurídico bilateral que exige concordância e capacidade do perdoado, para sua validade, necessita de aceite, tendo em vista o termo "aceita pelo devedor".

4.6 Da transferência ou transmissão das obrigações

Até o presente momento tratamos das modalidades de obrigação e formas de adimplemento das obrigações. Agora, vamos verificar a transmissão das obrigações, que pode ocorrer de três formas:

a) a cessão de crédito;

b) a cessão de débito ou assunção de dívida; e

c) a cessão de contrato, em que créditos e débitos são cedidos automaticamente.

A cessão, consoante Diniz, é a transferência negocial, a título gratuito ou oneroso, de um direito, de um dever, de uma ação ou de um complexo de direitos, deveres e bens, com conteúdo predominantemente obrigatório, de modo que o cessionário (adquirente) exerça posição jurídica idêntica à do cedente. Nosso Código Civil consagra em seu art. 104 que, para que um negócio jurídico tenha validade, necessárias serão a capacidade do agente, a licitude, a possibilidade, a determinação ou a possibilidade de determinação do objeto; e a forma prescrita ou não defesa em lei. Portanto, a cessão de crédito, para ter validade, uma vez que ela é um negócio jurídico, precisará, imprescindivelmente, dos requisitos mencionados.

4.6.1 Cessão de crédito (arts. 286 a 298 do CC)

Conforme se verifica, a cessão de crédito é a transmissão por ato *inter vivos* do polo ativo da obrigação, sendo esse negócio jurídico bilateral, gratuito ou oneroso, pelo qual o objeto pode ser qualquer crédito alienável, cuja transferência não seja vedada por lei, pela vontade ou em razão de sua natureza. Neste último caso, pode ser citado o crédito alimentar.

4.6.2 Cessão de débito ou assunção de dívida (arts. 299 a 303 do CC)

Tecnicamente, assunção de dívida é sinônimo de cessão de débito, contudo o termo cessão ressalta a ideia de alienação, o que não é claro na assunção de dívida, uma vez que se trata do lado negativo da obrigação, ou seja, não se adquire débito.

Conceito: na cessão de débito, por meio de negócio jurídico, o devedor originário, mediante consentimento do credor, transmite seu débito a terceiro, mantendo-se a mesma relação obrigacional.

4.7 Inadimplemento obrigacional

Tendo em vista ser assunto de suma importância, trata-se o inadimplemento obrigacional das obrigações não cumpridas, fato que resta em responsabilidade civil fundada nos arts. 389 a 390 do nosso CC.

Em suma, o inadimplemento obrigacional é o dever que incumbe a certas pessoas de reparar o dano causado por ato próprio ou ato de terceiro ou fato de coisas que dela dependam.

4.8 Da cessão de contrato

Não regulada no Código Civil brasileiro, encontrando-se regulada a partir do art. 424 do Código Civil português, bem como, segundo Emilio Betti, em sua obra clássica *Teoria geral das obrigações* (2006), a cessão de contrato realiza a forma mais completa de substituição na relação obrigacional. Na cessão de contrato, há cessão global da posição no contrato, e não apenas do crédito ou do débito.

Conceito: na cessão de contrato, o cedente transfere a sua própria posição contratual a um terceiro, de maneira global, desde que haja consentimento da outra parte.

4.9 Do inadimplemento parcial (mora) e do inadimplemento total (impossibilidade de realização obrigacional)

De modo geral, de acordo com Flávio Tartuce (2020, p. 404), o inadimplemento pode ocorrer em duas condições específicas:

Teoria geral das obrigações **91**

a) **inadimplemento relativo, parcial ou mora**: ocorre quando há o descumprimento de parte da obrigação, podendo ainda ser cumprida;

b) **inadimplemento total ou absoluto**: ocorre quando não há mais condições de se cumprir a obrigação, ou seja, torna--se inútil ao credor.

Isso posto, nota-se que a distinção entre o inadimplemento relativo e o absoluto está diretamente relacionada à utilidade da obrigação para com o credor.

Em outros termos, os efeitos que decorrem da mora são proporcionalmente menores para o inadimplemento parcial do que para o inadimplemento total, tendo em vista que este último não tem mais condições de ser cumprido.

a) **Da mora**: decorre da insatisfação obrigacional, seja por atraso ou por imperfeição. Logo, é um inadimplemento relativo ou parcial.

Vale lembrar que não se trata a mora somente de um inadimplemento temporal, pois pode ser pertinente ainda ao lugar ou à forma do cumprimento obrigacional.

Nesse sentido, torna-se importante apresentar as principais características e classificações da mora, como serão vistas a seguir:

■ **regras e efeitos**: considera-se em mora o devedor que não pagar e o credor que não receber a prestação no **tempo, lugar e forma** devidos. A mora tem caráter tríplice;

■ **mora** *solvendi, debitoris* **ou** *debendi*: trata-se do inadimplemento em que o devedor não cumpre a prestação obrigacional, por sua própria culpa, em conformidade com o avençado;

92 Direito Civil

Observação

Teoria do adimplemento substancial trata-se dos casos em que a obrigação foi quase totalmente cumprida, não cabendo a extinção contratual, porém preservando o avençado e respectivos efeitos jurídicos.

- **fator culpa**: ainda que o não cumprimento obrigacional seja decorrente de caso fortuito ou força maior ocorridos durante a mora, o devedor responderá por tal impossibilidade, condição esta que será afastada, se o devedor provar total isenção de culpa ou se provar que o dano ocorreria, ainda que a obrigação fosse cumprida adequadamente (art. 399 do CC);

- **subclassificação da mora**: mora *ex re* ou automática ocorre quando a obrigação for positiva, líquida e com data fixada para o adimplemento (art. 397, *caput*, do CC); mora *ex persona* ou pendente ocorre quando não houver estipulado o termo final para executar a obrigação avençada (art. 397, parágrafo único, do CC); mora irregular ou presumida se trata daquela que decorre de ato ilícito (art. 398 do CC);

- **mora *accipiend, creditoris* ou *credenti***: menos comum, trata-se dos casos em que o credor se recusa a aceitar o adimplemento obrigacional em conformidade com o tempo, lugar e forma avençados, sem justificativa para tal, fato que, segundo Tartuce (2020, p. 409), pode resultar em:

  - ☐ não responsabilização do devedor pela conservação da coisa, posto não caracterizar dolo nem culpa para o caso de perda do objeto da obrigação;

  - ☐ obrigação de o credor ressarcir ao devedor as despesas quando da conservação da coisa;

  - ☐ sujeição do credor em receber a coisa nas condições em que o devedor entregar, ainda que haja oscilação entre o tempo contratual e o cumprimento obrigacional.

- **purgação da mora**: a mora pode ser purgada tanto pelo credor como pelo devedor, cujo objetivo é afastar os efeitos que decorrem desta. Para o credor, este recebe a prestação devida e indeniza o devedor das despesas de conservação; já para o devedor este deverá pagar o valor da dívida, acrescida com juros, multa e honorários.

b) **Do inadimplemento absoluto**: conforme já apontado, nos termos do art. 389 do CC, o não cumprimento de uma prestação pelo sujeito passivo obrigacional confere ao sujeito ativo o dever de responder pelo valor correspondente ao **objeto obrigacional**, acrescido de perdas e danos, mais juros compensatórios, cláusula penal, atualização monetária, custas e honorários advocatícios. Sendo estes os elementos de estudos a partir deste momento.

- **Perdas e danos**: o principal efeito quanto ao inadimplemento absoluto constata-se nitidamente entre os arts. 402 a 405 do CC que tratam do pagamento atinente às perdas e danos, em que verificaremos cada um deles pontualmente a seguir.

Iniciando o estudo dos efeitos acerca do inadimplemento absoluto, temos o art. 402 do CC que, no seu dispor, apresenta dois elementos indenizatórios. O dano positivo, ou seja, aquele em que efetivamente houve a perda em decorrência de determinada ação ou omissão, bem como o dano negativo, também conhecido como lucros cessantes, aqueles resultantes da frustração de lucro perdido.

Complementando a regra anterior, o art. 403 do CC dispõe que: "Ainda que a inexecução resulte de dolo do devedor, as perdas e danos só incluem os prejuízos efetivos e os lucros

94   Direito Civil

cessantes por efeito dela direto e imediato, sem prejuízo do disposto na lei processual".

Sendo assim, a legislação somente exige indenização nos casos em que se verifique dano efetivo, não cabendo, portanto, a reparação do dano nos casos de dano hipotético, conforme segue:

> Processual civil. Intempestividade do recurso especial. Embargos de declaração. Ausência de ratificação. Ação indenizatória. Dano indenizável. Lucros cessantes. Reparação por outro meio. Divergência jurisprudencial. Bases fáticas distintas. 1. É necessária a ratificação de recurso especial interposto antes do julgamento dos embargos de declaração. 2. Incabível acolher-se a pretensão de indenização pela exploração agrícola de terras rurais se já foi considerado, para a fixação do *quantum* indenizatório, o valor que o interessado deixou de auferir com base em hipotético arrendamento da mesma gleba. 3. Não se conhece da divergência jurisprudencial quando os julgados dissidentes cuidam de situações fáticas diversas. 4. Recursos especiais não conhecidos (STJ, REsp 755.271/DF, Rel. Min. João Otávio de Noronha, *DJe* 02.02.2010).

No entanto, devemos tomar muito cuidado com as questões referentes ao dano moral objetivo ou presumido (*in re ipsa*), ou seja, aquele caso em que não se necessita de prova para sua configuração (Súmula 385 do STJ), bem como a responsabilidade civil pela perda de uma chance.

Por fim, temos o art. 404 do CC que estabelece: "As perdas e danos, nas obrigações de pagamento em dinheiro, serão pagas com atualização monetária segundo índices oficiais regularmente estabelecidos, abrangendo juros, custas e honorários de advogado, sem prejuízo da pena convencional".

■ **Atualização monetária:** consta no art. 404 do CC que, tratando-se de perdas e danos das obrigações cujo pagamento seja em dinheiro, deverá ocorrer a atualização monetária em conformidade com os índices oficiais, envolvendo juros, custas e honorários advocatícios.

■ **Juros:** conforme doutrina, os juros são os frutos civis ou rendimentos produzidos pelo capital alheio, sendo este acessório do valor principal. Quanto às espécies de juros, há duas classificações relevantes conforme interpretação dos arts. 406 e 407 do CC, sendo a classificação quanto a sua função e a sua origem, conforme se apresenta a seguir.

Na classificação quanto a sua função, verifica-se que os juros podem ser tanto remuneratórios, também chamados de compensatórios, quanto moratórios, ambos por força do art. 406 do CC.

a) Sendo remuneratórios, esses juros são aqueles pagos pelo devedor que utiliza capital alheio, por exemplo, os juros pagos pelo banco em aplicação financeira. Tais juros decorrem de previsão contratual e somente são devidos de maneira presumida, quando se tratar de mútuo feneratício (art. 591 do CC).

b) Em contrapartida, os juros moratórios são aqueles decorrentes do inadimplemento culposo da obrigação, ou seja, é um ressarcimento imputado ao devedor resultante do descumprimento parcial de uma obrigação devida por força de lei.

Independentemente de sua modalidade, quanto a sua origem, esses juros podem ser convencionais, ou seja, aquele decorrente da vontade das partes, como legais, quando não estipulados mediante acordo convencional.

a) Os juros convencionais são aqueles que decorrem de previsão contratual, não podendo ser superior a 24% anual ou 2% ao mês, tendo em vista a limitação da Lei de Usura prevista no Decreto n° 22.626/1933, que em seu art. 1° limita os juros convencionais ao dobro da taxa legal sob pena de nulidade, bem como o enriquecimento sem causa (art. 884 do CC).

Observação

O máximo previsto para as instituições financeiras e empresas de cartão de crédito não são os apresentados anteriormente, pois não sofrem a limitação da Lei de Usura – Súmulas n° 596 e n° 280 do STF e STJ respectivamente.

---

b) Em contrapartida, os juros legais, originalmente previstos no art. 1.062 do CC/1916, apresentava a taxa 0,5% ao mês, entretanto o atual art. 406 do CC aponta que a taxa será aquela devida quando da mora do pagamento de tributos à Fazenda Nacional, ou seja, a Selic (sistema especial de liquidação).

■ **Cláusula penal**: trata-se de um pacto acessório pelo qual as partes previamente fixam a indenização devida em caso de descumprimento total da obrigação, mora, ou descumprimento de cláusula especial do contrato. Conforme Maria Helena Diniz (2020b, p. 455), cláusula penal tem duas funções:

☐ intimidatória; e

☐ compensatória ou indenizatória.

Tal cláusula traz a vantagem de economizar tempo na medida em que não preciso de processo de conhecimento para determinar o *quantum* indenizatório. Se assinado por duas testemunhas, entro com monitória direto.

Desses mencionados conceitos podemos abstrair alguns elementos acerca do referido instituto:

a) Que para aplicação da cláusula penal deverá haver a incidência de culpa, pois sem esta não há que falar de aplicação do instituto (art. 408 do CC).

b) A cláusula penal é pactuada pelas partes, para incidência quando do inadimplemento contratual. Assim, trata-se de uma obrigação acessória e, por essa razão, sofre a interferência do art. 184 do CC que se pontua como princípio da gravitação jurídica.

c) O objetivo maior da cláusula penal pode ser dividido em dois momentos: inicialmente como garantia do cumprimento do principal, bem como antecipação do valor das perdas e danos no caso de descumprimento.

Diante do exposto, podemos dizer que há duas modalidades de cláusula penal:

a) Multa ou cláusula moratória (art. 408 do CC): resulta da impontualidade obrigacional, porém ela ainda poderá ser adimplida. Exemplo: multa de 10% em caso de atraso do aluguel.

b) Multa ou cláusula compensatória (art. 409 do CC): quando ocorre a impontualidade obrigacional, porém ela **não poderá ser adimplida**. Exemplo: se o locatário deixar o imóvel antes do fim do prazo contratado, deve pagar uma multa de três aluguéis.

■ **Honorários advocatícios**: referidos no art. 389 do CC, é importante destacar o Enunciado n° 426 do CJF que estabelece que não podem ser confundidos com as verbas sucumbenciais, uma vez que, por força do art. 23 da Lei n° 8.906/1994, são pertencentes ao advogado.

5

Teoria geral dos contratos

A natureza jurídica do contrato está entre as fontes de obrigações do ordenamento jurídico.

Existem alguns conceitos atrelados ao contrato, entre eles o conceito contemporâneo ou pós-moderno, pontuando ser o contrato uma relação intersubjetiva, baseada no solidarismo constitucional e que traz efeitos existenciais patrimoniais, não somente com relação às partes contratantes, mas também a terceiros. O conceito é importante pela preocupação constitucional, bem como pelo fato de o contrato também gerar efeitos existenciais de personalidade, relativos à dignidade da pessoa humana. A proteção da dignidade humana no contrato constitui um dos aspectos da eficácia interna da função social do contrato.

Portanto, o contrato é instrumento de pacificação social, porque permite circulação de riquezas sem violência. Esta foi a primeira função social que o contrato teve na Antiguidade, harmonizando interesses contrapostos e permitindo a circulação da riqueza. As principais classificações quanto aos contratos são:

a) **Quanto aos direitos e deveres das partes ou sinalagma:** para que aperfeiçoe um contrato é fundamental que exista pelo menos duas ou mais partes, um sujeito ativo e outro passivo na relação contratual, porém o contrato pode ser unilateral, bilateral ou plurilateral. Tal classificação leva em conta, além das partes contratantes, os deveres assumidos entre as partes.

b) **Quanto ao sacrifício patrimonial das partes:**

■ **contrato gratuito:** sacrifício patrimonial (ponto de vista econômico) para apenas uma das partes, tendo a outra apenas vantagens, também denominado de contrato benévolo ou benéfico. Esses contratos não admitem interpretação extensiva. Exemplo: doação, comodato e mútuo em regra;

■ **contrato oneroso:** sacrifício patrimonial para ambas as partes, prestação mais contraprestação. Exemplo: compra e venda, locação e prestação de serviços.

c) **Quanto ao momento de aperfeiçoamento do contrato:**

■ **contrato consensual:** tem aperfeiçoamento com a manifestação de vontade das partes. Exemplo: compra e venda;

■ **contrato real:** tem aperfeiçoamento de validade com a entrega da coisa (*traditio rei*). Exemplo: comodato, mútuo e depósito.

d) **Quanto aos riscos que envolvem a prestação:**

■ **contrato comutativo ou pré-estimado:** as partes já sabem as prestações, não há um risco à causa do negócio, ou seja, as prestações são certas e determinadas. Exemplo: compra e venda, em regra;

■ **contrato aleatório:** o risco é causa do negócio, probabilidade de perigo. Equivale à sorte, ou eventualidade. Exemplo: jogo e aposta e seguro.

e) **Quanto à previsão legal:**

■ **contrato típico:** tem uma previsão legal mínima, com regras fundamentais. Exemplo: compra e venda, doação, locação, prestação de serviços etc.;

Teoria geral dos contratos **101**

- **contrato atípico**: não tem uma previsão legal mínima, sendo lícita sua estipulação, desde que observadas as regras gerais, conforme o art. 425 do CC, combinado com os arts. 421 e 422 do CC.

f) **Qualificação quanto à negociação do conteúdo pelas partes**:

- **Contrato paritário**: aquele cujo conteúdo é plenamente negociado pelas partes; constitui exceção na atualidade;
- **Contrato de adesão**: o estipulante, geralmente a parte mais forte da relação contratual, impõe o conteúdo no negócio, restando à outra parte, o aderente, duas opções: aceitar ou não. Expressão em inglês *take it or leave it*, ou seja, pegar ou largar, constitui regra na atualidade.

g) **Quanto às formalidades/solenidades**: em regra, os contratos são informais e não solenes, conforme o art. 107 do CC. Entretanto, a escritura pública somente é necessária para os atos de disposição de imóvel com valor superior a 30 salários mínimos, conforme o art. 108 do CC. Portanto, o contrato pode ser:

- **informal**: não exige qualquer formalidade, podendo ser verbal;
- **formal**: exige qualquer formalidade. Exemplo: fiança;
- **não solene**: não exige, por exemplo, a lavratura de uma escritura pública: Exemplo: venda de imóvel com o valor igual ou inferior a 30 salários mínimos; e
- **solene**: exige escritura pública: Exemplo: venda de imóvel com valor acima de 30 salários mínimos.

h) **Quanto à independência**:

- **contrato principal**: é aquele que não depende de qualquer outro quanto à sua existência, validade e eficácia. Exemplo: comodato, em regra;
- **contrato acessório**: é aquele que tem uma relação de dependência em relação a outro contrato. Exemplo: fiança.

i) Quanto ao momento de cumprimento do contrato:

- **contrato instantâneo ou de execução imediata**: deve ser cumprido imediatamente, constitui regra "no silenciar do contrato". Exemplo: compra e venda à vista;
- **contrato de execução diferida**: o cumprimento ocorre de uma vez só no futuro. Exemplo: pagamento com cheque pós-datado;
- **contrato de execução continuada**: o cumprimento ocorre de forma periódica no tempo (trato sucessivo). Exemplo: financiamentos em geral.

j) Quanto à pessoalidade:

- **contrato impessoal**: a pessoa com quem se contrata não é essencial ao negócio. Exemplo: compra e venda cujo objeto é o bem da vida;
- **contrato pessoal ou personalíssimo ou *intuito personae***: a pessoa com quem se contrata é essencial, geralmente por estar o contrato baseado na confiança.

k) Quando à definitividade:

- **contrato preliminar**: é o negócio preparatório de outro contrato que será celebrado no futuro. Exemplo: compromisso de compra e venda;
- **contrato definitivo**: é aquele que não depende de qualquer outro quanto ao futuro. Exemplo: compra e venda definitiva.

5.1 Princípios contratuais

a) **Princípio da autonomia privada**: também conhecido como princípio do consensualismo. Quando a esta temática, sempre se discute na doutrina qual a teoria adotada nas fases da declaração volitiva, ou seja, a teoria da vontade ou a teoria da declaração. Entendemos que a teoria adotada como regra foi a da vontade por força do art. 112 do CC, porém esta pode ser mitigada em decorrência de fatores adversos, como os atos resultantes dos vícios sociais e do consentimento.

O princípio da autonomia da vontade consagra-se, portanto, em um arbítrio oriundo das partes de realizar ou não um negócio jurídico e estipular seu conteúdo de acordo com seus interesses.

O conceito mais moderno é mais limitado. A expressão autonomia privada é empregada em diversas situações. A vontade é fator determinante para a propulsão social, pois sem ela não há que falar em contrato, pois este é um elemento essencial para o negócio jurídico. Isso diferencia até mesmo os fatos naturais dos fatos jurídicos. Assim como Flávio Tartuce (2020, p. 556), somos adeptos da teoria que entende na atualidade haver a autonomia privada, e não mais a autonomia da vontade, pois esse princípio substituiu o modelo liberal pelas seguintes razões apontadas por Enzo Roppo (1988):

■ mitigação da vontade ("crise da vontade") – prevalência dos contratos de adesão ou império dos contratos-modelo, bem como podem ser citados os contratos licitatórios;

■ muitas vezes, o conteúdo do contrato é imposto pela lei ou pelo Estado (dirigismo contratual) – Código de Defesa do Consumidor, Consolidação das Leis do Trabalho e o Código Civil de 2002 (protege o aderente contratual como parte vulnerável da relação contratual – arts. 423 e 424 do CC).

A autonomia privada é o direito que a pessoa tem de regulamentar os próprios interesses e que decorre dos princípios constitucionais da liberdade e da dignidade humana.

b) **Princípio da obrigatoriedade (*pacta sunt servanda*)**: o contrato é lei entre as partes, ele nasce para ser cumprido e encontra limite principalmente na função social dos contratos;

c) Princípio da função social do contrato: atender à função social do contrato não significa atender ao interesse público do Estado, mas atender a valores sociais (respeito ao meio ambiente, aos direitos do consumidor, aos direitos da personalidade etc.). Os institutos básicos do direito civil estão sendo funcionalizados, como se deu com o direito à propriedade, da família, da empresa e do contrato. A essência da função social é una, desdobra-se nos diversos institutos jurídicos;

d) Princípio da boa-fé objetiva: a consagração desse princípio deu-se a partir da releitura do direito romano, chegando ao ápice de sua consagração no parágrafo 242 do BGB (Código Civil alemão), quando a regra da eticidade passou a ser reputada uma cláusula geral nas relações negociais – "Treu und glauben" (lealdade e confiança – boa-fé objetiva).

Trata-se da evolução do conceito de boa-fé que saiu do plano intencional (boa-fé subjetiva – não havia a preocupação acerca de eventual vício para com a outra pessoa, bem ou negócio) para um plano da conduta de lealdade das partes (boa-fé objetiva). Não basta ser bem-intencionado, pois de pessoas bem-intencionadas o inferno está cheio.

Segundo a doutrina, a boa-fé objetiva é relacionada aos deveres anexos ou laterais de conduta, que são deveres inerentes a qualquer contrato sem a necessidade de previsão no instrumento:

- dever de cuidado;
- dever de respeito com a outra parte;
- dever de informar;
- dever de transparência;
- dever de colaboração/cooperação;
- dever de confiança;

Teoria geral dos contratos **105**

- dever de agir honestamente; e
- dever de lealdade/probidade.

A quebra dos deveres anexos gera a violação positiva do contrato, que é uma nova modalidade de inadimplemento em que a responsabilidade é objetiva.

Há três funções da boa-fé no Código Civil de 2002:

a) Função de interpretação (art. 113 do CC): os contratos devem ser interpretados conforme a boa-fé, ou seja, da maneira mais favorável a quem esteja de boa-fé.

b) Função de controle (art. 187 do CC): aquele que viola a boa-fé objetiva no exercício de um direito contratual comete abuso de direito (nulidade da cláusula contratual).

Exemplos de deveres anexos:

- dever de guarda dos automóveis nos estacionamentos das lojas;
- dever do advogado de dar ao seu cliente ciência do risco do processo;
- dever de sigilo;
- dever de informação.

c) Função de integração (art. 422 do CC): a boa-fé objetiva deve integrar todas as fases contratuais: fase pré-contratual, fase contratual e fase pós-contratual.

5.2 Formação dos contratos

Necessita obrigatoriamente de vontade, ou seja, mútuo consenso. Para tanto, têm-se as seguintes fases:

a) **Primeira fase – negócios preliminares ou pontuação:** aqui ocorrem as tratativas iniciais visando contrato preliminar ou definitivo; não tem força vinculativa, pois essa fase não consta em lei. No entanto, há a elaboração de uma carta de intenções, ou acordo de cavalheiros.

b) **Segunda fase – proposta ou policitação**: manifestação de vontade para contratar é formalizada e, em regra, vincula aquele que a formulou. São partes dessa fase:

■ primeiro: o proponente, policitante ou solicitante, aquele que faz a proposta;

■ segundo: oblato, policitado ou solicitado, aquele que recebe a proposta, concorda e por conseguinte torna-se aceitante, aperfeiçoando o contrato pelo encontro das vontades. O oblato pode ser determinado ou determinável, pois neste último caso configura-se a oferta pública prevista no art. 429 do CC, que pode ser, por exemplo, uma oferta na internet.

A proposta vincula (obriga) o proponente, salvo se o contrário resultar dos seus termos, da natureza do negócio ou da circunstância do caso.

A proposta não será vinculada nos seguintes casos:

■ se feita sem prazo à pessoa presente e for imediatamente aceita por telefone, e similares, considera-se entre presentes, pois permite resposta imediata;

■ se feita sem prazo à pessoa ausente, caso tenha decorrido tempo suficiente (prazo moral) para chegar a resposta ao conhecimento do proponente;

■ se antes da proposta, ou junto dela, chegar ao conhecimento da outra parte a retratação do proponente; e

■ se feita à pessoa ausente, não tiver sido expedida a resposta dentro de prazo pré-constituído.

Casos em que a aceitação não vincula:

■ se, com a aceitação, ou antes dela, chegar ao proponente a retratação do aceitante;

- se o proponente houver se comprometido a esperar a resposta;
- se a aceitação não chegar no prazo combinado.

Observação

Conforme lembra Flávio Tartuce (2020, p. 599), tem-se como **regra** a Teoria da Agnição, na subteoria da Expedição, ou seja, o contrato entre ausente é constituído, quando contrato de aceitação é expedido pelo oblato; como **exceção**, adota a Teoria da Agnição, na subteoria da Recepção, ou seja, o contrato entre ausente é concebido quando o proponente recebe a aceitação.

c) **Fase de contrato preliminar**: trata-se da fase de pré-contrato, que tem força vinculativa e efeitos jurídicos maiores do que a fase anterior. Essa fase é facultativa, sendo comum o mercado imobiliário para dar segurança ao negócio. Exemplo: efeitos quanto às arras ou sinal (arts. 417 a 420 do CC).

Não obstante, conforme o disposto nos arts. 418 a 420 do CC, podemos afirmar que há duas modalidades de arras, sendo estas confirmatórias que não permitem o arrependimento, bem como as arras penitenciais que permitem o arrependimento:

a) Confirmatória: representam prova de que o contrato foi celebrado, assim como não permite o arrependimento, tendo característica máxima o princípio da obrigatoriedade do contrato *pacta sunt servanda*.

Consequências do descumprimento do contrato (arts. 418 e 419 do CC):

Se aquele que deu as arras descumprir o contrato, vai perdê-las; se quem as recebeu descumprir o contrato, deverá devolvê-las, mais o seu equivalente.

108   Direito Civil

Além disso, a parte prejudicada pode:

■ Pleitear as perdas e danos que superem o valor das arras, hipótese em que cabe ao credor provar o dano, valendo as arras como indenização mínima (arts. 418 e 419 do CC).

■ Exigir a execução do contrato pela parte culpada (ar. 419, parte final, do CC).

Assim, nesse caso, há dupla função, ou seja, tornar o contrato definitivo, mais antecipar perdas e danos.

b) Penitências: permitem o arrependimento dos contratantes e necessitam de expressa previsão contratual. Com elas, o direito de arrependimento passa a ser lícito.

As arras penitenciais, diferentemente das confirmatórias, embora traduzam compensação, garantem o direito de arrependimento na obrigação pactuada, nos termos do art. 420 do CC. Nessa ocasião, quem se arrepende não se torna devedor, mas simplesmente exerce um direito previsto de arrependimento.

Consequências do arrependimento (art. 420 do CC): se aquele que deu as arras se arrepender, vai perdê-las; se aquele que recebe as arras se arrepender, vai devolvê-las, mais o seu equivalente.

Portanto, o caráter dessas arras é somente indenizatório, não haverá possibilidade de execução forçada no contrato, bem como a possibilidade de cobrança de perdas e danos suplementares.

Retomando os requisitos do pré-contrato (art. 462 do CC):

a) seriedade: conter tudo o que teria no contrato superveniente;

b) ausência de qualquer cláusula de arrependimento (manter a força da promessa); e

c) registro competente (art. 463, parágrafo único, do CC) – no cartório de títulos e documentos.

Seus objetivos são: a) dar força coercitiva ao pré-contrato ou promessa, visando a possibilidade de adjudicação compulsória do art. 464 do CC (dependendo da sua natureza); e b) a possibilidade de pleitear perdas e danos (art. 465 do CC).

Quanto ao compromisso de compra e venda de imóvel, surgem duas figuras distintas, o que depende do registro ou não do compromisso na matrícula do imóvel (CRI ou RGI).

Assim, segundo a doutrina majoritária, a expressão "deverá" ser levado ao registro, que consta do parágrafo único do art. 463 do CC, deve ser entendida como "poderá" ser levado ao registro. Isso porque o registro do contrato preliminar é apenas um fato de eficácia perante terceiros (Enunciado n° 30 do CJF/STJ).

a) Compromisso de compra e venda de imóvel não registrado na matrícula. Nessa hipótese, haverá um contrato preliminar com efeitos obrigacionais *inter partes* que gera obrigação de fazer o contrato definitivo.

Não constando cláusula de arrependimento, se o promitente-vendedor não celebrar o contrato definitivo, o compromissário-comprador terá três opções:

- ingressar com ação de obrigação de fazer contra o promitente-vendedor, fixando o juiz prazo razoável para que o último celebre o contrato definitivo (art. 463 do CC);

- esgotado esse prazo, o juiz poderá suprir a vontade da parte inadimplente, dando caráter definitivo ao contrato preliminar (art. 464 do CC). Aqui, o efeito é similar à adjudicação compulsória, mas *inter partes*, por isso continua tendo aplicação a Súmula n° 239 do STJ: "O direito à ad-

110 Direito Civil

judicação compulsória não se condiciona ao registro do compromisso de compra e venda na matrícula do imóvel";

■ não interessando mais o contrato definitivo, a parte pode pleitear perdas e danos. Exemplo: o imóvel foi vendido a terceiro.

b) Compromisso de compra e venda de imóvel registrado na matrícula. Nesse caso haverá um direito real de aquisição do compromissário comprador (art. 1.225, VII), que gera efeitos reais *erga omnes*, havendo obrigação de dar a coisa, mas não categoricamente um contrato preliminar.

Não sendo efetuado o contrato definitivo, o compromissário-comprador poderá ingressar com ação de adjudicação compulsória contra o promitente-vendedor ou contra terceiro (arts. 1.417 e 1.418 do CC).

	Compromisso de compra e venda de imóvel registrado na matrícula	Compromisso de compra e venda de imóvel não registrado na matrícula
Obrigação	Obrigação de dar a coisa (é gerado um direito real de aquisição)	Obrigação de fazer (é gerada uma adjudicação compulsória *inter partes*)
Efeitos	*Erga omnes*	*Inter partes*
Ação	Ação de obrigação de dar a coisa	Ação de obrigação de fazer

Para encerrar a presente fase, tem-se o contrato com pessoa a declarar, conforme o art. 467 do CC, o qual dispõe que, no momento da conclusão do contrato, pode uma das partes reservar-se a faculdade de indicar a pessoa que deve adquirir os direitos e assumir as obrigações dele decorrentes.

Assim, quando da conclusão do contrato, uma das partes pode indicar terceiro, não os previamente estipulados, para adquirir direito e assumir obrigações decorrentes daquele negócio (art. 469 do CC).

Teoria geral dos contratos **111**

Uma vez não estipulada pelas partes o prazo, essa indicação deve ser comunicada à outra parte no prazo de cinco dias da conclusão do contrato (art. 468 do CC).

Art. 470. O contrato será eficaz somente entre os contratantes originários:

I – se não houver indicação de pessoa, ou se o nomeado se recusar a aceitá-la;

II – se a pessoa nomeada era insolvente, e a outra pessoa o desconhecia no momento da indicação.

Art. 471. Se a pessoa a nomear era incapaz ou insolvente no momento da nomeação, o contrato produzirá seus efeitos entre os contratantes originários.

d) **Fase de contrato definitivo**: aperfeiçoado o contrato, haverá força vinculativa plena. Assim, havendo inadimplemento, surgirá a responsabilidade civil contratual oriunda dos arts. 389 a 391 do CC, bem como os princípios contratuais, como os dos arts. 421 e 422 do CC, que não podem ser confundidos com a responsabilidade civil extracontratual prevista no art. 186 do CC.

5.3 Revisão judicial dos contratos

Inicialmente, cumpre ressaltar que a revisão judicial dos contratos é de suma importância, pois tal situação atende os elementos atinentes ao princípio do mantenimento dos contratos, que busca a valoração da autonomia privada, mitigando ao máximo a incidência da extinção dos contratos.

Quanto à revisão contratual por fato superveniente, é preciso diferenciar o Código Civil de 2002 do Código de Defesa do Consumidor, pois as duas leis adotam teorias distintas.

5.3.1 Revisão contratual por fato superveniente no Código Civil de 2002 (arts. 317 e 478 do CC)

A parte histórica é dada com base em Othon Sidou (TARTUCE, 2020, p. 604). Apesar de haver indício da teoria da imprevisão no Código de Hamurabi, a maior referência doutrinária é a cláusula *rebus sic stantibus* do direito canônico.

Entendia-se que, quando houvesse modificação da situação das partes durante a execução do contrato, este deixava de ser obrigatório. A cláusula ficou esquecida muito tempo, até que a jurisprudência francesa a reabilitou após a 1ª Guerra Mundial.

Assim, a primeira lei a cuidar da teoria da imprevisão foi uma lei francesa: Lei Faillot de 1918.

Conforme se verifica na doutrina nacional, são duas as grandes teorias que tratam da revisão dos contratos.

A primeira corrente predominante afirma que o Código Civil de 2002 adotou a teoria da imprevisão, que remonta à antiga cláusula *rebus sic stantibus* do direito canônico, ou seja, trata-se de "uma cláusula" de alteração das circunstâncias, em que o contrato somente pode permanecer como está, se os fatos assim continuarem (art. 317 do CC).

Conforme a doutrina francesa, , para a aplicação dessa teoria fazem-se necessárias a comprovação da alteração da realidade, bem como a ocorrência de um fato imprevisível e/ou extraordinário, sem as quais não é possível provocá-la.

Entretanto, a segunda corrente minoritária afirma que o Código Civil de 2002 adotou a teoria da onerosidade excessiva, de origem italiana, pois o nosso art. 478 equivale ao art. 1.467 do CC italiano.

Portanto, temos dois tratamentos previstos no Código Civil: inicialmente, o art. 317 do CC, que trata da teoria da imprevisão, bem como em um segundo momento o art. 487 do CC, que trata da onerosidade excessiva.

No entanto, efeito de ambas as situações é a retomada do *status quo ante*, ou seja, o restabelecimento do paradigma inicialmente estabelecido pelas partes e o mantenimento do contrato.

São requisitos para revisão dos contratos civis em ambas as teorias:

a) contrato deve ser bilateral: logo, ele deve ser sinalagmático, salvo o art. 480 do CC, que admite a revisão dos contratos unilaterais;

b) oneroso: em que há sacrifício patrimonial de ambas as partes;

c) comutativo em regra, pois não é possível rever contrato aleatório quanto aos riscos próprios da contratação;

d) contrato de execução diferida ou continuada: portanto, este deve ser de trato sucessivo;

e) motivo imprevisível (art. 317 do CC): ou acontecimentos imprevisíveis e extraordinários (art. 478 do CC).

5.4 Vícios redibitórios

São os vícios ocultos que atingem a coisa objeto de um contrato civil, que a desvalorizam, ou a tornam imprópria ao uso. Mais uma vez, lembra Flávio Tartuce (2020, p. 104) que, havendo contrato de consumo, o vício é chamado "do produto", com tratamento específico no Código de Defesa do Consumidor. Assim, caso uma pessoa física compre de outra pessoa física uma casa e esta tenha problemas ocultos, aplica--se a regulamentação cível supracitada.

Os vícios redibitórios não se confundem com os vícios do consentimento, principalmente com o erro e o dolo, pois estes atingem a vontade. Os outros, por sua vez, atingem a coisa, bem como as citadas disposições estão em planos distintos, ou seja, os de consentimento estão no plano da validade, já os vícios redibitórios estão na eficácia.

São os seguintes os prazos para exercício do direito de pleitear os vícios ocultos, e sem a observância desses prazos o adquirente perde o direito de obter a redibição, ou abatimento no preço. Resumidamente: bem móvel: 30 dias; bem imóvel: 1 ano; bem móvel na posse do adquirente: 15 dias; bem imóvel na posse do adquirente: 6 meses; vício que só puder ser conhecido mais tarde: 180 dias desde a ciência; e animal: costumes locais ou 180 dias.

Modalidades de vícios ocultos:

a) o vício redibitório que pode ser conhecido desde logo;

b) o vício redibitório que pode ser conhecido posteriormente (art. 445, § 1º, do CC). A distinção de ambas as modalidades é a contagem de prazo, que é retardada em decorrência da situação fática do objeto adquirido.

O adquirente prejudicado pelo vício redibitório pode se valer das ações edilícias, pleiteando:

a) Abatimento proporcional no preço (ação *quanti minoris*);

b) Resolução do contrato com a devolução das quantias pagas e, havendo má-fé do alienante que sabia do vício, perdas e danos (ação redibitória).

Evicção: trata da perda da coisa objeto do contrato diante de uma decisão judicial ou ato administrativo de apreensão que a atribui a um terceiro.

São partes da evicção:

a) o alienante, que transfere a coisa alienada;

b) o adquirente ou evicto, que perde a coisa; e

c) o evictor, que tem a decisão judicial ou ato administrativo de apreensão a seu favor.

Existe uma garantia legal contra a evicção nos contratos bilaterais onerosos e comutativos, ainda que o bem tenha sido adquirido em hasta pública, ou seja, você comprou um bem em hasta pública e o bem foi penhorado.

Haverá uma responsabilidade imediata do réu ou devedor que foi o primeiro beneficiado com a arrematação, bem como uma responsabilidade subsidiária do autor ou credor. Tal fato se baseia na responsabilidade do devedor que deu causa à situação toda.

Cabe ao adquirente ação regressiva para cobrar o valor do bem, na data em que se evenceu (perdeu).

5.5 Extinção dos contratos

Conforme pode ser retirado da experiência humana, bem como das relações sociais, tudo tem um início, um meio e um fim. Sendo assim, a presente aula vem tratar da extinção dos contratos.

Deve ser registrado que a legislação brasileira atual é muito melhor que a codificação anterior, todavia não encerra o tema ou ainda apresenta todas as formas de extinção nas relações contratuais.

Logo, conforme a melhor doutrina, podemos afirmar que são quatro as modalidades básicas da extinção dos contratos:

Extinção normal (uma modalidade); Extinção por fatos anteriores à celebração (três modalidades); Extinção por fatos posteriores à celebração (duas modalidades com subdivisões); e Extinção por morte (uma modalidade).

Podem ocorrer nas seguintes situações:

a) **extinção normal**: ocorre com o cumprimento do contrato;

b) **extinção por fatos anteriores à celebração**:

- **invalidade contratual**: é problema de formação do contrato, sendo o contrato nulo, anulável, ou ainda inexistente;
- **cláusula de arrependimento**: é a previsão contratual que dá às partes um direito potestativo (direito potestativo é aquele que se contrapõe ao estado de sujeição, pois encurrala a outra parte), a extinção do contrato, previsto no contrato;
- **previsão de cláusula resolutiva expressa**: extinção do contrato devido a um evento futuro e incerto (condição também denominada de implemento).

c) **extinção por fatos posteriores à celebração**: existem duas modalidades básicas:

- **resolução**: é inadimplemento ou descumprimento contratual;
- **resilição**: é exercício de direito potestativo (direito potestativo é aquele que se contrapõe ao estado de sujeição, pois encurrala a outra parte), ou seja, distrato; e

d) **extinção por morte**: tal situação não ocorre em qualquer contrato, portanto essa hipótese somente tem incidência nos contratos personalíssimos ou *intuitu personae*, sendo denominada "cessação contratual".

Como exemplo podemos citar o contrato de fiança previsto no art. 836 do CC, em que a condição de fiador não se transmite aos seus herdeiros, mas apenas as obrigações vencidas enquanto era vivo o fiador, até os limites da herança *intra vires hereditatis.*

5.6 Contratos em espécie

São várias as espécies contratuais que, conforme nos ensina Carlos Roberto Gonçalves (2020b, p. 227), listam-se da forma como veremos a seguir.

5.6.1 Compra e venda

a) **Conceito**: contrato bilateral constituído por duas partes, sendo uma delas o vendedor, que tem a obrigação de transferir o domínio de uma coisa ao comprador, por meio da contraprestação de um valor determinado em dinheiro (art. 481 do CC).

b) **Características**: tem origem em quase todo o direito das obrigações e direito comercial, tendo como especificação jurídica a característica sinalagmática ou bilateral, consensual, onerosa e comutativa.

c) **Elementos**: a coisa certa (cujos requisitos são: existência, individuação e disponibilidade), o preço, o consentimento e a forma.

d) **Efeitos**: gera obrigações recíprocas para os contratantes (transferir o domínio da coisa e pagamento do preço certo em dinheiro), bem como responsabilidade pelos vícios redibitórios e evicção. Também acarreta responsabilidade pelos riscos, repartição das despesas e direito de reter a coisa ou preço.

e) **Limitações**: é anulável quando as partes contratuais forem ascendente e descendente; é anulável quando se tratar de

118   Direito Civil

pessoa encarregada de zelar pelos interesses do vendedor; é viável a venda de parte indivisa a estranho somente
quando houver comunicação prévia aos demais condôminos, respeitada a preferência dos demais condôminos ou
quando os condôminos não tenham a preferência dentro
do prazo legal; venda entre os cônjuges.

5.6.2 Troca ou permuta

a) **Conceito**: também conhecido por escambo ou barganha,
trata-se do contrato em que as partes se obrigam a dar
uma coisa em troca de outra, desde que não seja dinheiro,
podendo envolver coisas distintas e quantidades variáveis.

b) **Características**: é negócio jurídico bilateral e oneroso,
consensual, não real, solene e comutativo.

c) **Regulamentação jurídica**: são aplicadas todas as disposições do art. 533 do CC, ou seja, da compra e venda, mo-
dificando-se em dois pontos: exceto por disposição contrária, cada contratante pagará pela metade das despesas
com o instrumento da troca; é anulável quando a troca
envolver valores desiguais entre ascendentes e descendentes, quando não houver consentimento expresso dos
demais descendentes e do cônjuge do alienante.

5.6.3 Estimatório

a) **Conceito**: também chamado de vendas em consignação,
trata-se daquele em que o consignante entrega bens móveis ao consignatário que terá autorização para vendê-los,
mas também tornando-se responsável pelo pagamento de
um preço ajustado previamente, caso não restitua a coisa
consignada no prazo avençado.

Teoria geral dos contratos **119**

b) **Características**: é contrato de natureza real, é oneroso e comutativo.

c) **Regulamentação legal**: transferência dos riscos ao consignatário que se responsabiliza pela perda ou deterioração da coisa, não se eximindo da obrigação de pagar o preço, mesmo que a restituição seja impossibilitada sem culpa (art. 535 do CC); é vedado que o consignante disponha da coisa consignada, enquanto o contrato estiver em vigor e a restituição é alternativa dada ao consignatário, de cujo exercício se dá no prazo avençado (art. 537 do CC).

5.6.4 Doação

a) **Conceito**: trata-se do contrato em que uma parte, devido à sua liberalidade (*animus donandi*), transfere à outra parte o seu bem ou vantagens (art. 538 do CC).

b) **Objeto**: "é a transferência de bens ou de vantagens de um patrimônio para outro", ou seja, trata-se da prestação de dar a coisa ou vantagem própria para outra pessoa.

c) **Características**: em regra, é gratuito, unilateral e formal ou solene.

d) **Promessa**: existem controvérsias acerca da promessa de doação pois entende-se que é possível, assim como a promessa de compra e venda. No entanto, havendo inexigibilidade no cumprimento da promessa de doação pura devido à liberalidade plena que possui, então, não cumprida a promessa, haverá execução coativa ou responsabilização do doador por perdas e danos, conflitando com a gratuidade da doação. Por outro lado, entende-se que o ato constituído de liberalidade se faz presente no momento da celebração da promessa.

120 Direito Civil

e) **Espécies**: pura e simples ou típica (*vera et absoluta*); onerosa, modal, com encargo ou gravada (*donatione sub modo*); remuneratória; mista; em contemplação do merecimento do donatário (contemplativa ou meritória); feita ao nascituro (art. 542 do CC); em forma de subvenção periódica; em contemplação de casamento futuro (*donatio propter nuptias*); entre cônjuges; conjuntiva; de ascendentes a descendentes; inoficiosa; com cláusula de retorno ou reversão; manual; feita a entidade futura.

f) **Restrições legais**: doação pelo devedor insolvente; doação da parte inoficiosa; doação de todos os bens do doador; doação do cônjuge adúltero a seu cúmplice (anulável).

g) **Revogação**: ocorrerá quando houver ingratidão do donatário ou quando não for executado o encargo da doação, bem quando se tratar de vícios do negócio jurídico, envolver agente absolutamente incapaz, objeto ilícito, impossível ou indeterminável, ou não for observada a forma prescrita em lei.

5.6.5 Locação de coisas

a) **Conceito e natureza jurídica**: trata-se do contrato em que uma parte (locador) se obriga a disponibilizar a outra parte (locatário) o uso e gozo de uma coisa não fungível, por determinado lapso temporal, mediante uma determinada remuneração (art. 565 do CC).

b) **Características**: bilateral ou sinalagmático, oneroso, consensual, comutativo, não solene e de trato sucessivo ou de execução continuada.

c) **Elementos**: objeto (coisa móvel ou imóvel infungível), preço (aluguel ou remuneração) e consentimento (expresso ou tácito).

Teoria geral dos contratos **121**

d) **Obrigações do locador**: entrega ao locatário da coisa alugada; manutenção da coisa no mesmo estado durante o vigor contratual; garantia do uso pacífico da coisa.

e) **Obrigações do locatário**: servir-se da coisa alugada para os usos do estabelecido contratualmente e cuidando do bem como se seu fosse; pagar o valor do aluguel no prazo avençado; levar ao conhecimento do dono do bem quando houver turbações de terceiros; restituir a coisa quando terminado o prazo da locação, no mesmo estado em que recebeu, salvo quando houver deteriorações naturais.

5.6.6 Empréstimo

a) **Conceito**: trata-se do contrato em que uma parte entrega à outra coisa fungível ou infungível mediante a obrigação de restituí-la.

b) **Características**: pelo fato de se perfazer somente com a tradição, tem esse contrato a natureza real, podendo ser ainda gratuito ou oneroso.

c) **Espécies**: comodato com a restituição da própria coisa emprestada (gratuito, posto se tratar de coisa não fungível, devendo ser devolvida a mesma coisa ao termo do negócio); mútuo com a restituição de algo equivalente (oneroso, pois é coisa fungível que se destina ao consumo).

5.6.7 Comodato

a) **Conceito**: trata-se do contrato que envolve o empréstimo de forma gratuita de coisas infungíveis, as quais, posteriormente, deverão ser restituídas (art. 579 do CC).

b) **Características**: gratuito, *intuitu personae*, real, unilateral, temporário e não solene.

122   Direito Civil

c) **Direitos e obrigações do comodatário**: conservar a coisa; usar a coisa de forma adequada; restituir a coisa.

d) **Direitos e obrigações do comodante**: exigir a conservação da coisa e a utilização apenas pelo que foi acordado; exigir o pagamento dos gastos ordinários de conservação, uso e gozo, restituindo a coisa ao final do prazo acordado ou presumido; arbitrar e cobrar o aluguel como penalidade e indenização por perdas e danos, quando a restituição estiver em mora.

e) **Extinção**: pelo termo convencionado ou pelo uso da coisa em conformidade com a sua finalidade; por resolução do comodante quando do descumprimento do comodatário; por sentença a pedido do comodante, quando de necessidade imprevista e urgente comprovada; pela morte do comodatário quando se tratar de contrato celebrado *intuito personae*; por resilição unilateral quando dos contratos com prazo indeterminado sem destinação ou finalidade específica; pelo perecimento do objeto do contrato.

5.6.8 Mútuo

a) **Conceito**: trata-se do contrato mediante empréstimo de coisas fungíveis em que o mutuário fica obrigado a restituir ao mutuante a coisa recebida, do mesmo gênero, qualidade e quantidade, ou seja, é transferido ao mutuário o domínio da coisa emprestada pelo mutuante, cujos riscos são assumidos a partir do momento da tradição.

b) **Características**: é contrato real, *traditio*, gratuito, oneroso, unilateral, não solene e temporário.

c) **Requisitos subjetivos**: devido à transferência de domínio do mútuo, o mutuante deve ser proprietário da coisa, objeto do contrato, e ter capacidade para dispor da coisa, além de estar habilitado a obrigar-se.

d) **Objeto**: por se tratar de empréstimo de consumo, o mútuo tem por objeto a coisa fungível, tendo por objetivo, na maior parte dos casos, o dinheiro.

e) **Direitos e obrigações das partes**: por se tratar o mútuo de contrato real e unilateral que se perfaz à medida que a coisa emprestada é entregue, feita a tradição, nada mais caberá ao mutuante e, portanto, o mutuário ficará responsável pelas obrigações para com a coisa.

5.6.9 Prestação de serviços

a) **Conceito**: trata-se do serviço ou trabalho de caráter lícito, material ou imaterial, cuja contratação ocorre mediante retribuição (art. 594 do CC), condição aplicada às relações que não sejam regidas pela Consolidação das Leis do Trabalho e pelo Código de Defesa do Consumidor.

> Art. 593. CC. A prestação de serviço, que não estiver sujeita às leis trabalhistas ou a lei especial, reger-se-á pelas disposições deste Capítulo.

b) **Características**: é contrato bilateral ou sinalagmático, consensual, oneroso, podendo ser gratuito, se expressamente ajustado, e de boa-fé.

c) **Duração**: quando se tratar de contrato por prazo determinado, o limite é de quatro anos, podendo ser renovado pelo mesmo período (art. 598 do CC); quando se tratar de contrato por prazo indeterminado, será permitida a resilição unilateral por qualquer uma das partes (art. 599 do CC).

d) **Extinção**: ocorre com o término do contrato (art. 607 do CC) ou por *causa mortis*, posto ser o contrato *intuitu personae*.

124   Direito Civil

5.6.10 Empreitada

a) **Conceito**: trata-se do contrato em que o empreiteiro, remunerado pelo contratante, fica obrigado a realizar uma obra,
seja pessoalmente ou por serviço de terceiros, em conformidade com as instruções e sem relação de subordinação.

b) **Características**: bilateral ou sinalagmático, consensual,
comutativo, oneroso, podendo ser de trato sucessivo ou
de execução única.

c) **Espécies**: empreitada de mão de obra ou de lavor em que
há somente a obrigação de fazer mediante a execução do
serviço e fornecimento de materiais pelo proprietário; empreitada mista em que há obrigação de realizar o trabalho
e fornecer o material.

d) **Responsabilidade do empreiteiro**: sobre os riscos da obra;
solidez e segurança dos edifícios e construções inerentes;
qualidade e perfeição da obra; custos dos materiais e danos sobre terceiros.

e) **Responsabilidade do proprietário**: pagamento do preço
ajustado; tarifas inerentes; eventuais indenizações pelos
serviços e despesas.

f) **Extinção da empreitada**: pelo cumprimento ou execução
contratual; pela morte do empreiteiro por ser o contrato de caráter *intuitu personae*; resilição bilateral; resilição
unilateral; excessiva onerosidade; perecimento da coisa;
falência do empreiteiro ou insolvência do proprietário.

5.6.11 Depósito

a) **Conceito**: trata-se do contrato em que o depositário recebe do depositante a coisa móvel com o objetivo de guar-

Teoria geral dos contratos **125**

dá-la e obrigação de restituí-la em conformidade com o avençado, ou quando for reclamada (art. 627 do CC).

b) **Características**: guarda de coisa alheia; exigência da entrega da coisa pelo depositante ao depositário; no geral, natureza móvel, mas pode ocorrer de se depositar a coisa imóvel, pois o depósito forense está relacionado às execuções em que há imóveis penhorados ou arrestados; obrigação da restituição.

c) **Natureza jurídica**: quando envolve remuneração, o contrato de depósito tem caráter bilateral; em contrapartida, se envolve gratuidade, o contrato é unilateral.

d) **Espécies**: voluntário ou necessário (legal ou miserável); regular ou irregular; simples ou empresarial; contratual ou judicial;

e) **Obrigações do depositante**: reembolso das despesas feitas pelo depositário; indenização ao depositário pelos prejuízos.

f) **Obrigações do depositário**: guarda da coisa alheia; conservação da coisa alheia; restituição da coisa com seus frutos.

g) **Depósito necessário**: trata-se daquele em que o depositante realiza o depósito por imposição legal ou em decorrência de circunstâncias imperiosas (art. 647 do CC).

h) **Depósito irregular**: ocorre quando o depositário tem permissão de fazer uso e dispor da coisa depositada, devendo restituir outra coisa na mesma qualidade e quantidade.

i) **Ação de depósito**: ocorre quando do caso de depósito contratual, em que o depositário não restitui a coisa que lhe foi incumbida de guardar. Por outro lado, não necessita de propor tal ação, quando se tratar de depósito judicial, posto ser o depositário o detentor, podendo o juiz determinar o mandado de busca e apreensão da coisa com intuito de restituí-la a quem lhe for de direito.

126 Direito Civil

5.6.12 Mandato

a) **Conceito**: ocorre quando o mandatário recebe do mandante os poderes para administrar ou atuar em seu nome (art. 653 do CC), podendo ser os representantes legais, judiciais ou convencionais.

b) **Características**: é personalíssimo (*intuitu personae*), consensual, não solene, geralmente gratuito e unilateral, podendo ser oneroso.

c) **Espécies**: pode ser expresso ou tácito; verbal ou escrito; gratuito ou remunerado; judicial ou extrajudicial; simples ou empresário; geral ou especial; quando outorgado a mais de uma pessoa, pode ser conjunto, solidário, sucessivo ou fracionário;

d) **Aceitação**: é exigência contratual que pode ser tácita e decorre do início de sua execução (art. 659 do CC).

e) **Ratificação**: o mandato pode ser impugnado ou ratificado, podendo a ratificação ser expressa ou tácita, desde que demonstre ser a real vontade do mandante o cumprimento do negócio realizado pelo seu mandatário.

f) **Obrigações do mandatário**: praticar atos ou realizar negócio jurídico em nome do mandante em conformidade com os poderes estabelecidos na procuração; diligenciar na execução do mandato e indenizar prejuízos inerentes à sua culpa ou daquele a quem o poder foi substabelecido; prestar contas ao mandante acerca de sua gerência; apresentar o instrumento do mandato a terceiros, quando dever tratar em nome do mandante; concluir o negócio iniciado.

g) **Obrigações do mandante**: cumprir com as obrigações assumidas em conformidade com o avençado com o mandatário; adiantar os valores das despesas necessárias à execução do

Teoria geral dos contratos **127**

mandato, quando assim o mandatário pedir, ou, ainda, reembolsar o valor das despesas com as devidas correções.

h) **Extinção**: mediante revogação ou renúncia; morte ou interdição do mandante ou mandatário; mudança que incapacite o mandante de conferir os poderes ou ao mandatário para exercê-los; findo o prazo ou conclusão do negócio (art. 682 do CC).

i) **Irrevogabilidade**: poderá ocorrer quando houver: cláusula contratual de irrevogabilidade; cláusula que designe a atuação em causa própria; cláusula de irrevogabilidade em que determine a condição de negócio bilateral ou exclusividade de interesse do mandatário; estabelecimento de poderes de cumprimento ou confirmação de negócios encetados vinculados.

j) **Mandado judicial**: tem caráter oneroso e se trata daquele outorgado ao mandatário legalmente habilitado para responder à defesa de direitos e interesses judiciais (art. 692 do CC).

5.6.13 Comissão

a) **Conceito**: trata-se do contrato em que o comissário, mediante remuneração, torna-se obrigado a realizar, em nome próprio, negócios em favor do comitente, em conformidade com as instruções por este designadas.

b) **Características**: é contrato bilateral ou sinalagmático, consensual, oneroso, comutativo, não solene e *intuitu personae*.

c) **Direitos e obrigações do comissário**: concluir o negócio de acordo com as ordens e instruções convencionadas no contrato; buscar a obtenção das vantagens esperadas mediante lucros; impedir prejuízo ao comitente; não responde por insolvência das pessoas relacionadas aos negócios,

128 Direito Civil

exceto se tiver culpa e se houver cláusula contratual *del credere*; decidir pela conveniência quando do contrato não constarem as providências necessárias para a conclusão do estabelecido; ser reembolsado das despesas pertinentes às atividades a ele determinadas; ser remunerado por comissão em conformidade com o afixado no contrato.

Observação

Cláusula *del credere* é aquela que tem por objetivo o estímulo ao comissário na cautela da realização dos negócios, uma vez que há responsabilidade solidária.

---

d) **Direitos e obrigações do comitente**: executar o contrato concluído pelo comissário de acordo com as instruções; dispor as mercadorias ao comissário antecipadamente ou no prazo da entrega; remunerar por comissão e adiantar o valor das despesas do comissário; alterar, quando necessário, as instruções estabelecidas ao comissário; não despedir o comissário sem justa causa.

5.6.14 Agência e distribuição

a) **Conceito e natureza jurídica**: trata-se do contrato em que o agente, de forma autônoma e mediante remuneração, assume a representação do proponente para realizar os negócios e concluir seus contratos em uma determinada zona (art. 710 do CC).

b) **Características do contrato de agência**: as obrigações e os direitos do agente, bem como sua remuneração; suas atividades habituais, bem como a exclusividade e a independência para agir; zona delimitada a realizar as prestações.

Teoria geral dos contratos **129**

c) **Características do contrato de distribuição**: possui as mesmas características do contrato de agência, ainda que o Código Civil não verifique que sejam dois tipos de contratos, porém o mesmo, constando como diferencial entre um e outro o fato de que no contrato de distribuição o agente tem à sua disposição o objeto de negócio (art. 710, última parte, do CC).

d) **Direitos e obrigações das partes**: tanto o agente quanto o distribuidor deverão realizar suas atividades em conformidade com as instruções recebidas, respeitando o estabelecido em contrato; em contrapartida, estes têm o direito de exigir condições para que o exercício de suas atividades sejam plenas, sempre respeitando os limites de produção do proponente; o agente tem a responsabilidade pelas despesas de suas atividades, exceto se estipulado contratualmente; o agente tem exclusividade territorial, além do direito de ser remunerado e indenizado pelo proponente; o agenciado tem direito a reter o pagamento quando da resilição contratual como meio de garantia do ressarcimento devido; o agenciado tem o direito de exigir do agente a prestação de contas e de outorgar poderes ao agente para concluir contratos etc.

5.6.15 Corretagem

a) **Conceito**: trata-se do contrato em que o corretor, sem vínculo mandatário, prestador de serviços ou relação de dependência, tem a obrigação de intermediar os negócios do comitente mediante suas instruções, sendo o corretor remunerado ao concluir com êxito a obrigação constante em contrato (art. 722 do CC).

b) **Características**: bilateral ou sinalagmático, consensual, acessório, oneroso, aleatório e não solene.

130 Direito Civil

c) **Direitos e deveres do corretor**: tem direito de ser remunerado em sua comissão; tem a obrigação de mediar com diligência e prudência o negócio estabelecido; prestar contas ao cliente, bem como as informações e os esclarecimentos acerca dos negócios; deverá buscar o resultado esperado e respectiva assistência até que o negócio esteja efetivado.

5.6.16 Transporte

a) **Conceito**: composto por três elementos, quais sejam: transportador, passageiro e transladação; trata-se do contrato em que uma parte se obriga a transportar algo ou alguém de um lugar para outro, recebendo por essa atividade uma retribuição (art. 730 do CC).

b) **Características**: contrato de adesão, bilateral ou sinalagmático, consensual, oneroso, comutativo e não solene.

c) **Espécies**: terrestre, aéreo, marítimo; ferroviário e rodoviário; urbano, intermunicipal, interestadual e internacional; coletivo e individual.

d) **Direitos do transportador**: exigir o valor de retribuição avençado; iniciado o transporte, poderá reter a bagagem e os objetos pessoais do passageiro, quando não receber seu pagamento; reter 5% do valor da restituição, quando o passageiro desistir da viagem; determinar normas disciplinadoras de viagem; recusar, justificadamente, passageiros em decorrência de higiene ou saúde; alegar força maior para exclusão de responsabilidade por danos às pessoas e suas bagagens ou pelo descumprimento de horário ou itinerário.

e) **Deveres do transportador**: transportar o passageiro no tempo e na forma acordados; responder objetivamente por eventuais danos causados às pessoas e respectivas

Teoria geral dos contratos **131**

bagagens; concluir a viagem na forma em que foi contratada; não recusar passageiros, exceto quando dos casos justificados de higiene e saúde.

f) **Direitos do passageiro**: exigir o cumprimento do transporte contratado; rescindir o contrato quando lhe for conveniente, desde que em tempo de ser renegociada; ser transportado com segurança ao destino convencionado; exigir a conclusão do transporte quando a viagem for interrompida.

g) **Deveres do passageiro**: pagar pelo preço convencionado; respeitar as normas estabelecidas pelo regulamento do transportador, desde que constantes em bilhete de passagem ou afixadas à vista dos usuários; não perturbar ou incomodar os demais passageiros; estar presente no local de partida, respeitando o horário determinado ou cientificar com antecedência ao transportador acerca da desistência ou impossibilidade de embarcar.

5.6.17 Seguro

a) **Conceito**: é o contrato em que, mediante o pagamento do prêmio, o segurador é obrigado a garantir interesse legítimo do segurado, com relação "a pessoa ou a coisa, contra riscos predeterminados" (art. 757 do CC).

b) **Características**: é contrato de adesão, bilateral ou sinalagmático, oneroso, aleatório e consensual.

c) **Apólice e bilhete de seguro**: em regra, a apólice é um instrumento contratual de seguro que pode ser nominativa, à ordem e ao portador, exceto as apólices de seguro de vida que não podem ser ao portador (art. 760 do CC).

d) **Risco**: objeto do contrato de seguro cuja característica principal exigida é a boa-fé; tem por base um acontecimento ou um evento decorrente por fato natural ou do homem.

132 Direito Civil

e) **Espécies de seguro**: social; privado (terrestres, marítimos e aéreos; de coisas ou pessoas; de vida, mútuos, agrário, elementares e de capitalização; individuais, coletivos ou em grupo).

Observação

■ **Seguro de dano**: nessa modalidade, a garantia do contrato de seguro limita-se ao valor do interesse a ser segurado na conclusão contratual, sem prejuízo da ação penal, quando ao caso couber (art. 778 do CC). O intuito aqui é que haja cobertura de eventuais prejuízos em decorrência de um sinistro.

■ **Seguro de pessoa**: visa o benefício de vida e das faculdades humanas, sem caráter indenitário, uma vez que o valor proposto não possui limites, mas pode variar em conformidade com a vontade e as condições financeiras do segurado que possui a liberalidade de realizar quantos seguros desejar.

f) **Obrigações do segurado**: pagar o prêmio contratado; comunicar ao segurador acerca da suscetibilidade ao agravamento do risco; evitar quaisquer chances que viabilizem o aumento dos riscos; comunicar o sinistro ao segurador, assim que tiver conhecimento, e providenciar imediatamente os meios para reduzir as consequências.

g) **Obrigações do segurador**: realizar o pagamento em dinheiro ou na forma e no prazo convencionados em contrato.

h) **Prazos prescritivos**: tais prazos são determinados em nossa legislação civil (art. 206, § 1°, II, *a, b*, § 3°, IX), *in verbis*:

Prescreve:

§ 1° Em um ano:

[...]

Teoria geral dos contratos **133**

II – a pretensão do segurado contra o segurador, ou a deste contra aquele, contado o prazo:

a) para o segurado, no caso de seguro de responsabilidade civil, da data em que é citado para responder à ação de indenização proposta pelo terceiro prejudicado, ou da data que a este indeniza, com a anuência do segurador;

b) quanto aos demais seguros, da ciência do fato gerador da pretensão;

[...]

§ 3º Em três anos:

[...]

IX – a pretensão do beneficiário contra o segurador, e a do terceiro prejudicado, no caso de seguro de responsabilidade civil obrigatório.

5.6.18 Constituição de renda

a) **Conceito**: trata-se do contrato que consiste na alienação do capital com objetivo de obtenção de prestações periódicas, podendo o rendeiro ou censuário obrigar-se a realizar essa atividade de forma gratuita para o instituidor, bem como pode também ser em caráter oneroso, mediante a entrega de bens para prestar contas a favor de credor ou terceiros envolvidos (arts. 803 e 804 do CC).

b) **Características**: para a corrente majoritária, trata-se de contrato real; é bilateral e oneroso, comutativo e aleatório.

c) **Regras**: o devedor tem a principal obrigação de realizar o pagamento das prestações em conformidade com o convencionado; pode ser incluída no contrato a cláusula penal comum nos contratos em geral; o inadimplemento obrigacional permite que o contrato seja rescindido; é possível realizar o pagamento adiantado das prestações; é possível estabelecer o vencimento das parcelas para terem início em cada período, ou seja, começam a correr a partir da data da celebração contratual ou outra, desde que seja expressamente convencionada, ou ainda, caso a renda seja constituída por testamento, a data se inicia com a morte deste e, tratando-se de alimentos, serão pagos no início de cada período, salvo se o testador não tenha determinado outra coisa; quando envolver duas ou mais pessoas sem estabelecimento da parte de cada uma, os direitos são iguais, sem substituição dos beneficiários, condição que não se aplica quando se tratar de cônjuges, pois a sua totalidade será destinada ao cônjuge sobrevivente; a renda de caráter gratuito poderá ficar isenta das execuções pendentes e futuras.

d) **Extinção**: não somente pelos meios comuns aos contratos, é possível a extinção da constituição de renda por: vencimento do prazo; condição resolutiva, expressa ou tácita; morte do rendeiro ou credor; em situações de anulação, redução ou revogação da doação ou do legado; caducidade; resgate.

5.6.19 Jogo e aposta

a) **Conceito**: trata-se o jogo de uma convenção entre pessoas que se obrigam a pagar determinado valor previamente estipulado à outra que se encontrar vencedora do ato do qual participaram; trata-se a aposta do contrato entre pessoas que possuem perspectivas distintas acerca de um dado acontecimento incerto, obrigando-se a pagar determinado valor previamente estabelecido à pessoa "cuja opinião prevalecer".

Teoria geral dos contratos **135**

b) **Características**: aleatórios, onerosos ou gratuitos, bilaterais ou sinalagmáticos.

c) **Espécies de jogo**: ilícitos (ou proibidos) e lícitos; tolerados ou autorizados.

d) **Consequências jurídicas**: "as dívidas de jogo ou de aposta não obrigam a pagamento; mas não se pode recobrar a quantia, que voluntariamente se pagou, salvo se foi ganha por dolo, ou se o perdente é menor ou interdito" (art. 814 do CC).

5.6.20 Fiança

a) **Conceito**: trata-se do contrato em que um o fiador se responsabiliza pela obrigação assumida pelo devedor (afiançado) perante um credor, no caso de descumprimento obrigacional (art. 818 do CC).

b) **Características**: acessória e subsidiária, unilateral, formal, gratuita, benéfica e personalíssimo ou *intuitu personae*.

c) **Espécies**: convencional (acordo de vontades, por escrito), legal (imposta por lei) e judicial (determinada pelo juiz, de ofício ou requerido pelas partes).

d) **Requisitos subjetivos**: capacidade para ser fiador; o cônjuge mediante consentimento do outro, exceto em regime da separação absoluta de bens.

e) **Requisitos objetivos**: todas as formas de obrigações presentes ou futuras.

f) **Efeitos**: assunção pelo fiador da obrigação do devedor quando este não adimplir em conformidade com o tempo e a forma devidos; a obrigação é transmitida aos herdeiros; o fiador dispõe de seu patrimônio geral para adimplir o afiançado, respondendo por juros de mora a partir do vencimento das prestações.

g) Benefício de ordem: ao ser demandado, o fiador poderá indicar os bens do devedor, desde que estejam livres e desembaraçados para tal, limitando-se à fase da contestação e que satisfaçam o débito, tudo com o objetivo de evitar que a dívida do afiançado atinja os seus próprios bens; não poderá invocar o referido instituto quando houver renúncia expressa por parte do fiador, ou "se obrigou como principal pagador ou devedor solidário", ou ainda quando o devedor se tornar insolvente ou estiver falido;

h) Solidariedade dos cofiadores: lembrando que para a fiança existe a garantia da sub-rogação legal, quando do caso de um fiador pagar a dívida integralmente (arts. 346, III, e 349 do CC), permitindo-lhe que seja demandada somente a quota que lhe cabe e respectivos juros, bem como taxas, perdas e danos, o art. 829 do CC estabelece o seguinte:

> A fiança conjuntamente prestada a um só débito por mais de uma pessoa importa o compromisso de solidariedade entre elas, se declaradamente não se reservarem o benefício de divisão.
>
> Parágrafo único. Estipulado este benefício, cada fiador responde unicamente pela parte que, em proporção, lhe couber no pagamento.

i) Extinção da fiança: pela morte do fiador, porém transmitindo a obrigação aos seus herdeiros, no limite da herança e dos débitos existentes até o falecimento, condição que não é dada ao afiançado, visto que seus herdeiros darão continuidade às responsabilidades obrigacionais do *de cujus*; por dilação do prazo contratual sem consentimento do fiador; por frustração da sub-rogação legal do fiador quanto aos direitos e preferências; por aceitação quando do pagamento da dívida, pela dação em pagamento do

Teoria geral dos contratos **137**

devedor; por exoneração do fiador que se nomeou bens à penhora; por fato do fiador.

5.6.21 Transação

a) **Conceito**: no âmbito jurídico, trata-se de um negócio jurídico em que as partes (com *animus*) entram em um acordo para abrir mão de parte de seus direitos com intuito de prevenir futura demanda ou, se esta já existir, extingui-la.

b) **Características**: doutrina majoritária entende ser de natureza contratual e outros, meio de extinção de obrigações.

c) **Espécies e forma**: judicial ou extrajudicial; escritura pública ou instrumento particular ou público; homologação.

d) **Principais características**: indivisível; interpretação restrita; declaratório; admite pena convencional.

e) **Objeto**: direitos patrimoniais privados e disponíveis.

f) **Efeitos com relação a terceiros**: *inter partes*; exceções: acordo entre credor e devedor principal, pois desobriga o fiador; solidariedade ativa e passiva; quando o objeto da transação não pertencer a um dos transigentes, diante de evicção.

5.6.22 Compromisso e arbitragem

a) **Conceito**: arbitragem é um acordo de vontades entre partes que decidem por não se submeter ao sistema judiciário, mas optam por transferir aos árbitros de confiança a solução de seus conflitos de interesses e formação do compromisso arbitral (arts. 851 a 853 do CC).

b) **Características**: parte da doutrina entende que o compromisso arbitral seja equiparado ao contrato por decorrer "de um acordo de vontades e requerer que haja capacidade das partes, objeto lícito e forma especial"; outra parte doutrinária entende ser uma forma de extinguir as obrigações, posto receber o mesmo tratamento na Lei n° 9.307/1996. No entanto, nossa legislação civil inseriu o compromisso como uma das espécies de contrato.

c) **Constitucionalidade**: à luz do art. 5°, XXXV, da CF, o Poder Judiciário pode ser acionado com o objetivo de prevenir ou reparar qualquer lesão de direito individual.

d) **Cláusula compromissória e compromisso arbitral**: no momento da celebração contratual que envolva direitos patrimoniais disponíveis, as partes podem deliberar acerca da cláusula compromissória que visa o compromisso na submissão à arbitragem, quando do surgimento de litígios. O compromisso arbitral é o resultado da convenção das partes que submetem o litígio à arbitragem.

e) **Espécies de compromisso arbitral**: judicial (no decorrer de uma demanda com o compromisso celebrado por termo nos autos) ou extrajudicial (celebrado por escritura pública ou particular).

f) **Árbitros**: uma ou mais pessoas capazes, sempre em número ímpar, desde que tenham a confiança das partes, devendo proceder com imparcialidade, independência, diligência e discrição; poderão estes nomear suplentes; são-lhes aplicadas as regras de impedimento e suspeição previstas aos juízes (art. 13 da Lei de Arbitragem).

g) **Carta arbitral**: trata-se de "instrumento de comunicação e colaboração entre juízos distintos" de cujos requisitos são equiparados à ordem precatória e rogatória (art. 260, § 3°, do CPC).

h) **Sentença arbitral**: deverá ser proferida no prazo determinado pelas partes ou no limite de seis meses a partir

Teoria geral dos contratos **139**

da instituição arbitral (art. 23 da Lei de Arbitragem), cujos efeitos são para as partes (e sucessores) os mesmos da sentença proferida por juiz togado.

i) **Irrecorribilidade da decisão arbitral**: o árbitro é juiz de fato e de direito e a sentença arbitral proferida não é passível de recurso ou à homologação pelo Poder Judiciário (art. 18 da Lei de Arbitragem), contudo poderá ser impugnada no sistema judiciário quando se tratar de nulidade, desde que haja previsão no art. 32 da Lei de Arbitragem.

j) **Arbitragem e administração pública**: com previsão na Lei nº 13.129/2015, a administração pública poderá utilizar da arbitragem para os casos em que tratar de direitos patrimoniais disponíveis.

k) **Mediação**: trata-se do sistema de solução de conflito que envolva direitos disponíveis ou indisponíveis passíveis de transação (art. 3º da Lei nº 13.140/2015); poderá versar sobre parte ou na integralidade do conflito (§ 1º) e seu consenso deverá ser homologado em juízo após a oitiva do Ministério Público (§ 2º); geralmente atua em casos em que as partes já possuem vínculo anterior e para estes a mediação não dispõe de soluções, mas realiza a comunicação entre os particulares.

6

Direito das coisas

Conjugado de princípios e normas que ajustam as relações entre pessoas formadas em torno de bens, ou seja, é um conjunto de categorias jurídicas relacionadas à propriedade, seja ela plena ou restrita, também denominada de limitada. Tem-se que o direito das coisas é análogo aos direitos reais; mais posse, mais o direito de vizinhança.

Conceito de direitos reais: desde da doutrina mais clássica até a mais moderna, podemos citar que os direitos reais são regulamentações jurídicas estabelecidas entre pessoas e coisas determináveis e determinadas, tendo como fundamento inicial o direito de propriedade que pode ser plena ou restrita.

Conforme Orlando Gomes (2011, p. 475), há duas teorias justificativas dos direitos reais:

a) Personalista: os direitos reais são relações jurídicas estabelecidas pelas pessoas, mas intermediadas pelas coisas; o sujeito passivo é indeterminado, ou seja, há uma obrigação passiva universal.

b) Realista ou clássica: o direito real constitui um poder imediato que exerce sobre a coisa, com eficácia *erga omnes*, ou seja, há uma relação jurídica entre a pessoa e a coisa.

Assim, o direito real opõe-se ao direito pessoal, pois este último traz uma relação pessoa-pessoa, ou seja, não há relação pessoal, sendo as seguintes distinções:

Direitos pessoais patrimoniais	Direitos reais
Relação entre pessoas: sujeito ativo e passivo	Pessoa e coisa (*erga omnes*), sujeito passivo universal
Princípio da autonomia privada; (liberdade em contratar)	Publicidade (registro e tradição)
Rol exemplificativo (art. 425)	Rol taxativo (art. 1.225)
Todos os bens do devedor respondem (responsabilidade patrimonial)	A própria coisa responde (direito de sequela)
Caráter transitório: instrumento típico – contrato	Caráter permanente: instrumento típico – propriedade

Não obstante, ainda temos elementos intermediários entre os direitos reais e pessoais, ou seja, estão no meio do caminho entre eles.

a) A posse não é um direito real, mas tem suas características próprias, ou seja, tanto de direito real como de direito pessoal, mas deve-se ter cuidado com a legitimação da posse.

b) A obrigação *propter rem* ou ambulatória, também chamada de obrigação mista: a obrigação *propter rem* é uma obrigação pessoal, mas acaba aderindo à coisa, pois a persegue, por exemplo, obrigação do proprietário de pagar as despesas de condomínio (art. 1.345 do CC), porém tem parte da doutrina que entende que essa obrigação é *ob rem*.

c) Abuso no exercício da propriedade ou ato emulativo, aquele decorrente do art. 1.228, § 2º, do CC, que trata do exercício da propriedade mediante um ato abusivo, por exemplo, excesso ou barulho excessivo de animais.

d) Direito de vizinhança.

Segundo Flávio Tartuce (2020, p. 1028), os direitos reais são classificados da seguinte forma: **a)** direito real sobre **coisa própria**: o único que existe é a propriedade; e **b)** direitos reais sobre **coisas alheias**, divididas em direitos reais de gozo/fruição, de garantia e de aquisição (exemplo: compromisso de compra e venda de imóvel).

Propriedade é o direito real que atribui ao seu titular as faculdades de usar, gozar, dispor e reaver a coisa das mãos de quem quer que injustamente a possua ou a detenha.

Características:

a) **Usar**: refere-se à utilização da coisa para um fim que imediatamente se destina. Exemplo: usar o carro – usa quem se locomove; usar a casa – usa quem nela se abriga.

b) **Gozar/fruição**: refere-se à colheita dos frutos produzidos pela coisa. Exemplo: goza da casa quem a aluga; goza do capital quem recebe juros.

c) **Dispor**: é alienar o bem, consumi-lo ou gravá-lo de ônus real. Exemplo: aliena a casa quem a aluga; grava o carro de ônus real aquele que o dá em penhor. A alienação nada mais é do que tornar a coisa "alheia".

d) **Reaver**: é o direito de "seguir", ou seja, de sequela.

Tem a propriedade plena o proprietário que tem em sua propriedade reunidas todas essas faculdades; na falta de alguma delas, terá uma propriedade limitada.

Esses direitos reais estão descritos no art. 1.225 do CC:

a) Propriedade;	
b) Superfície;	
c) Servidões;	
d) Usufruto;	Direitos reais de gozo/fruição
e) Uso;	
f) Habitação;	
g) Laje;	
h) Direito do promitente comprador de imóvel;	Direitos reais de gozo e Garantia
i) Penhor;	
j) Hipoteca;	Direitos reais de garantia
k) Anticrese;	
l) Concessão de uso especial para fins de moradia;	Direito de moradia
m) Concessão de direito real de uso.	

6.1 Da posse

Da natureza jurídica da posse, conceito de posse e teorias justificadoras: não está no rol dos direitos reais, porque é uma situação de fato que gera consequências jurídicas. É uma visibilidade ou aparência de domínio ou propriedade, independentemente de ser ou não propriedade.

Posse e propriedade são independentes: uma não é mais importante que a outra, e em ação possessória não se pode discutir propriedade. Conforme a doutrina (TARTUCE, 2020, p. 837), há três correntes que discutem se a posse é um fato ou um direito; a primeira corrente afirma ser a posse um fato, a segunda, um direito, e a terceira assevera que pode ser tanto um fato como um direito, conforme segue:

Direito das coisas **145**

a) De acordo com Van Welter (TARTUCE, 2020, p. 837), a posse é um fato, pois para existir ela independe das regras de direito.

b) Para Ihering (TARTUCE, 2020, p. 837), a posse é um direito, pois é um direito juridicamente protegido. Essa teoria objetiva sustenta que, para a caracterização da posse, basta o requisito *corpus*.

> POSSE – TEORIA OBJETIVISTA = (*corpus*)

Possuidor, portanto, é todo aquele que se comporta como real proprietário. Posse, para Ihering (TARTUCE, 2020, p. 837), é a exteriorização, a visibilidade da propriedade, admitia, portanto, posse em nome alheio.

c) De acordo com Savigny (TARTUCE, 2020, p. 837), a posse é um fato e um direito. É um fato, pois existe independentemente das regras jurídicas, e é direito, tendo em vista os efeitos gerados, dos quais os principais são: a usucapião e a proteção possessória.

A teoria subjetiva, de Friedrich Carl von Savigny (TARTUCE, 2020, p. 837): trata a posse como o poder físico sobre a coisa com a intenção de tê-la para si. Haveria, portanto, dois requisitos, o *animus domini* e o *corpus*.

- *Corpus*: poder físico ou disponibilidade sobre a coisa.
- *Animus*: a intenção de ter a coisa para si, ou seja, a intenção se ser proprietário.

> POSSE – TEORIA SUBJETIVISTA = (*corpus* + *animus domini*)

Sendo assim, apesar de o Código Civil de 2002 ter adotado a teoria de Ihering como regra, pois, por exemplo, o comodatário, o locatário, o depositário são possuidores. Adverte Maria Helena Diniz (2020a, p. 182) que a teoria de Savigny interferiu em pontos específicos do nosso sistema, a exemplo da usucapião.

Posse e detenção:

Conforme foi pontuado, a posse é a exteriorização da propriedade. No entanto, nem sempre a aparência de dono revela a existência da posse, pois podemos estar diante das seguintes situações:

a) Mera detenção ou mera custódia (art. 1.198 do CC). Exemplo: caseiro, motorista.

b) Mera permissão ou mera tolerância (1ª parte, art. 1.208 do CC).

A detenção apresenta duas características:

a) Pessoalidade: o detentor só tem vínculo de detenção pessoal com o titular ou com aquele em quem confiou, para com os demais ele é possuidor.

b) Transitoriedade: o detentor pode se converter em possuidor, pois a relação é transitória; tal alteração decorre de uma mudança no comportamento, que deve ser informada ao titular (segurança jurídica).

A distinção entre posse e detenção é importante porque apenas a posse produz efeitos jurídicos, e os principais são: a possibilidade de gerar a usucapião, bem como sua proteção, que se dá na forma descrita no quadro a seguir:

Direito das coisas **147**

Proteção possessória:

Defesa direta	Legítima defesa: turbação
	Desforço imediato: esbulho
Interditos possessórios	Manutenção de posse: turbação (atentado fracionado)
	Reintegração de posse: esbulho (atentado consolidado)
Interdito proibitório	Ameaça (atentado à posse)

A detenção não gera nenhum efeito jurídico, salvo a possibilidade de defesa direta para defender a posse.

6.1.1 Principais classificações quanto à posse

Classificação quanto ao elemento pessoa-coisa:

a) Posse direta ou imediata: é aquela exercida por quem detém o exercício físico sobre a coisa. Exemplo: locatário, por concessão do locador.

b) Posse indireta ou mediata: é a posse de quem cedeu temporariamente a posse direta a outrem. Exemplo: comodante e locador.

Classificação quanto à presença de vícios:

a) Posse justa: é aquela que não possui os vícios da violência, clandestinidade e precariedade;

b) Posse injusta: é aquela que possui alguns dos vícios previstos no art. 1.200 do CC, ou seja, os vícios da violência, clandestinidade e precariedade, quais sejam:

■ **posse violenta (vis):** é a adquirida mediante força física ou grave ameaça. É um vício de aquisição ou de origem. É o inverso da posse mansa e pacífica;

148   Direito Civil

- **posse clandestina (*clam*)**: é a adquirida às escondidas (de forma oculta) do proprietário e também é um vício de aquisição ou de origem. É o inverso da posse pública;
- **posse precária (precário)**: é obtida na forma de abuso de confiança, ou seja, muito parecida como uma apropriação indevida ou estelionato. Exemplo: locatário que não devolve um bem quando do término do contrato.

Classificação quanto à presença de boa-fé ou de má-fé (requisitos para que exista a boa-fé):

a) quem ignora os vícios que iniciaram a posse (violência, clandestinidade e precariedade); e

b) presunção *iuris tantum*, quando tiver justo título (o justo título seria o ato formalizado e hábil à transferência da posse. Exemplo: formal de partilha registrado).

Classificação quanto à presença de título:

a) a posse pode ser com título: há uma causa representativa de transmissão de posse. Exemplo: comodato; e

b) posse sem título: não há uma causa representativa de transmissão de posse. Exemplo: avulsão e aluvião.

Classificação quanto ao tempo:

a) posse nova: menos de ano e dia de início;

b) posse velha: aquela decorrente de pelo menos um ano e um dia.

Classificação quanto aos efeitos:

a) *ad interdicta*: aquela que dá direito ao uso dos interditos possessórios, devendo ser justa e podendo ser exercida em nome próprio ou alheio; e

b) *ad usucapionem*: aquela capaz de gerar a usucapião, devendo ser justa, bem como ser exercida com *animus domini*, além de preencher os demais requisitos da usucapião.

6.1.2 Da indenização e retenção das benfeitorias

Os frutos decorrem do próprio bem principal, já as benfeitorias são introduzidas no bem principal artificialmente pelo homem. As benfeitorias podem ser:

a) necessárias: são as fundamentais ao bem principal, pois têm como finalidade conservar ou evitar a deterioração do bem. Exemplo: telhado;

b) úteis: é o aumento ou a facilitação do uso da coisa. Exemplo: instalação de métodos de segurança; e

c) voluptuárias: são as decorrentes de mero deleite ou luxo. Exemplo: piscina.

Entretanto, os conceitos referidos podem variar de acordo com a destinação fática e localização do bem, cujos efeitos são: o possuidor de boa-fé tem direito à indenização das benfeitorias necessárias e úteis, bem como, quanto às voluptuárias, se não lhe forem pagas, a levantá-las, quando puder, sem detrimento da coisa, e poderá exercer o direito de retenção pelo valor das benfeitorias necessárias e úteis.

Já o possuidor de má-fé será ressarcido somente das benfeitorias necessárias, não lhe assistindo o direito de retenção pela importância destas, nem o de levantar as voluptuárias.

6.1.3 Responsabilidades

O possuidor de boa-fé não responde pela perda ou deterioração da coisa, a que não der causa, ou seja, é a responsabilidade subjetiva. Todavia, conforme a jurisprudência e a doutrina, tal situação não engloba o dolo ou a culpa em sentido estrito (respeito de um dever preexistente).

Por sua vez, **o possuidor de má-fé** responde pela perda ou deterioração da coisa, ainda que acidentais, salvo se provar que de igual modo se teriam dado, estando ela na posse do reivindicante, o que aproxima essa responsabilidade da teoria do risco integral, conforme o art. 1.218 do CC.

6.1.4 Direito de usucapir

A usucapião encontra explicação jurídica na prescrição aquisitiva, ou seja, no decurso do tempo. É modo originário de aquisição de propriedade ou outros direitos reais na coisa alheia, mediante o exercício da posse contínua e pacífica, por determinado tempo, legalmente previsto.

Requisitos: coisa hábil (*res habilis*) – a coisa deve ser passível de aquisição por usucapião. Exemplo: os bens públicos não podem ser adquiridos por usucapião. O justo título e a boa-fé só serão requisitos, quando expressamente exigidos por lei.

Tanto a posse de má-fé como a de boa-fé trazem o efeito quanto ao direito de usucapião. Acessão da posse: é a soma do tempo de posse do atual possuidor com a de seus antecessores.

O objetivo é obter uma maior rapidez na usucapião. Conforme o art. 1.207 do CC, a acessão da posse pode se dar por duas modalidades: a primeira por sucessão hereditária e a segunda, no caso de união da contagem da posse anterior.

As modalidades de usucapião para bens imóveis serão detalhadas mais adiante em tópico específico.

6.1.5 Interditos possessórios

a) Ameaça: "atentado à posse" = interdito proibitório. Nesse caso, não há ainda qualquer atentado concretizado, porém este inviabiliza a utilização da coisa. Exemplo: Movimento dos Trabalhadores Rurais Sem Terra (MST) acampa na porta da propriedade;

b) Turbação: "atentado fracionado" = manutenção de posse. Nessa hipótese, já houve atentados iniciados em algum momento, por exemplo, o MST já invadiu um imóvel, porém foi retirado; e

c) Esbulho: "atentado consolidado" = reintegração. Nessa situação, o atentado já ocorreu e se mantém.

6.1.6 Possibilidades de ingresso de outras ações possessórias

a) Nunciação de obra nova ou embargos de obra: fundada em regras de direito de vizinhança, tem como requisitos os mesmos da petição inicial nos termos do Código de Processo Civil. São efeitos da referida demanda:

- suspensão da obra;
- possível aplicação de multa diária;
- pedido de perdas e danos.

b) Ação de dano infecto: medida preventiva baseada em receio de que um vizinho cause prejuízos em decorrência de demolição ou vício da construção;

c) Embargos de terceiro: remédio possível de defesa da posse.

d) Imissão de posse: não há referência atual dessa demanda no Código de Processo Civil, porém ela é uma ação petitória, e não possessória, sendo fundada no direito de propriedade previsto no art. 1.228.

6.2 Da propriedade

6.2.1 Visão constitucional e função social da propriedade

A propriedade não pode mais ser concebida sem função social. Referida situação pode ser observada pela teoria pendular da evolução histórica e sociológica da propriedade, bem como pela aplicação do direito constitucional ao direito privado.

Tanto a propriedade (direito sobre coisa própria) como os direitos sobre coisa alheia, que são frações daquela, devem cumprir sua função social. Disso é exemplo a Súmula n° 308 do STJ: "A hipoteca firmada entre a construtora e o agente financeiro, anterior ou posterior à celebração da promessa de compra e venda, não tem eficácia perante os adquirentes do imóvel".

A função social da propriedade encontra-se nitidamente esculpida nos seguintes dispositivos constitucionais:

Art. 5°, XXIII – a propriedade atenderá a sua função social.

Art. 170, III – A ordem econômica, fundada na valorização do trabalho humano e na livre iniciativa, tem por fim assegurar a todos existência digna, conforme os ditames da justiça social, observados os seguintes princípios: III – função social da propriedade.

Art. 225. Todos têm direito ao meio ambiente ecologicamente equilibrado, bem de uso comum do povo e essencial à sadia qualidade de vida, impondo-se ao Poder Público e à coletividade o dever de defendê-lo e preservá-lo para as presentes e futuras gerações.

Direito das coisas **153**

No entanto, não é só; há uma bipartição constitucional, em que a propriedade urbana e a propriedade rural, apesar de ambas trabalharem com a ideia de função social, econômica e ambiental (art. 5°, XXIII; art. 170; e art. 225, todos da CF), possuem tratamento diferenciado.

a) A função socioeconômica do imóvel urbano (art. 182 da CF) está contida no plano diretor, cumulado com o Estatuto da Cidade, verificados dois vetores: edificação e adequada utilização. Os imóveis que não atenderem a essa função devem sofrer três consequências: parcelamento ou edificação compulsória; IPTU progressivo; e desapropriação sanção.

b) Para o imóvel rural (art. 186 da CF) se verificam duas formas de convalidação da função social, a primeira tida como a política agrícola e fundiária e, em um segundo momento a reforma agrária. Ambos os instrumentos de cumprimento da função socioeconômica ambiental da propriedade rural estão previstos no Estatuto da Terra.

A política agrícola fundiária do imóvel privado é diferente daquela do imóvel público; o imóvel privado deve atender ao art. 187, enquanto para o imóvel público deve ser feita uma concessão de uso ou uma alienação (arts. 188 a 190 da CF). Descumprida a política agrícola fundiária, incide a reforma agrária, cuja natureza é de sanção que se opera pela desapropriação (arts. 184 e 185 da CF).

6.2.2 O conceito e as características da propriedade

O conceito de propriedade, ou também denominada de domínio pela corrente majoritária, é complexo, pois decorre de vários aspectos relevantes e sociais. O primeiro conceito interessante no direito brasileiro foi de Clóvis Beviláqua (1951, p. 155), que conceituava propriedade como: "o poder assegurado pelo grupo social a utilização de bens da vida física e moral". Referido conceito é um dos mais completos, pois engloba os bens materiais, ou não, e até mesmo os direitos da personalidade.

Retomando o conceito complexo, Flávio Tartuce (2020, p. 874), lembrando os ensinamentos de Orlando Gomes, complementa o referido conceito e afirma que o direito é complexo, bem como é possuidor três elementos:

a) sintético: relaciona-se com a submissão de uma coisa com relação a uma pessoa;

b) analítico: relaciona-se com os direitos de usar, fruir, dispor e alienar a coisa;

c) descritivo: é um direito complexo, absoluto, perpétuo e exclusivo.

O conceito pode ser extraído ainda do art. 1.228 do CC, porém, em decorrência da pós-modernidade, ou seja, da Constituição Federal de 1988, bem como do Código Civil de 2002, o conceito de Orlando Gomes gravita mais um elemento essencial, atinente ao direito de propriedade, garantido constitucionalmente, mas que deve atender também os ditames da função social, conforme o art. 5° da CF e o art. 1.228 do CC.

Assim, a propriedade é um direito real por excelência, constituindo direito fundamental, conforme o art. 5°, XXII, da CF, porém deve sempre atender sua função social nos termos do art. 5°, XXIII.

Quanto aos atributos da propriedade, conforme o art. 1.228 do CC, eles podem ser comparados a um cilindro com quatro camadas, que representam os quatro atributos – GRUD: a) gozar ou fruir: b) reaver ou buscar; c) usar ou utilizar: d) dispor ou alienar.

Os atributos da propriedade, em regra, não são mais direitos, e sim faculdades, diante de um sentido de abrandamento do Código Civil de 2002, sendo eles:

a) Gozar ou fruir (*ius fruend*): faculdade de tirar frutos dos bens, civis ou rendimentos. Exemplo: aluguel de imóvel, juros de capital e dividendo de ações.

b) Usar ou utilizar (*ius butendi*): essa faculdade encontra fortes limitações na Constituição Federal de 1988, na legislação administrativa, e no Código Civil de 2002. Exemplo: a função social e socioambiental da propriedade, conforme o art. 5°, XXIII, da CF, o art. 1.228, § 1°, do CC, e o direito de vizinhança.

c) Dispor ou alienar (*ius diponend*): a disposição pode ser gratuita ou onerosa por ato *inter vivos* ou *mortis causa*.

d) Reaver ou buscar (*ius vindicand*): direito de reaver ou buscar a coisa de quem o injustamente o possua. Esse direito é exercido pela ação reivindicatória, que é a principal ação petitória. Não se pode confundir o juízo petitório com o juízo possessório, conforme o art. 1.210, § 2°, do CC.

Da propriedade resolúvel: é aquela extinta em decorrência de uma condição (futuro incerto), bem como de um termo (futuro certo), por exemplo:

a) compra e venda com cláusula de retrovenda (vendedor pode reaver a coisa no prazo de três anos);

b) compra e venda com reserva de domínio (casos de venda a prazo);

156 Direito Civil

c) doação com cláusula de reversão (aquela decorrente de um encargo);

d) propriedade fiduciária (arts 1.361 a 1.368-A do CC), combinado da legislação especial.

Formas de aquisição da propriedade móvel:

a) Usucapião: com justo título e boa-fé, o prazo é de três anos. Sem justo título e sem boa-fé, o prazo será de cinco anos.

b) Ocupação: trata-se do assenhoreamento de coisa sem dono (coisa abandonada *res derelicta* e coisa de ninguém *res nullius*).

c) Achado do tesouro: tesouro nada mais é que o depósito antigo de coisa valiosa, cujo dono seja ignorado. O tesouro será dividido pela metade entre aquele que o encontrar ocasionalmente e o dono do terreno em que for encontrado. Será do dono do terreno, se aquele que o encontrar não era autorizado ou havia sido contratado justamente para encontrá-lo.

d) Tradição: consiste na entrega da coisa. Pode se dar de três formas:

- real: é a entrega da própria coisa;
- simbólica: entrega de algo que represente a coisa (exemplo: chave do carro); e
- ficta: dá-se pelo constituto-possessório, ou seja, aquele que possuía como dono (possuidor direto ou indireto) passa a possuir apenas de forma direta, pertencendo o domínio à outra pessoa.

e) Especificações: é o trabalho em matéria-prima no todo ou em parte alheia. Tal situação pode ser exemplificada como a da escultura em relação à pedra ou à pintura em relação à tela.

f) **Comistão ou comissão**: trata da mistura de coisas sólidas (pertencentes a donos distintos). Exemplo: como areia e cimento.

g) **Confusão**: mistura de coisas líquidas ou gazes que, após sua unificação, não podem ser separadas. Exemplo: a união de gasolina com álcool.

h) **Adjunção**: é a justaposição ou sobreposição de uma coisa sobre a outra. Exemplo: selo sobre a carta; tinta sobre a parede; solda ao metal etc.

Formas de aquisição da propriedade imóvel: por acessão, ou seja, pelo acréscimo de uma coisa à outra. Tudo aquilo que se incorpora ao imóvel, ao titular deste ficará pertencendo, por exemplo:

a) **formação de ilhas**: as ilhas que se transformarem nos rios ficam pertencendo aos titulares das propriedades ribeirinhas;

b) **aluvião**: é o aumento da margem do rio de forma quase imperceptível em razão de detritos trazidos pelas águas (lenta e gradual);

c) **avulsão**: ocorre por força natural violenta que arranca grande porção de terra de um prédio e a junta em outro prédio. O dono deste adquirirá a propriedade do acréscimo. Todavia, tal situação deve ser indenizada ao dono do primeiro que a perdeu, ou ainda sem indenização, se, em um ano, o proprietário preterido não a reclamou. Recusando-se ao pagamento de indenização, o dono do prédio ao qual se juntou a porção de terra deverá aquiescer a que se remova a parte acrescida.

d) **Álveo abandonado**: o álveo é o leito do rio. Se o rio abandona o seu leito, os proprietários ribeirinhos adquirem a sua propriedade.

e) **Construções e plantações**: quem planta ou constrói em terreno alheio perde a plantação ou construção para o dono do terreno. Se estava de boa-fé, terá direito à indenização. Contudo, se o valor da plantação ou construção exceder consideravelmente o valor do terreno, quem o fez de boa-fé adquire a propriedade deste, desde que indenize o antigo proprietário (para cumprir uma função social).

Da usucapião para bens imóveis:

Como visto anteriormente, a usucapião é um instituto jurídico para aquisição de domínio ou de outro direito real decorrente de uma posse. Em outros termos, é uma forma de aquisição da propriedade pela posse continuada e por tempo prolongado, definido por lei, que independe de negócio jurídico, uma vez que decorre de um fato social que se transforma num direito real.

Trata-se de modo originário de aquisição de propriedade sobre bem móvel ou imóvel, condições que não isentam o titular de estar responsável pelas obrigações *propter rem*; suas modalidades serão explicitadas mais adiante.

A aquisição da propriedade, por meio da usucapião, requer a existência de elementos constitutivos:

a) **pessoais**: trata-se da capacidade para adquirir o domínio, ou seja, legitimação do possuidor em pleitear a conversão da posse em propriedade em face de outrem;

b) **reais**: é preciso que a coisa seja hábil à aquisição de propriedade, ou seja, deve-se observar que alguns bens não são passíveis de se usucapir, como é o caso dos bens que estão fora do comércio e dos bens públicos (arts. 183, § 3°, e 191, parágrafo único da CF; art. 102 do CC);

Direito das coisas 159

c) **formais**: tem-se a posse como requisito fundamental, além do *animus domini*, posse ininterrupta, sem oposição e por determinado lapso temporal definido por lei.

As principais espécies de usucapião de bens imóveis são:

a) **Ordinária**: é constituída pela posse mansa, pacífica e ininterrupta, com *animus domini* mínimo de dez anos, requerendo justo título e boa-fé; a modalidade qualificada reduz o prazo prescricional para cinco anos e ocorre quando o imóvel for adquirido onerosamente, registrado em cartório e posterior cancelamento (art. 1.242 do CC).

b) **Extraordinária**: em regra, é constituída por posse mansa, pacífica, ininterrupta, com *animus domini* superior a 15 anos, não exigindo justo título ou boa-fé; modalidade qualificada pelo prazo reduzido para dez anos, se o possuidor houver dado a devida destinação social à coisa ociosa, tornando-a sua moradia habitual ou nela realizado atividade produtiva (art. 1.238 do CC).

c) **Constitucional ou especial rural (*pro labore*)**: é aquela em que a posse é mansa, pacífica, com *animus domini*, pelo prazo de cinco anos em área não superior a 50 hectares, cujo possuidor tenha fixado moradia e tornado o solo produtivo pelo seu trabalho; não pode ser proprietário de outro imóvel, urbano ou rural e só poderá utilizar desse instituto uma vez (art. 191, *caput*, da CF; art. 1.239 do CC; art. 9º, § 2º, do Estatuto da Cidade).

d) **Constitucional ou especial urbana (*pro moradia*)**: essa modalidade requer que a posse seja mansa e pacífica, com *animus domini*, pelo prazo de cinco anos, de área não superior a 250 m²; o Estatuto da Cidade confere o direito ao homem ou à mulher, ou a ambos, independentemente do estado civil, não podendo ser proprietário de outro imóvel, urbano ou rural, não podendo utilizar do instituto mais de uma vez (art. 183, *caput*, da CF; art. 1.240 do CC; art. 9º do Estatuto da Cidade).

e) **Especial urbana coletiva**: requer posse mansa, pacífica, com *animus domini*, prazo de cinco anos ininterruptos de área urbana superior a 250 m², em que não se afigure possível a identificação dos terrenos ocupados por cada possuidor; verifica-se a pluralidade de usucapientes, famílias de baixa renda, logo, fins sociais *pro moradia*; não podem os possuidores ser proprietários de outro imóvel e devem utilizar esse instituto uma única vez art. 10 do Estatuto da Cidade).

f) **Especial urbana por abandono do lar ou *pro familia***: requer a posse direta para a própria moradia ou indireta quando em posse de terceiro (quando de locação do imóvel); verifica-se a posse mansa, pacífica e ininterrupta mínima de dois anos de área não superior a 250 m²; essa modalidade decorre da propriedade adquirida pelo casamento ou união estável e não exige *animus domini*, mas é preciso aferir a causa do afastamento do lar pelo ex-cônjuge ou ex-companheiro; não pode o possuidor ser proprietário de outro imóvel rural ou urbano e o instituto só pode ser invocado uma vez (art. 1.240-A do CC).

g) **Especial indígena**: esta modalidade requer para aquisição de propriedade plena área máxima de 50 hectares, posse mansa e pacífica por dez anos ininterruptos, exercida por indígena (art. 33 da Lei nº 6.001/1973).

Formas de perda da propriedade:

a) alienação: é a transferência da propriedade;

b) renúncia: é o ato unilateral abdicativo, ou seja, é o desejo de "abrir mão" de algum bem móvel ou imóvel;

c) abandono: o proprietário simplesmente deixa a coisa sem a intenção de mantê-la como sua;

d) perecimento da coisa: é o desfazimento em decorrência do uso ou não do bem, seja este consumível ou não;

e) desapropriação: instituto este que tem por objetivo buscar a necessidade, utilidade pública ou interesse social, de um objeto, bem como, no caso de requisição, na hipótese de perigo público iminente.

6.2.3 Direito de vizinhança

O estudo do direito de vizinhança gira em torno da instituição de uma situação de fato, que não necessariamente decorre de prédios contíguos, mas repercute um no outro. Esse elemento do direito tem como objeto claras limitações quanto ao direito de propriedade em prol da paz social e como fonte normativa, o diálogo entre as fontes materiais e processuais civis e demais leis extravagantes, como Estatuto da Cidade e Estatuto da Terra.

A atual codificação trata desse tema de forma pontual, continuada e de acordo com a situação fática. Portanto, analisaremos cada interferência, iniciando pelo uso anormal da propriedade.

Fundamentos do direito de vizinhança:

■ Lealdade e boa-fé (Washington de Barros Monteiro).
■ Função social (San Tiago Dantas).

Conceito de direito de vizinhança: Ramo do direito das coisas que regulamenta as relações jurídicas existentes entre prédios que mantêm, diante de uma razão material ou imaterial, laços entre si.

As normas relativas ao direito da vizinhança constituem claras limitações ao direito de propriedade, em prol do bem comum e da paz social.

6.2.4 Condomínio (arts. 1.314 a 1.358 do CC)

Na atualidade, o estudo do instituto do condomínio é de suma importância, seja na sua forma tradicional ou edilícia.

Bem anota Maria Helena Diniz (2020a, p. 284), quanto à natureza jurídica do direito de condomínio, que temos duas grandes teorias: a primeira teoria se relaciona com a propriedade integral, onde há, sobre um respectivo bem, um só direito total, bem como todos os condôminos têm poderes plenos sobre esse bem, e o exercício deste deve se dar em consonância com os demais condôminos, mediante limitações impostas pelo próprio direito civil ou demais ordenamentos.

Em um segundo momento, temos a teoria da propriedade parcial, que possibilita que sobre um respectivo bem possa haver vários proprietários, sendo seu exercício limitado com a ideia de aplicação de fração cota-parte.

Conforme se percebe nitidamente no art. 1.314 do CC, a teoria adotada foi a primeira, pois cada condômino pode usar da coisa conforme sua destinação, sobre ela exercer todos os direitos compatíveis com a indivisão.

Para entender essa situação, temos que expor a ideia de parte ideal não localizada, ou seja, quando há condomínio, existe sobre esse bem uma porcentagem, uma parte ideal da propriedade, porém não identificada fisicamente.

Conforme se verifica nas disposições legislativas, há duas modalidades de condomínio, o tradicional e o edilício, conforme segue:

a) Tradicional ou geral: verificado quando mais de uma pessoa tem a propriedade sobre o mesmo objeto, mediante ato de vontade (convencional). Exemplo: três amigos compram um bem imóvel, bem como incidental (eventual), que independe da vontade das partes; morre o pai e os filhos se transformam em condôminos.

b) Edilício: anteriormente denominado condomínio em edificações, é composto por unidades autônomas que têm acesso à via pública e a ares comuns que pertencem a todos os condôminos (Lei n° 4.591/1964).

A criação do condomínio edilício é feita pelo ato de instituição, pelo qual se descrevem as futuras ou as já existentes unidades autônomas, bem como suas áreas comuns. A instituição deve ser registrada no Registro de Imóveis, conforme pontuaremos em momento oportuno.

6.3 Direitos reais sobre coisas alheias

A propriedade é o direito real por excelência (art. 1.225, I, do CC). Contudo, além da propriedade, existem outros direitos reais (demais incisos do art. 1.225 do CC) que decorrem de um conjunto de categorias jurídicas relacionadas à propriedade, seja ela plena ou restrita/limitada. Esses direitos reais estão descritos no art. 1.225 do CC:

Direitos reais sobre coisa alheia:

De gozo:

■ **Superfície**

Em decorrência das críticas à enfiteuse, parte da doutrina entende que uma das formas de solução dessa celeuma é retomar o instituto romano do direito de superfície, que seria

164   Direito Civil

uma forma mais equânime para a crise da habitação em áreas urbanas e utilização das terras não produtivas em áreas rurais.

A enfiteuse aproxima-se muito da propriedade, exigindo para a transferência do imóvel o laudêmio, cujo percentual é de 2,5% para as enfiteuses particulares e de 5% para as enfiteuses públicas. O art. 2.038 do CC veda a criação de novas enfiteuses particulares, mas as públicas continuam a existir.

Como exemplo podemos citar os terrenos de marinha, antigos aldeamentos indígenas (como é o caso de Alphaville), bem como as terras que foram concedidas em favor da família real em Petrópolis.

Seu conceito e natureza jurídica resultam de um instrumento contratual, em que a superfície decorre da concessão pelo proprietário (fundeiro ou fundieiro) para que outro (superficiário) realize construção ou plantação em seu terreno mediante escritura pública registrada no Registro de Imóveis.

O primeiro problema evidente é o conflito aparente de normas. Assim, no caso em tela, há dois diplomas infraconstitucionais que regulam a mesma disciplina jurídica, sendo eles os arts. 1.367 a 1.377 do CC/2002 e o Estatuto da Cidade, Lei nº 10.257/2001 em seus arts. 21 a 24.

6.3.1 Constituição do direito de superfície (elementos formais, subjetivos e objetivos)

a) Elementos formais, subjetivos e objetivos

Inicialmente, a forma de constituição no modo originário de aquisição do direito de superfície (usucapião), segundo Ricardo Pereira Lira (1979, p. 38) e Sílvio de Salvo Venosa (2003, p. 393), não é possível, pois seria difícil imaginar a posse circunscrita somente nas plantações e construções, bem como ser a superfície um direito real aprazado e, em contrapartida, a usucapião por prazo ilimitado, o que geraria uma desconformidade entre os institutos.

Ao reverso, a doutrina atual vem tomando outra direção acerca da presente temática, entendendo a viabilidade de tal aquisição: Marise Pessoa Cavalcanti (2020, p. 16-17).

Diante de todas as manifestações doutrinárias ora apregoadas, não obstante, na prática, ser árdua a distinção do *animus* daquele que possui com intenção de proprietário, daquele que exerce a posse a título de superficiário, não é possível refutar a existência de um possuidor de somente *animus domini* inerente à superfície, sendo assim possível admitir a usucapião do direito de superfície.

Quanto ao modo derivado de aquisição, esta pode ser por fato *causa mortis* (carta de sentença) ou ato *inter vivos*, sendo derivada, conforme Lei de Registros Públicos, nos termos da alteração realizada pelo Estatuto da Cidade. O Registro de Imóveis, além da matrícula, efetuará o registro da constituição do direito de superfície de imóvel urbano. Assim, quando tratamos do contrato formal e solene, inicialmente estamos diante de uma escritura pública, nos termos do art. 1.396 do CC e do art. 21 do Estatuto da Cidade.

No entanto, ao confrontá-los com a regra geral do art. 108 do CC, que dispõe ser essencial para a validade dos negócios jurídicos a escritura pública que vise à constituição, transferência, modificação ou renúncia de direitos reais sobre imóveis de valor superior a 30 vezes o maior salário mínimo vigente no País, verificamos a seguinte divergência doutrinária.

b) Elemento subjetivo

A relação jurídica superficiária é formada por duas partes: de um lado, o concedente, que é o proprietário; de outro, o superficiário que tem o uso e gozo da superfície.

c) Elemento objetivo

Inicialmente, não poderíamos deixar de citar a ponderação de José Guilherme de Braga Teixeira (1993, p. 55), no sentido de que: "O objeto do novo instituto é bem claro: constituir ou plantar em terreno de outrem, ou seja, do proprietário concedente". Entretanto, há alguns elementos específicos que devem ser estudados.

■ A superfície por cisão: tal forma de instituição tem como objeto um prédio já erigido, ou seja, existente, que objetiva a constituição da superfície para que o superficiário o conserve, reforme ou ainda amplie.

■ Da superfície em segundo grau ou sobre-elevação: conforme se verifica na doutrina, a superfície em segundo grau ou sobre-elevação é um instituto que merece ser esmiuçado. Tal justificativa tem como fundamento a grande densidade populacional e os poucos lugares passíveis de construção ainda existentes.

6.3.1.1 Características e elementos do direito de superfície

■ Do cânon superficiário ou *solarium*: conforme estabelecem tanto o art. 1.370 do CC e o art. 21, § 2º, da Lei nº 10.247/2001 – e neste ponto não há divergência normativa –, a concessão da superfície poderá ser onerosa ou gratuita, bem como as partes poderão ainda pactuar a forma dos pagamentos do cânon superficiário ou *solarium*, sendo estes anuais, semestrais, bimestrais etc.

Todavia, existem duas importantes observações a serem tecidas sobre esse aspecto. A primeira delas relaciona-se à obrigação pelo pagamento do cânon superficiário ou *solarium* que, quando avençado entre as partes, é uma obrigação *propter rem*, pois é oriunda do próprio direito real de superfície.

Em um segundo momento, consequentemente, ainda que a superfície seja transferida por ato *inter vivos* ou *causa mortis*, pela natureza da obrigação, o novo proprietário será responsável pelo pagamento devido de seu antecessor.

■ Dos encargos e contribuições: tal situação implica o pagamento dos encargos e contribuições sob a responsabilidade do superficiário. Contudo, inicialmente, devemos diferenciar encargos e tributos, bem como estabelecer as diretrizes gerais desse instituto.

Os tributos têm natureza fiscal, sendo pertinente exemplificar com o ITR (para áreas rurais) e o IPTU (para áreas urbanas). Como encargo, pode ser citado o dever de pagar a taxa condominial, se o imóvel dado em superfície se localizar em um condomínio edilício.

No tocante aos tributos, assim como Cristiano Chaves de Farias e Nelson Rosenvald (2007, p. 12-13), entendemos que não há inconstitucionalidade na regra com violação do inciso III do art. 146 da Magna Carta, que resguarda à lei complementar regulamentar as relações entre contribuinte e tributo. Ao inverso, o Código Civil estabeleceu um novo responsável patrimonial solidário no polo passivo da relação tributária, medida possível por lei ordinária nos termos do art. 128 do CTN.

Em continuidade, podemos entender que, nos termos do art. 1.371 do CC/2002, o superficiário tem o dever de pagar os encargos e tributos inerentes ao imóvel.

■ Da duração do direito de superfície: outro conflito aparente, além de outros que vamos arrolar, está correlacionado ao prazo-limite máximo pactuado pelo fundieiro ou fundeiro e o superficiário referente à superfície.

Tal apontamento tem como fundamento o dispositivo legal expresso no art. 1.369 do CC/2002, estabelecendo que o direito de superfície tem tempo determinado; em contrapartida dispõe o art. 21 do Estatuto da Cidade tempo determinado ou indeterminado.

Utilizando o mesmo critério de resolução já apresentado para o direito intertemporal, ou seja, a interpretação fundamentada em microssistemas, entendemos que, aplicando o Código Civil, quando tratamos de relações privadas, utilizaremos subsidiariamente o Estatuto da Cidade, quando tratarmos de política de desenvolvimento urbano.

Observamos que ambos os institutos – seja o Estatuto da Cidade ou o Código Civil de 2002, de forma mais latente, pois este último utiliza-se somente do prazo determinado – objetivam, de certo modo, evitar a perpetuidade do instituto que afasta a ideia de imutabilidade e absolutismo de qualquer instituto vigente.

Uma das respostas para a presente problemática, inicialmente assinalada pela doutrina, seria uma alternativa analógica com base no art. 1.410, III, do CC, que estabelece o prazo máximo de 30 anos.

Não obstante a primeira corrente, há ainda quem sustente que a superfície não poderá ter um prazo superior a 50 anos com base na legislação e experiência alienígena.

Portanto, com base no que determina o Código Civil, não obstante estarmos diante de uma norma de ordem pública, o legislador disponibilizou um instrumento pelo qual as próprias partes podem, em comum acordo, instituir a superfície pelo prazo que entenderem mais adequado conforme suas necessidades.

Direito das coisas **169**

6.3.1.2 *Transferência do direito de superfície*

■ Da impossibilidade de pagamento do laudêmio: em continuidade, verificamos a impossibilidade de pagamento do laudêmio ou qualquer outro similar quando da constituição ou transferência por ato oneroso do direito de superfície (art. 1.372 do CC).

Entrementes, não há que falar em aplicação ou pagamento de laudêmio. Referida disposição legal prevista no artigo supracitado é louvável tendo em vista que o instituto do laudêmio sempre recebeu severas críticas de boa parte da doutrina nacional por diversos motivos relevantes, entre eles, por representar fonte fácil de enriquecimento para o senhorio, que lucra com o trabalho alheio, mas também pela não observância da função social dos contratos prevista no art. 421 do CC, como ainda pela função social da propriedade prevista no § 1º do art. 1.228 do mesmo diploma.

■ Do direito de preferência: com relação ao tema que alude à presente preposição, incisiva no particular, as disposições legislativas – que entendemos como corretas – estabelecem no sentido de que, em caso de alienação do imóvel ou do direito de superfície, é garantido o direito de preferência.

Tal direito encontra-se devidamente cravado em ambos os diplomas positivados, tão largamente debatidos até este ponto, seja no Código Civil pelo art. 1.373, ou pelo art. 22 do Estatuto da Cidade.

Extinção do direito de superfície: qualquer das partes pode denunciar o direito a qualquer tempo. No entanto, a superfície pode ser extinta: a) pelo descumprimento dos deveres pelo superficiário. Exemplos: não pagamento dos tributos; desvio de finalidade (o superficiário constrói onde deveria plantar);

170 Direito Civil

b) pelo termo contratual (fim do prazo); c) pela consolidação (quando o fundeiro adquire a superfície, ou vice-versa); d) pelo distrato (resilição bilateral); e) pela desapropriação. O valor da indenização será dividido entre o superficiário e o fundeiro de acordo com o valor econômico da superfície.

Observação

Extinta a superfície, as plantações e as construções passam à propriedade do fundeiro, que não paga indenização ao superficiário, salvo previsão nesse sentido (art. 1.375 do CC).

6.3.2 Servidão

A servidão é um direito real constituído em favor do titular de um prédio (dominante) sobre outro prédio, que suporta o ônus (serviente), desde que os prédios pertençam a donos diferentes.

Inicialmente, uma questão semântica deve ser aventada, pois, conforme bem pontua Flávio Tartuce (2020, p. 1043), o termo servidão é mais adequado do que servidão predial por dois motivos: intuiria um pleonasmo, tendo em vista que a servidão somente é possível para bens imóveis e, em um segundo momento, a classificação de servidão predial em oposição a pessoal (usufruto, uso e habitação) está ultrapassada, pois seu conceito básico do direito romano tem como arcabouço a relação entre servos, presos à terra.

6.3.2.1 *Elementos formais, subjetivos e objetivos*

O objetivo da servidão, bem como os requisitos para constituição, encontram-se no art. 1.378 do CC, que verifica o

Direito das coisas **171**

ato volitivo, ou seja, o acordo de vontades, bem como registro perante o cartório de registro de imóveis.

Sendo assim, quanto à sua constituição, devemos evidenciar os seus elementos subjetivos, objetivos e formais específicos, sem deixar de lado os requisitos de todos os negócios jurídicos, em especial, o art. 104 do CC.

a) Elementos subjetivos e objetivos

Inicialmente, quanto aos elementos subjetivos e objetivos, temos duas situações: a forma de constituição pura decorrente da vontade das partes e a constituição anômala que independe da vontade das partes

Havendo ato volitivo, a instituição pode ser por ato *inter vivos* ou *causa mortis* (testamento); em ambas as situações, somente poderá instituir a servidão quem for proprietário do bem.

Dois pontos são relevantes no tocante à primeira hipótese. O primeiro deles é a questão do condomínio simples, em que, na existência de dois ou mais proprietários, será necessária a assinatura de todos; o segundo, quando do regime matrimonial, tal vênia será necessária (conforme os arts. 1.647, I, e 1.649 do CC).

Entretanto, conforme apontado, essas não são as únicas formas de instituição de servidão, havendo ainda a hipótese de criação mediante ação divisória, bem como da servidão objeto da usucapião conforme o art. 1.379 do CC.

Portanto, o possuidor não age como proprietário pleno, mas apenas como titular da servidão, e vai usucapir apenas a servidão.

Importante

Pelo texto de lei (art. 1.379, parágrafo único), o prazo para usucapir a servidão seria de 20 anos, o que afasta da regra geral de usucapião da

172 Direito Civil

propriedade plena que é de 15 anos (art. 1.238 do CC), surgindo duas correntes:

■ Enunciado n° 251 do CJF (majoritária): o prazo é de 15 anos, em conformidade com o sistema geral de usucapião previsto no Código Civil.

■ O prazo é de 20 anos, pois se trata de opção legislativa, e não comporta interpretação.

No entanto, não podemos deixar de anotar que há duas modalidades de usucapião pelo sistema geral: a) ordinária: aquela em que o possuidor tem justo título e boa-fé, sendo o prazo para usucapião de dez anos; b) extraordinária: aquela em que o possuidor não tem título nem boa-fé, sendo o prazo para usucapião de 15 anos (art. 1.238 do CC).

----

b) Elemento formal

Quanto ao elemento formal, ele necessita de escritura pública, que é o documento hábil para o fólio registral. Tal requisito opera-se somente no plano da eficácia, pois, uma vez não registrada a servidão, ainda assim será mantida a força obrigacional, independentemente dos efeitos decorrentes dos direitos reais (art. 1.378 do CC).

Todavia, não podemos esquecer do art. 108 do CC que dispensa a escritura pública nos negócios jurídicos que não superarem 30 vezes o salário mínimo, aplicado no presente caso.

6.3.2.2 Passagem forçada e servidão de passagem

Trataremos inicialmente da distinção desses aspectos para os elementos de direito de vizinhança, em especial com a passagem forçada e servidão de passagem.

A passagem forçada (art. 1.285 do CC) é um direito de vizinhança que surge em favor de um prédio encravado (sem

Direito das coisas **173**

acesso à via pública) e o titular indeniza o proprietário do prédio pelo qual passa. A passagem forçada surge da lei e independe de registro. Por sua vez, a servidão de passagem nasce de um acordo de vontades, pode ser gratuita ou onerosa e necessariamente é registrada no Registro de Imóveis.

Passagem forçada	Servidão de passagem
Direito de vizinhança	Direito real sobre coisa alheia
Sempre terá direito de indenização	Pode ser onerosa ou gratuita
Prédio encravado (passagem menos gravosa)	Passagem indicada pelas partes
Dever de lei	Acordo de vontades
Registro é imprescindível	Registro é necessário (escada ponteana)

6.3.2.3 Classificação das servidões

As servidões positivas e negativas (atos): a servidão positiva confere ao titular o direito de praticar um ato sobre o prédio serviente, por exemplo, a servidão de passagem; já a negativa é aquela pela qual o prédio serviente realiza uma abstenção (não praticar certo ato), por exemplo, a servidão de não construir acima de certa altura.

As servidões contínuas e não contínuas (ação humana): a servidão contínua é aquela que independe de ação humana, por exemplo, a passagem de cano. Servidão descontínua, por sua vez, depende de ato humano, por exemplo, a servidão de retirada de areia.

As servidões aparentes e não aparentes (visibilidade): servidão aparente é aquela que aparece por obras exteriores, por exemplo, servidão de aqueduto. Servidão não aparente é aquela em que não há obras, por exemplo, servidão de não construir.

174   Direito Civil

Importância da classificação diz respeito à posse da servidão, chamada de quase posse. Somente as servidões aparentes, contínuas ou descontínuas podem ser objeto de posse.

Nesse sentido, a Súmula n° 415 do STF dispõe: "Servidão de trânsito não titulada, mas tomada permanente, sobretudo pela natureza das obras realizadas, considera-se aparente, conferindo direito à proteção possessória", ou seja, somente terá direito à proteção possessória na servidão de passagem aparente em razão de obras.

6.3.2.4 Exercício e característica da servidão

Inicialmente, cumpre salientar que o exercício deve se dar de maneira menos gravosa ao prédio serviente e, nesse sentido, cabe ao prédio dominante as despesas com a conservação e uso do objeto da servidão (art. 1.380 do CC), bem como com sua execução quando não estabelecido de forma diversa (art. 1.381 do CC).

Assim, essa responsabilidade poderá ser do prédio serviente, que, no caso da sua não assunção, pode abandonar o imóvel, em benefício do prédio dominante (art. 1.382 do CC).

Nesse diapasão, independentemente da vontade das partes, a responsabilidade tributária pelo pagamento dos impostos sobre o prédio dominante é do prédio serviente, conforme o Superior Tribunal de Justiça (REsp 601.129/SP, j. 09/03/2004).

6.3.2.5 Hipóteses de extinção (arts. 1.387 a 1.389 do CC)

A princípio, por força de disposição legal, todas as formas de extinção devem ser canceladas no fólio registral para que tenha efeito perante terceiros (art. 1.387 do CC).

Temos algumas hipóteses de incidência de extinção: contra a vontade do dominante ou mediante cancelamento e prova da extinção (art. 1.388 do CC).

> Art. 1.388. O dono do prédio serviente tem direito, pelos meios judiciais, ao cancelamento do registro, embora o dono do prédio dominante lho impugne:
>
> I – quando o titular houver renunciado a sua servidão;
>
> II – quando tiver cessado, para o prédio dominante, a utilidade ou a comodidade, que determinou a constituição da servidão;
>
> III – quando o dono do prédio serviente resgatar a servidão.

Também se extingue a servidão, ficando ao dono do prédio serviente a faculdade de fazê-la cancelar, mediante a prova da extinção (art. 1.389 do CC):

a) pela reunião dos dois prédios no domínio da mesma pessoa;

b) pela supressão das respectivas obras por efeito de contrato, ou de outro título expresso;

c) pelo não uso, durante dez anos contínuos.

6.3.3 Usufruto

Conforme o art. 1.225, IV, do CC, estamos diante de mais um direito real propriamente dito, bem como, conforme doutrina, pode-se anotar que há uma divisão dos poderes da propriedade.

O usufrutuário fica com o poder de coisa móvel ou imóvel, podendo utilizar e receber os frutos (propriedade direta), bem como o nu-proprietário fica com os poderes de dispor e reaver (propriedade indireta).

Carlos Roberto Gonçalves (2020c, p. 227) lembra que o referido instituto decorre do elemento elástico da propriedade, bem como tem origem romana com base na proteção familiar, com a finalidade de subsistência do cônjuge sobrevivente que não era herdeiro.

Todavia, hodiernamente, o usufruto não se limita ao direito de família, pois ele está presente na sucessão por meio do testamento ou planejamento sucessório; nas obrigações, por meio dos contratos de doação; ou de forma geral, por meio de um direito real de gozo ou fruição com base no direito das coisas.

6.3.3.1 Elementos formais, subjetivos e objetivos

a) Elemento subjetivo

Quanto à sua constituição, devem ser evidenciados os seus elementos subjetivos, objetivos e formais, sem deixar de lado os requisitos de todos os negócios jurídicos, em especial o art. 104 do CC.

Inicialmente, quanto aos elementos subjetivos, temos duas situações sobre a forma de constituição, pois o usufruto pode ser decorrente da vontade das partes ou mediante a constituição anômala que independe da vontade das partes (legal, judicial e usucapião).

■ Havendo ato volitivo, a instituição pode ser por ato *inter vivos* ou *causa mortis* (testamento); em ambas as situações, somente poderá instituir o usufruto quem for proprietário do bem.

Dois pontos são relevantes acerca da primeira hipótese: o primeiro deles é a questão do condomínio simples, em que, na existência de dois ou mais proprietários, será necessária a assinatura de todos no segundo ponto, quando do regime matrimonial, tal vênia será necessária (conforme os arts. 1.647, I, e 1.649 do CC).

Observação

Seja qual for a situação, devem sempre ser verificadas as questões da teoria do patrimônio mínimo, bem como da fraude contra credores.

■ Havendo disposição legal, esta ocorrerá independentemente de registro, por exemplo, o usufruto dos pais sobre os bens dos filhos menores (art. 1.689 do CC). Decorrente de usucapião, que, conforme doutrina majoritária, será regido pelos requisitos da usucapião em geral de 15 ou 10 anos (art. 1.319 do CC).

■ Decorrente de ordem judicial, conforme o art. 817 do CPC/2015, em que, sendo menos gravoso para o devedor e prático para o credor, imitirá este último na forma de usufrutuário, para que os proventos resultantes dos bens sejam revertidos ao credor. Conforme doutrina, a nomenclatura desse dispositivo está errada, pois a fórmula empregada está muito mais próxima da anticrese.

b) Elemento formal

Quanto aos elementos constitutivos, em especial quanto ao formal, podemos notar que, obrigatoriamente, para que esse instituto tenha eficácia real, deverá ele ser registrado (art. 1.391 do CC), por meio de escritura pública (art. 108 do CC), ressalvadas as hipóteses de usufruto objeto de usucapião e legal.

c) Elemento objetivo

Ainda no tocante ao elemento constitutivo objeto, somente o proprietário pode instituir direito de usufruto sobre bens móveis e imóveis (art. 1.390 do CC).

Conforme pode ser extraído do art. 1.392 do CC, a regra da gravitação jurídica se aplica, pois o acessório seguirá o prin-

178 Direito Civil

cipal. Assim, sendo um imóvel agrícola, tudo o que guarnece o imóvel segue o principal.

Não obstante, conforme pode ser apercebido, o Código Civil aponta a existência de algumas modalidades de usufruto especiais quanto ao seu objeto. São elas:

- art. 1.395 do CC: dispõe acerca de usufruto sobre títulos de crédito;
- art. 1.397 do CC: trata do usufruto de rebanho;
- art. 1.392, § 1°, do CC: trata do usufruto de bens consumíveis, em que é possível a instituição especial de usufruto denominada quase usufruto, que viabiliza a entrega do bem, porém esta última é um bem fungível que pode ser substituída por outra da mesma quantidade, qualidade e gênero;
- art. 1.392, § 2°, do CC: trata do usufruto de florestas;
- art. 1.392, § 3°, do CC: trata do usufruto de universalidade ou quota parte;
- art. 2°, IX, do Estatuto do Índio: usufruto indígena; e art. 231, § 2°, da CF: dos silvícolas.

6.3.3.2 Duração do usufruto e transferência

Inicialmente, o usufruto pode ser de duas modalidades. Primeira, usufruto temporário, aquele com prazo de duração. Findo tal prazo, automaticamente extingue-se o usufruto, e, se for instituído em favor de pessoa jurídica, o prazo máximo será de 30 anos.

A segunda modalidade é o usufruto vitalício que, se não houver prazo, extingue-se com a morte (a morte é um termo incerto). Logo, o usufruto é personalíssimo, e **não se transmite com a morte do usufrutuário** (art. 1.411 do CC).

Direito das coisas **179**

Não obstante a referida situação, faz-se possível a institui-ção de usufruto simultâneo, ou seja, em que há mais de um usu-frutuário, e a morte de um significa extinção parcial do usufruto. Para que haja direito de acrescer, é necessária expressa previsão.

Em continuidade, quanto à questão da transferência, o usufruto está regulamentado no art. 1.393, que dispõe: "Não se pode transferir o usufruto por alienação; mas o seu exercício pode ceder-se por título gratuito ou oneroso".

Dessa disposição podemos entender que a alienação do usufruto é vedada, porém sua cessão mediante empréstimo ou locação é possível.

6.3.3.3 Direitos do usufrutuário (art. 1.394 do CC)

Primeiramente, o usufrutuário tem direito à posse, uso, administração e percepção dos frutos (art. 1.394). O usufru-tuário, antes de assumir o usufruto, inventariará, à sua custa, os bens que receber, determinando o estado em que se acham, e dará caução, fidejussória ou real, se lhe exigir o dono, de ve-lar-lhes pela conservação, e entregá-los findo o usufruto (art. 1.400).

O usufrutuário não é obrigado a pagar as deteriorações resultantes do exercício regular do usufruto (art. 1.402 do CC).

6.3.3.4 Deveres do usufrutuário (art. 1.403 do CC)

a) As despesas ordinárias de conservação dos bens no esta-do em que os recebeu.

b) As prestações e os tributos devidos (IPTU e ITR) pela pos-se ou rendimento da coisa usufruída.

180   Direito Civil

6.3.3.5 Extinção do usufruto (art. 1.410 do CC)

a) Morte ou renúncia do usufrutuário: cuidado, pois a morte do nu-proprietário ou a alienação do bem por parte dele não implica fim do usufruto. **Observação**: a renúncia deve ser por escritura pública.

b) Pelo término do prazo fixado.

c) Pela extinção da pessoa jurídica usufrutuária.

d) Pela cessação dos motivos que o originaram. Exemplo: faço o usufruto para meu sobrinho custear seus estudos universitários.

e) Pela destruição da coisa sobre a qual recai o usufruto, salvo sub-rogação. A sub-rogação ocorre nos casos em que o bem se perde, mas o proprietário recebe uma indenização (exemplo: bem segurado) ou quando o bem é desapropriado e o proprietário indenizado pelo poder público.

f) Pela consolidação da coisa em nome de uma das partes contratantes.

g) Por culpa do usufrutuário. Isso ocorre quando o usufrutuário descumpre seus deveres. É obrigação do usufrutuário pagar os tributos que recaiam sobre o bem e, se não o fizer, perderá o direito de usufruto.

h) Pelo não uso ou não fruição da coisa (art. 1.410, VIII, do CC).

Por fim, se o usufrutuário se negar a devolver o bem, caberá busca e apreensão ou reintegração de posse.

6.3.4 Uso

É um usufruto limitado, o usuário só pode retirar os frutos indispensáveis de sua família (usufruto anão).

6.3.5 Habitação

Constitui-se na moradia efetiva sobre o imóvel que servia de residência para a família, desde que seja o único imóvel residencial a ser inventariado. É vitalício, cessando apenas com a morte e independe do regime de bens, é o direito de morar de graça em imóvel alheio; só pode morar e não retirar quaisquer frutos. Concedido ao cônjuge viúvo, independentemente do regime de bens;

6.3.6 Laje

O direito real de laje foi incluído no Código Civil pela Lei nº 13.465, de 2017, que trata, entre outros temas, da regularização fundiária rural e urbana.

Como pode ser observado, referido direito estabelece que o proprietário de uma construção-base poderá ceder a superfície superior ou inferior de sua construção a fim de que o titular da laje mantenha unidade distinta daquela originalmente construída sobre o solo.

Sendo assim, conforme pode ser extraído do referido art. 1.510-A do CC, teremos uma divisão de propriedades, uma da construção-base e outra da superfície superior.

Tal afirmação pode ser extraída do próprio art. 1.510-A, §§ 3º e 4º, do CC, dispositivo segundo o qual os titulares da laje, unidade imobiliária autônoma constituída em matrícula própria, poderão dela usar, gozar e dispor, bem como a instituição do direito real de laje não implica a atribuição de fração ideal de terreno ao titular da laje ou a participação proporcional em áreas já edificadas.

Entretanto, não é só. O titular da laje poderá ceder a superfície de sua construção para a instituição de um sucessivo

182 Direito Civil

direito real de laje, desde que haja autorização expressa dos titulares da construção-base e das demais lajes, respeitadas as posturas edilícias e urbanísticas vigentes.

6.3.6.1 Dos direitos e deveres

Conforme pode ser apercebido, o titular do direito real de laje responderá pelos encargos e tributos que incidirem sobre a sua unidade.

Citada regra é complementada pelo art. 1.510-C do CC, que estabelece, sem prejuízo, no que couber, as normas aplicáveis aos condomínios edilícios, para fins do direito real de laje, e as despesas necessárias à conservação e fruição das partes que sirvam a todo o edifício e ao pagamento de serviços de interesse comum serão partilhadas entre o proprietário da construção-base e o titular da laje, na proporção a ser estipulada em contrato.

É sempre assegurado, em qualquer caso, o direito de qualquer interessado em promover reparações urgentes na construção, na forma do parágrafo único do art. 249 desse Código.

6.3.6.2 Das questões construtivas

Inicialmente, conforme pode ser apercebido, o direito real de laje contempla o espaço aéreo ou o subsolo de terrenos públicos ou privados, tomados em projeção vertical, como unidade imobiliária autônoma, não contemplando as demais áreas edificadas ou não pertencentes ao proprietário da construção-base (art. 1.510-A, § 5º, do CC).

Para a execução e aprovação do referido direito, os Municípios e o Distrito Federal poderão dispor sobre posturas edilícias e urbanísticas associadas ao direito real de laje. Todavia, é expressamente vedado ao titular da laje prejudicar

Direito das coisas **183**

com obras novas ou com falta de reparação a segurança, a linha arquitetônica ou o arranjo estético do edifício, observadas as posturas previstas em legislação local (art. 1.510-B do CC).

Com fim didático, o legislador dispõe que são partes que servem a todo o edifício:

a) os alicerces, as colunas, as pilares, as paredes mestras e todas as partes restantes que constituam a estrutura do prédio;

b) o telhado ou os terraços de cobertura, ainda que destinados ao uso exclusivo do titular da laje;

c) as instalações gerais de água, esgoto, eletricidade, aquecimento, ar-condicionado, gás, comunicações e semelhantes que sirvam a todo o edifício;

d) em geral, as coisas que sejam afetadas ao uso de todo o edifício.

6.3.6.3 Do direito de preferência

Tendo em vista a possiblidade de venda da laje quando da previsão contratual, os proprietários da construção-base e da laje terão direito de preferência, em igualdade de condições com terceiros.

Para tanto, serão cientificados por escrito para que se manifestem no prazo de 30 dias, salvo se o contrato dispuser de modo diverso, bem como, uma vez preterido referido direito, poderá, mediante depósito do respectivo preço, haver para si a parte alienada a terceiros, se o requerer no prazo decadencial de 180 dias, contado da data de alienação.

Lembra-se que, se houver mais de uma laje, terá preferência, sucessivamente, o titular das lajes ascendentes e o titular das lajes descendentes, assegurada a prioridade para a laje mais próxima à unidade sobreposta a ser alienada.

184   Direito Civil

6.3.6.4 Da extinção do direito de laje

Por fim, porém não menos importante, a legislação prevê a verificação da extinção do direito de laje, segundo o qual a ruína da construção-base implica extinção do direito real de laje.

Dada situação tem duas exceções previstas na lei. Assim, se houver a ruína, mas a laje tiver sido instituída sobre o subsolo ou se a construção-base for reconstruída no prazo de cinco anos, o direito de laje será mantido. Salienta-se que a extinção do referido instituto não afasta o direito a eventual reparação civil contra o culpado pela ruína (art. 1.510-E do CC).

6.4 Direitos reais de garantia

Conforme é sabido, a sociedade é dimensionada por três elementos básicos, a Família, a Propriedade e o Contrato, e, portanto, desde os primórdios sempre existiu a figura do devedor, que inicialmente respondia moral ou fisicamente pelas dívidas, como era o exemplo da possibilidade da escravidão ou comercialização ou até mesmo a morte do devedor, conforme Lei das XII Tábuas.

A primeira notícia histórica da distinção desses experientes, conforme doutrina, tem origem *lex poetelia papiria*, 326 a.c., sendo a primeira a limitar a responsabilidade obrigacional ao patrimônio do devedor.

Não obstante, conforme se verificou no decorrer dos anos, surgiu um sério problema de fraudes e simulações, fazendo-se, então, necessária a existência de outras modalidades de garantia, mais especiais, que assegurassem a quitação da dívida, e assim foram criados os direitos reais.

A função máxima do direito real de garantia é assegurar a obrigação, vinculando um bem pertencente do devedor ao credor. Dessa dilação podemos verificar que sua natureza acessória deriva de uma relação jurídica preexistente, e, uma vez a obrigação adimplida, extingue-se o direito real de garantia.

Em continuidade, podemos afirmar que há várias formas de garantir uma obrigação. Uma delas decorre de uma garantia pessoal oferecida por força contratual, por exemplo, a fiança (caução fidejussória) ou, ainda, o aval. Essas modalidades não podem ser confundidas com os direitos reais de garantia que decorrem da objetivação de um bem móvel ou imóvel em garantia de uma dívida, ou com os direitos reais de gozo ou fruição, como se percebe no quadro a seguir.

Direito real de e em garantia	Direito real de gozo/fruição	Privilégio creditício
Tem como finalidade assegurar o cumprimento de uma obrigação e recai sobre bem específico	Permite que terceiros retirem utilidades da coisa, com a qual tenha contato físico	Recai sobre todo o patrimônio

Lembra Carlos Eduardo Elias de Oliveira (2021) primeira classificação quanto aos direitos reais de garantia foi introduzida por Pontes de Miranda e ratificada por José Carlos Moreira Alves, ao tratar especificamente da alienação fiduciária em garantia que diferenciou o direito real em garantia e os direitos reais de garantia. Sendo assim, conforme pontuam os autores:

a) Os direitos reais de garantia são o penhor, a hipoteca e a anticrese, que procuram assegurar uma dívida com o credor, porém a propriedade desse bem é mantida na propriedade do devedor.

b) Os direitos reais em garantia são a alienação fiduciária em garantia e a cessão fiduciária de direitos creditórios que procuram assegurar uma dívida com o credor, porém a propriedade desse bem é entregue ao credor, tendo o devedor somente a propriedade resolúvel.

6.4.1 Penhor

O penhor, conforme o art. 1.431 do CC, constitui-se pela transferência efetiva da posse de bem móvel, ofertado em garantia do débito ao credor, diferentemente do que ocorre com a hipoteca que recai sobre bens imóveis.

Nesse conceito, podemos afirmar que da dicotomia entre bens e coisas o penhor recai sobre as coisas móveis passíveis de alienação, bem como, para constatar sua eficácia, faz-se necessária a entrega da coisa ao credor, que não se confunde com a efetiva tradição, pois se transfere somente a posse, e não a propriedade.

Observação relevante deve ser feita acerca dos penhores especiais (rural, industrial, mercantil e de veículos), pois estes dispensam a necessidade de entrega do bem, conforme o parágrafo único do referido artigo.

Quanto à publicidade do penhor, ou seja, à eficácia, o art. 1.432 do CC determina que o instrumento do penhor deverá ser registrado, por qualquer dos contratantes, sendo o do penhor comum levado ao Cartório de Títulos e Documentos no domicílio do devedor, bem como os especiais ao Cartório de Registro de Imóveis.

Sendo assim, todos os elementos (subjetivos, objetivos e formais), bem como os efeitos estudados anteriormente, serão aplicados, ressalvadas as hipóteses especiais de cada instituto a seguir.

Quanto aos direitos e deveres dos contratantes previstos nos arts. 1.433 a 1.435 do CC, podemos identificar nos re-

Direito das coisas **187**

feridos artigos que há vários direitos e deveres das partes contratantes, entre os quais:

a) o credor tem o direito: à posse da coisa empenhada; à
retenção dela; ao ressarcimento do prejuízo; a promover
a excussão; a apropriar-se dos frutos; a promover a venda
antecipada, mediante prévia autorização judicial em casos
especiais; de não ser retirado da posse antes do adimplemento total da obrigação;

b) são deveres quanto a sua condição: à custódia da coisa; à
defesa desta; a imputar o valor dos frutos; de restituí-la,
uma vez paga a dívida.

Referente ao dever de custódia, impõe a condição de depositário, aplicadas todas as regras atinentes a esse instituto,
ou seja, basicamente dever de proteção e não possibilidade de
utilização do bem (art. 640 do CC), bem como responder pela
perda o objeto.

6.4.1.1 Das espécies de penhor especiais (arts. 1.442 a 1.472 do CC)

Ao analisar os referidos dispositivos, podemos intuir que
são espécies de penhor:

■ penhor rural: arts. 1.438 a 1.441 do CC;
■ penhor agrícola: arts. 1.442 e 1.443 do CC;
■ penhor pecuário: arts. 1.444 a 1.446 do CC;
■ penhor industrial e mercantil: arts. 1.447 a 1.450 do CC;
■ penhor de direitos e títulos de crédito: arts. 1.451 a 1.460
do CC;
■ penhor de veículos: arts. 1.461 a 1.466 do CC; e
■ penhor legal: arts. 1.467 a 1.472 do CC.

6.4.2 Hipoteca

Ao enfrentar os requisitos subjetivos na hipoteca, retomamos o estudo do art. 1.420 do CC já ventilado. Portanto, tem capacidade para gravar determinado bem em garantia quem tem capacidade para alienar, e, assim, devemos nos atentar aos casos especiais como o cônjuge e companheiro, incapaz, condomínio simples ou comum, o falido.

Atinente ao requisito formal, mais uma vez fazemos remissão à teoria geral, que subdivide essa atuação em duas modalidades: a publicidade, atinente à necessidade consistente no registro ao Cartório de Registro de Imóveis, e a especialização, que consiste na necessidade de especificar valor, individualizar o bem, indicar a dívida a ser paga, o vencimento e a taxa de juros.

a) Requisito objetivo

Conforme doutrina majoritária, a hipoteca é um direito real de garantia, que tem por objeto coisa imóvel do devedor ou de terceiro sem a transmissão da posse ao credor, logo, elementos objetivos.

Quanto ao objeto, o rol do art.1.473 é extenso, o qual será analisado a seguir, porém não poderíamos deixar de citar o art. 1.474 do CC, que inclui como objeto da hipoteca todas as acessões, melhoramentos ou construções do imóvel, não obstante outros direitos reais sobre o mesmo imóvel.

Portanto, todas as benfeitorias seguem o imóvel, sejam elas necessárias, úteis ou voluptuárias, ressalvando-se as pertenças que, apesar de serem bens acessórios, não seguem o destino do principal, salvo se o contrário resultar da lei, da manifestação de vontade, ou das circunstâncias do caso.

Adentrando no estudo do art. 1.473 do CC, verificam-se como inicialmente objetos da hipoteca os bens imóveis e os acessórios, o domínio útil ou ainda o domínio direto. Para entender esses dispositivos, faz-se necessário identificar os desdobramentos do direito da propriedade previstos no art. 1.228 do CC (gozar, reivindicar, usar e dispor da coisa), como é o caso da enfiteuse, que, apesar de extinta pelo CC/2002, ainda mantém seus efeitos até suas extinções naturais.

Em continuidade lógica do presente estudo, temos as hipotecas decorrentes das estradas de ferro e seus acessórios como vagões e locomotivas, que são tidas como bens coletivos e podem ser ofertadas em hipoteca, bem como seu registro será devido no registro de imóveis da estação inicial.

Dando prosseguimento, são objetos de hipoteca, pois são considerados imóveis para esse fim, por ficção, os recursos naturais, que nesse caso se trata da lavra decorrente das jazidas e minas, e não do solo que pertence à União.

Ainda temos os navios e as aeronaves, que são registrados respectivamente no porto de origem (Lei nº 7.652/1988) e na matrícula (Lei nº 7.565/1986).

b) Das modalidades de hipoteca: convencional, hipoteca legal e judicial

Conforme verificamos na legislação civil, duas são as modalidades de hipoteca. Primeiramente, temos a convencional, que decorre de ato volitivo de vontade das partes e exige todos os seus elementos objetivos, subjetivos e formais para perfazer sua eficácia. Depois, a hipoteca legal, resultante da lei, conforme os arts. 1.489 a 1.491 do CC.

Essa segunda hipótese, assim como o penhor legal, revela a posição vulnerável dos credores hipotecários e, sem manifestação de vontade, permite que estes solicitem ao juiz, sem concordância do devedor.

Colocando termo final nas espécies de hipoteca, temos essa última modalidade judicial decorrente do art. 495 do CPC, que determina a possibilidade de a sentença que condenou o réu ter constituição de título passível de hipoteca judiciária, cujos efeitos somente serão identificados quando do registro.

Apesar de ser um efeito importante garantido ao credor, ela não é automática, bem como não possui o efeito da preferência dos demais direitos reais, pois tal providência prejudicaria os demais credores quirografários, sendo deferido somente o efeito da sequela.

c) Dos efeitos da garantia hipotecária

Tem como características gerais todos os elementos já apontados, ou seja, a preferência, a sequela, a indivisibilidade, a excussão e o vencimento antecipado da dívida, logo, devemos aplicar todos eles nesse momento.

d) Formas de extinção da hipoteca

Nos termos do art. 1.499 do CC, são as seguintes hipóteses de incidência quanto à extinção da hipoteca: "I – pela extinção da obrigação principal; II – pelo perecimento da coisa; III – pela resolução da propriedade; IV – pela renúncia do credor; V – pela remição; VI – pela arrematação ou adjudicação".

Sendo assim, a hipoteca se extingue pelo encerramento da obrigação principal, e nessa hipótese, uma vez adimplida a obrigação principal, ou ainda extinta pelo adimplemento indireto, como é o caso da novação, nulidade ou prescrição, decairá o direito real garantidor.

Quanto à prescrição, nos termos do art. 1.485 do CC (30 anos), esta prescreve com a prestação que ela garante e, verificado tal prazo, perderá o caráter especial de hipoteca, permanecendo a dívida, porém com natureza quirografária.

6.4.3 Anticrese

Direito real de garantia sobre bem frutífero imóvel, em que o credor anticrético receberá os frutos da coisa exatamente para que ele possa abater o valor até o cumprimento da obrigação.

Inicialmente, conforme análise do § 2º do art. 1.506 do CC, o legislador estabeleceu "quando recair sobre bem imóvel", mas, não obstante sua intenção tenha sido deixar claro que é possível sobre o mesmo bem haver cumulativamente uma hipoteca e uma anticrese, referida anotação leva o intérprete a acreditar que é viável instituir a anticrese sobre bens móveis, porém, conforme doutrina dominante, tal interpretação não é a mais acertada.

O instituto defere ao credor uma verdadeira imputação do pagamento, iniciando pelos juros para depois quitar o principal, com prazo máximo de 15 anos, bem como que todos os elementos objetivos, subjetivos e formais devem ser observados quando da instituição.

Um único exemplo interessante pautado que estabelece ser possível a instituição da anticrese nos casos de débitos condominiais, em que, em vez de perder o bem, pois este não é protegido como bem de família, entrega a administração do síndico para que receba os frutos e quite a dívida, pois, conforme verificaremos a seguir, há grandes implicações quanto à utilização desse instituto.

a) Deveres e inconvenientes do credor anticrético

A anticrese exige a entrega do bem ao credor anticrético, que deve prestar contas para que o devedor saiba quanto foi amortizado da dívida. A ação de prestação de contas tem caráter dúplice, pois também possibilita a execução.

No entanto, se o devedor anticrético não concordar com o que contém no balanço, por ser inexato, poderá impugná-lo, o que torna o instituto inconveniente e oneroso para o credor.

Outro ônus previsto ao credor está inscrito no art. 1.508 do CC, o qual impõe a este responsabilidade pelas deteriorações que, por culpa sua, o imóvel vier a sofrer e pelos frutos e rendimentos que, por sua negligência, deixar de perceber.

6.4.4 Direito real de aquisição

Trata do direito do promitente comprador do imóvel. Pago o preço, o comprador pode exigir que o vendedor lhe transfira escritura e, se este negar, caberá adjudicação compulsória. Para ter efeitos perante terceiros, deve ser registrado no Cartório de Registro de Imóveis.

7

Responsabilidade civil

É o dever que incumbe a certas pessoas de reparar o dano causado por ato próprio ou ato de terceiro ou fato de coisas que dela dependam. Trata-se do estudo da reparação do dano, da indenização devida à vítima; indenizar é igual "dar" sem dano.

Ato jurídico ilícito é toda atuação humana, omissiva ou comissiva, contrária ao direito.

Como conduta antijurídica, há atos ilícitos em várias esferas do direito civil e do direito em geral.

No direito civil, pode-se falar em ilícito na esfera dos contratos, dos atos unilaterais de vontade, da família, dos atos intrinsecamente ilícitos e do abuso de direito. Para além do direito civil, há os ilícitos penais, administrativos, tributários, trabalhistas etc., todos com um ponto em comum: a antijuridicidade.

Restringindo-nos à esfera cível, os atos ilícitos podem ser:

■ Contratuais: quando consistirem em conduta antijurídica na celebração ou execução de contrato. Exemplos seriam a mora e o inadimplemento definitivo de obrigação contratual.

- Atos unilaterais de vontade: o ilícito pode ocorrer na declaração ou na execução de uma promessa de recompensa (não a pagar, por exemplo); na execução de uma gestão de negócios etc.

- Atos que são ilícitos intrinsecamente e desde o início: também estes são ilícitos para o direito civil, na medida em que causam danos ressarcíveis. Exemplos seriam o homicídio, as lesões corporais, uma batida de carros, o estilhaçar de uma vidraça etc.

Por fim, coube ao Código Civil de 2002 positivar a teoria do abuso de direito e o fez no art. 187: "Também comete ato ilícito o titular de um direito que, ao exercê-lo, excede manifestamente os limites impostos pelo seu fim econômico ou social, pela boa-fé ou pelos bons costumes".

7.1 Elementos ou pressupostos da responsabilidade civil

Os elementos ou pressupostos estão descritos no art. 186 do CC, que dispõe "[...] aquele que, por ação ou omissão voluntária, negligência ou imprudência, violar direito e causar dano a outrem, ainda que exclusivamente moral, comete ato ilícito". Têm-se os seguintes elementos: ação ou omissão; culpa; nexo causal; e dano.

7.1.1 Ação ou omissão

O causador do dano responde por ação (conduta comissiva) e por omissão quando deixa de praticar um ato que deveria fazer (descumprir um dever ou obrigação preexistente). Assim, melhor dizer "conduta humana", definível com o comportamento, positivo ou negativo, do agente, que desemboca em um dano ou prejuízo.

A conduta humana pressupõe voluntariedade. Exemplo: desapropriação é um ato lícito do Estado que gera responsabilidade civil. A regra será a responsabilidade, um ato pessoal, e não se responde por ato de terceiro, salvo expressa previsão legal, como o rol art. 932 do CC.

Sendo assim, o pai e a mãe respondem pelos danos causados pelo seu filho menor que estiver sob sua autoridade e companhia, bem como o empregador ou comitente responde pelos atos do empregado ou preposto que causam dano no exercício de suas funções. Da mesma forma, o tutor ou curador responde pelos pupilos ou curatelados.

7.1.2 Culpa

Decorre da inobservância de um dever de cuidado.

Espécies: a culpa em sentido amplo ou *lato sensu*, que inclui a culpa em sentido estrito ou *stricto sensu*, que é a conduta não intencional que causa o dano; e o dolo que é a culpa intencional que causa o dano. A culpa pode ser conceituada como o desrespeito a um dever preexistente, bem como não havendo a intenção de violá-lo, mas que ainda assim ocorre.

São modalidades de culpa: a imprudência – decorrente da culpa exteriorizada por uma ação, por exemplo, dirigir acima da velocidade permitida; a negligência – é a culpa por omissão, por exemplo, fazer a conversão sem sinalizar; e, por fim, a imperícia, que é a culpa no exercício de profissão ou ofício, por exemplo, o motorista contratado que dirige em alta velocidade.

Inicialmente, cumpre salientar que as modalidades da culpa não afetam o valor da indenização, logo, uma vez verificada a culpa, esta será devida. No entanto, conforme disposição legislativa (art. 944 do CC), a doutrina criou os graus de culpa, conforme segue:

Art. 944. A indenização mede-se pela extensão do dano.

Parágrafo único. Se houver excessiva desproporção entre a gravidade da culpa e o dano, poderá o juiz reduzir, equitativamente, a indenização.

a) Culpa grave: o agente não deseja o resultado e age de maneira tão descuidada que parece desejá-lo; a culpa grave ao dolo se equipara. Exemplo: mãe deixa medicamento sobre a mesa e criança toma.

b) Culpa leve: é a culpa analisada de acordo com a conduta do homem médio. Exemplo: colocação do medicamento fora do alcance da criança, ou seja, no alto do armário.

c) Culpa levíssima: o agente adota cautela superior à normal, mas mesmo assim age com culpa. Exemplo: medicamento colocado em lugar alto e fora da vista da criança, ou seja, no alto do armário e dentro do armário.

Para não haver culpa, o armário deve ter todos os requisitos anteriores, porém deve-se trancá-lo.

7.1.3 Dolo

Constitui uma violação intencional de prejudicar outrem. Referente {a presente modalidade de culpa, é possível afirmar que, quando da indenização, é aplicada a teoria da causalidade adequada por força do art. 944 do CC, ou seja, somente são consideradas como causadoras do dano as condições que por si sós são aptas a produzi-lo, verificando, assim, o grau de culpa.

Dessa forma, há dolo na intenção do agente, pouco importando sua modalidade, pois não cabem as discussões de direito penal (dolo eventual, dolo não eventual ou crime preterdoloso) e a reparação do dano será sempre integral, diferentemente do que ocorrerá na próxima modalidade de culpa.

Responsabilidade civil **197**

7.1.4 Nexo de causalidade

É o elemento imaterial da responsabilidade civil, ou seja, a relação de causa e efeito entre a conduta do agente (responsabilidade subjetiva), ou o risco da atividade (responsabilidade objetiva), e o dano sofrido pela vítima. O nexo é necessário para a caracterização do dever de indenizar, seja a responsabilidade subjetiva ou objetiva.

Rompimento do nexo-causal: significa o desaparecimento do dever de indenizar, ou seja, é excludente de responsabilidade civil. O referido rompimento encontra-se de forma muito clara na teoria dos danos diretos e imediatos – interrupção do nexo-causal – e, nesse caso, todo antecedente é uma causa, e este somente responde pelo dano se, entre a sua conduta e o prejuízo, não houver três elementos, que serão analisados conforme seguem:

a) culpa exclusiva da vítima;

b) um ato de terceiro;

c) um ato da natureza.

Dispensa ou excludentes do dever de indenizar:

a) legítima defesa: decorre do ato do agente que atua defensivamente em face de uma agressão injusta, atual ou iminente. Conforme se pode notar, o referido ato não constitui ilícito e, sendo assim, não há o dever de indenizar, pois se trata de uma justificativa para uma conduta;

b) estado de necessidade ou remoção do perigo: é a deterioração ou destruição de coisa alheia, a fim de remover perigo iminente;

c) exercício regular de um direito reconhecido: trata normalmente do estrito cumprimento de dever legal relacio-

198   Direito Civil

nado à função pública ou ainda delegado na função fiscalizadora. Como exemplos, temos:

■ policial que arromba porta com mandado;
■ envio de correspondência condominial lacrada informando o valor da dívida.

7.1.5 Dano e suas espécies de dano

Conceito e requisitos do dano indenizável: é a existência de um prejuízo real causado a alguém, passível de pagamento por meio de uma indenização correspondente à perda, na dependência de prova de dolo ou culpa na conduta do agente. Trata-se de responsabilidade civil que tem como pressupostos objetivo e subjetivo o dano e a culpa, respectivamente. Cabe ao autor da demanda indenizatória o ônus da prova.

A descrição dos principais tipos de dano é a seguinte:

a) **Dano material ou patrimonial (arts. 402 a 404)**: há nítida lesão ao patrimônio da vítima; trata-se do prejuízo ou perda sofridos pelo patrimônio corpóreo da vítima que pode ser pessoa natural, jurídica ou ente despersonalizado, cujo ônus probatório fica sob responsabilidade de quem alega. O dano material ou patrimonial é classificado da seguinte forma:

■ **dano emergente ou dano positivo (art. 403 do CC)**: dano de maior facilidade para sua mensuração, pois, ao analisar o *quantum* devido, será necessário somente verificar o patrimônio do lesado antes e depois do acidente, sendo a diferença negativa o valor devido;

■ **lucros cessantes ou dano negativo (art. 402 do CC)**: incide naquilo em que a vítima razoavelmente deixou de lucrar; por se tratar de termo final para o pagamento indenizatório, em geral é realizada uma estimativa mediante a perícia contábil.

b) Dano moral: incidente de um sofrimento (*pretium doloris*) psíquico, moral e intelectual da vítima conhecido como dano moral próprio, ou, ainda, atinge direitos de personalidade (arts. 11 a 21 do CC), como liberdade, sexualidade ou opção religiosa, conhecido como dano moral impróprio, servindo a indenização como um lenitivo, ou seja, amortização da dor ou sofrimento, angústia, depressão e tristeza, ou seja, não se trata de ressarcimento, pois a vítima não volta ao estado anterior (*status quo ante*). O dano moral pode ser classificado da seguinte forma:

■ **dano moral presumido e dano moral em ricochete**: o dano presumido decorre do simples fato ou coisa prejudicados; no dano moral em ricochete, o prejuízo decorre de um dano sofrido por outrem, ou seja, o dano atinge a vítima direta e reflete em outrem, em virtude do vínculo existente entre eles, indenizável, inclusive, por esse motivo;

■ **danos morais da pessoa jurídica**: a possibilidade indenizatória em virtude dos danos morais à pessoa física é decorrente das condições em que implicarem a lesão substancial à honra objetiva, ou seja, à repercussão social da honra, uma vez que uma empresa tem reputação diante da coletividade, logo, as mencionadas lesões são inerentes ao nome, imagem ou sigilo empresarial (art. 52 do CC);

■ **danos morais coletivos**: ainda que seu conceito seja controvertido, entende-se que tais danos são inerentes àqueles que atingem simultaneamente diversos direitos da personalidade, envolvendo pessoas determinadas ou determináveis. Contudo, inserta no âmbito consumerista, a reparação dos danos morais coletivos é admissível, não se confundindo com os danos morais individuais e danos difusos (art. 6º, VI, do CDC);

■ **danos sociais ou difusos**: trata-se dos danos morais das lesões causadas à sociedade no que diz respeito ao seu ní-

200 Direito Civil

vel de vida, seja pelo patrimônio moral, seja pela qualidade de vida. Em outros termos, os danos sociais decorrem das lesões patrimoniais e extrapatrimoniais; nos danos coletivos, as lesões são somente extrapatrimoniais. Os danos difusos são sociais, no entanto envolvem direitos pelos quais as vítimas não podem ser determinadas ou são indetermináveis, porém indenizáveis (art. 6°, VI, do CDC).

c) **Dano estético**: a mutação acerca do "aspecto do belo" pode gerar sofrimento e ainda danos materiais, sendo possível uma tríplice cumulação: dano estético, dano moral e dano material. O conceito do que é belo, ou bonito, é complexo e, portanto, devem ser levadas em consideração a condição anterior da vítima e sua posterior deformação; a cumulação da indenização pelo dano estético ao moral é determinada pela Súmula n° 387 do STJ.

d) **Danos decorrentes da perda de uma chance**: o critério de sua configuração deve ser "sérias e reais", cabendo ao magistrado identificar os limites da alegação e os elementos probatórios, pouco importando sua configuração. Essa chance deve ser mais que 50% de êxito para sua configuração; no mais, deve estar ligada a uma pessoa que se frustra com uma expectativa, ou seja, uma oportunidade futura que, dentro de uma lógica razoável, ocorreria, se as coisas seguissem seu fluxo normal. Os danos decorrentes da perda de uma chance são autônomos, logo, cumulam-se os pedidos indenizatórios com os danos materiais e morais (Enunciado n° 444, da V Jornada de Direito Civil).

7.2 Hipóteses específicas de responsabilidade civil

a) **Responsabilidade civil do incapaz**: o incapaz só responde pelos danos que causar, quando as pessoas por ele responsáveis não tiverem a obrigação de fazê-lo, ou não dispuserem de dinheiro para tanto. Não haverá indenização, se este privar o incapaz ou as pessoas que dele dependam do necessário para sobrevivência, logo, a responsabilidade civil do incapaz é mitigada pela equidade, e é subsidiária. Os pais respondem objetivamente pelos atos dos filhos menores que estiverem sob sua guarda e sua companhia.

b) **Responsabilidade civil objetiva pelo risco da atividade**: se a atividade normalmente desenvolvida pelo agente implicar risco, por sua própria natureza (atividade naturalmente perigosa), ele responderá de forma objetiva pelos danos que causar. Exemplo: transporte terrestre.

c) **Responsabilidade civil objetiva por atos de terceiros**: os pais, tutores, curadores e empregadores respondem objetivamente pelos atos praticados respectivamente pelos filhos menores tutelados, curatelados e empregados.

d) **Culpa presumida**: existe o elemento culpa antecipadamente atribuída a alguém que, para livrar-se do dever de indenizar, terá que provar que não agiu com culpa (negligência, imprudência ou imperícia).

e) **Culpa objetiva**: o elemento culpa é irrelevante, ou seja, não entra na discussão da causa.

f) **Responsabilidade civil objetiva em razão de danos causados por animais**: o dono ou detentor do animal responde objetivamente pelos danos causados por este, salvo se provar culpa exclusiva da vítima ou força maior.

g) **Responsabilidade civil objetiva em danos causados por coisas caídas ou lançadas do prédio**: aquele que habitar prédio ou parte dele responde objetivamente pelos danos causados, por coisas dele caídas ou dele lançadas. Tem-se por prédio toda e qualquer construção.

8

Das entidades familiares

8.1 Princípios do novo direito de família brasileiro

Conforme muito bem preceitua a melhor doutrina, com um novo milênio, as alterações sociais foram emblemáticas, entre elas: liberação sexual; conquista do poder da mulher; desbiologização; e proteção dos conviventes, entre outros elementos.

Entre os elementos basilares, não se pode negar a importância dos princípios constitucionais – baseados no direito civil constitucional –, de suma importância para uma devida interpretação dos institutos civis.

Tal providência tem uma significância ímpar, tendo em vista ser possível reconhecer a aplicação das normas constitucionais que protegem a pessoa humana em uma aplicação imediata nas relações entre particulares (eficácia horizontal dos direitos fundamentais) – art. 5º, § 1º, da CF.

a) **Princípio da não intervenção ou da liberdade de planejamento familiar**

Nos termos do disposto no art. 1.513 do CC, o legislador vedou qualquer pessoa de direito público, ou de direito privado, interferir de forma coativa nas relações familiares.

204 Direito Civil

Trata-se da valorização da autonomia privada nas relações familiares (direito de autorregulação) que decorre da liberdade constitucional.

b) **Princípio da função social da família (art. 226 da CF)**

A família é a base da sociedade (célula *mater*), recebendo especial proteção do Estado. Assim, a família deve ser analisada de acordo com o contexto da sociedade e sua evolução, o que abrange o avanço tecnológico e as diversidades regionais.

Função social, conforme Orlando Gomes (1999, p. 21), trata-se de uma finalidade coletiva, pela qual, nos termos do art. 113 do CC, os negócios jurídicos, inclusive familiares, devem ser interpretados conforme os usos do lugar da celebração.

c) **Princípio de proteção da dignidade da pessoa humana (art. 1º, III, da CF)**

Conceituar a dignidade da pessoa humana não é tarefa fácil, tendo em vista todos os seus desdobramentos, extensão de sua aplicabilidade e até mesmo uma movimentação equivocada de sua banalização.

Flávio Tartuce (2020, p. 1123), em sua obra, apresenta o entendimento de Kant, para o qual a dignidade humana é aquilo que a pessoa é como ser racional, considerando-se um fim em si mesmo.

d) **Princípio da solidariedade familiar (art. 3º, I, da CF)**

Conforme Flávio Tartuce (2020, p. 1127), a solidariedade significa responder ou preocupar-se com o outro, com base na *teoria do cuidado*, de Guilherme de Oliveira.

A solidariedade patrimonial foi aumentada pelo Código Civil de 2002, pois mesmo o cônjuge culpado pode pleitear alimentos necessários do inocente, se não tiver condições para trabalho nem parentes que possam prestar os alimentos (arts. 1.694, § 2°, e 1.704, parágrafo único, do CC).

No entanto, uma questão vai além dentro deste critério, de necessidade e possibilidade, a qual está conexa ao princípio da solidariedade, que é o da razoabilidade.

e) **Princípio da igualdade entre filhos (art. 227, § 6°, da CF e art. 1.596 do CC)**

Todos os filhos havidos ou não durante o casamento são iguais perante a lei, sendo vedada qualquer forma de distinção ou discriminação. Portanto, não podem ser utilizadas as expressões "filhos adulterinos", "filhos ilegítimos", "espúrios" e "bastardos".

Essa igualdade atinge os filhos adotivos, os filhos havidos de fecundação artificial heteróloga (com material genético de terceiro) e, por fim, os filhos socioafetivos (filhos de criação que decorrem de uma posse de estado).

f) **Princípio da igualdade entre cônjuges e companheiros e a chefia familiar**

Conforme pode ser extraído do disposto na legislação em vigor, mais especificadamente o art. 5°, I, da CF, o art. 226 da CF e o art. 1.511 do CC, constata-se a implementação da igualdade jurídica entre cônjuges e companheiros.

A ideia vem em substituição até mesmo de legislações anteriores (Estatuto da Mulher Casada e o Código Civil 1916) que implementavam a distinção entre homens e mulheres de forma indiscriminada e injustificada.

Segundo a Constituição Federal de 1988, homens e mulheres são iguais perante a lei, o que repercute nas relações familiares. Assim, há igualdade na chefia familiar (art. 1.631 do CC), sendo certo que a hierarquia foi substituída pela diarquia (poder de dois).

g) **Princípio do melhor interesse da criança e do adolescente**

Anotado pela legislação de forma expressa no art. 227 da CF, arts. 3° e 4° do ECA e arts. 1.583 e 1.584 do CC, existem várias acepções, nos âmbitos nacional e internacional.

Os defensores do Estatuto da Criança e Adolescente utilizam o termo *proteção integral*, já os autores de direito internacional adotam a expressão *Best interest of child* (Convenção de Haia de Proteção dos Direitos da Criança).

No direito de família, o princípio tem aplicação na questão da guarda durante o poder familiar (arts. 1.583 e 1.584 do CC).

h) **Princípio da proteção ao idoso**

Pautada não somente pelo disposto implicitamente na Constituição Federal por meio da solidariedade, mas também pela Lei n° 10.741/2003, a proteção do idoso faz-se necessária.

De todas as mudanças legislativas até o presente momento, o tratamento ao idoso é fundamental, tendo em vista sua peculiaridade imperiosa, premente e necessária.

A acepção da aplicação de sua proteção é dinâmica e abrangente, pois engloba desde questões decorrentes dos alimentos (art. 11 do Estatuto) até mesmo a proteção contra arbitrariedades advindas dos planos de saúde privados.

i) **Princípio da afetividade e pluralidade familiar (reconhecimento de outras entidades familiares)**

Afeto significa interação de afeição para com alguém de forma espontânea que, nos termos do direito de família, pode

Das entidades familiares **207**

gerar efeitos e o fundamento está pautado pela dignidade humana (art. 1°, III, da CF), bem como pela solidariedade (art. 3°, I, da CF).

Para Maria Berenice Dias (2012, p. 89), o afeto está ligado aos sentimentos, podendo ser positivo (amor), ou negativo (ódio). Um conceito importante se refere ao entendimento de Pablo Gagliano e Pamplona Filho (2019, p. 89), que registram: "Não nos propomos, com isso a tentar definir o amor, pois tal tarefa afigurar-se-ia impossível a qualquer estudioso filosofo ou cientista".

Portanto, o que nos importa basilarmente são seus efeitos jurídicos, por exemplo, a tese do abandono afetivo (responsabilidade civil); reconhecimento de novas entidades familiares (caso da união homoafetiva); e reconhecimento da parentalidade socioafetiva como forma de parentesco civil (art. 1.593 do CC).

8.2 Casamento

Casamento é o vínculo jurídico existente entre pessoas, e não mais entre homem e mulher caracterizado pela afetividade e visando uma comunhão plena de vida (art. 1.511 do CC).

Princípios basilares, a saber, sobre o casamento:

a) monogamia, ou união exclusiva: não podem casar as pessoas casadas (art. 1.521, VI, do CC). Cuidado: a pessoa casada pode ter união estável, desde que separada de fato (art. 1.723, § 1°, do CC);

b) princípio da liberdade de escolha do outro cônjuge: decorre da autonomia privada. Este princípio não é absoluto diante da existência dos impedimentos matrimoniais (art. 1.521 do CC);

208 Direito Civil

c) princípio da comunhão plena de vida, ou comunhão indivisa (art. 1.511 do CC): comunhão pessoal e patrimonial baseada na igualdade entre os cônjuges;

d) acessibilidade (art. 1.512 do CC): a celebração do casamento é gratuita, mas a habilitação, a lavratura do assento e a certidão só o serão para os reconhecidamente pobres (dependem de presunção de gratuidade). A pobreza a que a lei faz menção é a pobreza jurídica, ou seja, casos em que o pagamento dos emolumentos acarretará prejuízo à manutenção da vida do indivíduo;

e) inviolabilidade: é proibido a qualquer pessoa, seja de direito público ou privado, interferir na comunhão.

Observação

O assento de nascimento e o de óbito serão sempre gratuitos, independentemente da comprovação de qualquer estado de privação.

8.2.1 Capacidade matrimonial

A incapacidade para casar é genérica (também conhecida como idade núbil: 16 anos) e não se confunde com os impedimentos específicos (legitimação – é capacidade especial para o negócio jurídico, como, por exemplo, a outorga uxória – art. 1.647 do CC).

A partir dos 18 anos, qualquer pessoa pode se casar. Aos 16 anos, as pessoas podem casar se tiverem autorização dos seus representantes (idade núbil); caso a recusa for injusta, o juiz poderá supri-la, portanto o regime será o da separação obrigatória de bens.

Das entidades familiares **209**

8.2.2 Impedimentos matrimoniais (art. 1.521 do CC)

Os impedimentos geram a nulidade absoluta do casamento (art. 1.548 do CC), além de impedirem a sua celebração, visto envolver a ordem pública; podem ser opostos, até a celebração do casamento, por qualquer pessoa capaz (art. 1.522 do CC).

Os impedimentos matrimoniais podem ser reconhecidos de ofício por qualquer juiz, ou pelo oficial do registro civil (art. 1.522, parágrafo único, do CC). Sendo assim, não podem se casar:

a) Ascendentes e descendentes até o infinito (impedimento decorrente de parentesco consanguíneo).

b) Os afins em linha reta, até o infinito (impedimento decorrente de parentesco por afinidade). Há razão moral, pois há parentesco por afinidade entre um cônjuge ou companheiro e os parentes do outro cônjuge ou companheiro (art. 1.595 do CC).

O impedimento somente existe na linha reta, ascendente e descendente e até o infinito. Exemplo: sogra e genro; sogro e nora; enteada e padrasto; enteado e madrasta, e assim sucessivamente até o infinito. Dessa forma, o vínculo por afinidade na linha reta é perpétuo, sendo mantido mesmo nos casos de dissolução do casamento, ou da união estável. "Sogra é para vida inteira", porém os cunhados podem se casar livremente, pois são afins colaterais.

c) Não podem casar o adotante com quem foi cônjuge do adotado e o adotado com quem foi do adotante; os ascendentes e descendentes em casos de adoção e o adotado com o filho do adotante (impedimentos decorrentes de parentesco civil). A adoção imita a família consanguínea, porém o adotado pode se casar com a irmã do adotante, pois, embora seja tida como "sua tia", não há risco na prole.

210 Direito Civil

d) Colaterais até 3° grau (inclusive), pelas mesmas razões mencionadas (impedimento decorrente de parentesco consanguíneo). Esse impedimento atinge os irmãos bilaterais e unilaterais, também tio e sobrinho e tia e sobrinho.

e) O adotante com o adotado, a justificativa é a mesma apontada anteriormente, pois a adoção imita o parentesco sanguíneo.

f) Não podem casar as pessoas casadas (impedimento decorrente de vínculo matrimonial – princípio da monogamia). Cuidado: a pessoa casada, desde que separada de fato, judicial ou extrajudicialmente, pode constituir união estável.

g) Não podem casar o cônjuge sobrevivente com o condenado por homicídio ou tentativa de homicídio contra o seu consorte (impedimento decorrente de crime).

8.2.3 Causas suspensivas do casamento (art. 1.523 do CC)

Não geram a nulidade absoluta ou relativa do casamento, mas apenas impõem sanções aos cônjuges, sendo a sanção principal a imposição do regime da separação obrigatória de bens (art. 1.641 do CC). Envolvem questões de ordem privada (proteção patrimonial) e, por isso, não podem ser reconhecidas de ofício pelo juiz. Suspendem o casamento, podendo ser arguidas pelos parentes em linha reta ou colaterais de 2° grau de um dos nubentes, sejam consanguíneos ou afins (art. 1.524 do CC). Portanto, não devem se casar:

a) O viúvo ou a viúva que tiver filho do cônjuge falecido, enquanto não se fizer inventário dos bens do casal com a respectiva partilha (para evitar confusão patrimonial). Não havendo prejuízo patrimonial, cessa a causa suspensiva (art. 1.523, parágrafo único, do CC). Exemplo: elaboração de um inventário negativo apontando que o casal anterior não tinha bens.

b) A viúva ou a mulher cujo casamento se desfez por ser nulo ou anulável até dez meses depois do começo da viuvez ou da dissolução da sociedade conjugal. Desaparece a causa suspensiva nos casos de ausência de gravidez (infertilidade da mulher), ou sendo provado o nascimento do filho (art. 1.523, parágrafo único, do CC).

c) O divorciado enquanto não houver sido homologada ou decidida a partilha dos bens do casal (para evitar confusão patrimonial).

d) Não devem casar o tutor ou curador e os seus descendentes, ascendentes, irmãos, cunhados e sobrinhos com a pessoa tutelada ou curatelada, enquanto não cessada a tutela ou curatela, ou não estiverem saldadas as respectivas "contas". Essa causa suspensiva existe por um suposto vício da vontade do tutelado, ou curatelado, que pode propiciar fraudes patrimoniais. Nos dois últimos casos, sendo provada a ausência de prejuízo patrimonial, desaparece a causa suspensiva (art. 1.523 do CC).

Observação

O art. 1.639, § 2º, do CC possibilita a ação de alteração de regime de bens mediante pedido de ambos os cônjuges com justo motivo para tanto. Segundo doutrina e jurisprudência, um dos motivos para alteração é o desaparecimento posterior da causa suspensiva (isso consta no Enunciado nº 262 da III Jornada de Direito Civil do CJF).

8.2.4 Processo de habilitação e da celebração do casamento (art. 1.525 do CC)

O casamento é um negócio jurídico especial e formal com solenidades prévias e quanto à celebração do ato. Quanto

212 Direito Civil

ao requerimento de habilitação para o casamento, será firmado por ambos os cônjuges ou por procurador com os documentos previstos no art. 1.525 do CC.

8.2.5 Publicação dos proclamas do casamento (art. 1.527 do CC)

Estando em ordem a documentação, o oficial do registro extrairá o edital, que será afixado durante 15 dias nas circunscrições do registro civil de ambos os nubentes e obrigatoriamente será publicado na imprensa local, se houver.

Após essa publicação, podem ser opostos os impedimentos matrimoniais e as causas suspensivas, instaurando-se um procedimento administrativo no cartório de registro civil para sua verificação, conforme procedimento previsto no art. 67, § 5º, da Lei nº 6.015/1973.

Cumpridas as formalidades legais e verificada a inexistência de impedimento ou causa suspensiva, o oficial do registro extrairá o certificado de habilitação, que terá prazo decadencial de 90 dias da sua expedição (arts. 1.531 e 1.532 do CC).

Observação

Se o casamento não for celebrado no prazo, haverá necessidade de novo processo de habilitação.

8.2.6 Celebração do casamento (art. 1.533 do CC)

O casamento será celebrado no dia, hora e lugar previamente designados pela autoridade que tiver que presidir o ato (art. 1.533 do CC). Nos termos da Constituição Federal de 1988, essa autoridade é o juiz de paz. Deverá haver ampla publicidade, as portas do local da celebração deverão estar abertas e deverá haver, no mínimo, duas testemunhas. Se um dos nubentes não souber ou não puder escrever, ou se o casamento for celebrado em prédio particular, serão necessárias quatro testemunhas.

Duas questões são relevantes:

a) Nos termos do art. 1.514 do CC, o casamento se realiza (é válido) no momento em que há a manifestação da vontade perante o juiz; após, o juiz os declara casados.

b) A celebração do casamento será imediatamente suspensa, se algum dos contraentes se recusar à solene afirmação, ou seja, declarar que a sua vontade não é livre e espontânea, ou manifestar-se arrependido. Mesmo se a afirmação for feita em tom de brincadeira (*animus jocandi*), nesse caso, a retratação não poderá ocorrer no mesmo dia.

Depois dessa declaração, será lavrado o assento no livro de registro, com o memorial descritivo do art. 1.536 do CC.

8.2.7 Modalidades especiais de casamento quanto à celebração

a) Casamento em caso de moléstia grave (art. 1.539 do CC): se um dos nubentes estiver acometido por moléstia grave, o presidente do ato celebrará o casamento onde se encontrar a pessoa impedida , ainda que à noite, se urgente. O número de testemunhas é de duas que saibam ler e escrever.

O ato será celebrado pelo juiz de paz ou seu substituto, bem como pode ser nomeado um oficial provisório ou *ad hoc*. O termo avulso lavrado por esse oficial *ad hoc* será registrado no prazo de cinco dias perante duas testemunhas (art. 1.539 do CC).

214 Direito Civil

b) Casamento nuncupativo ou em viva voz (arts. 1.540 e 1.541 do CC): pode também ser chamado de *in extremis* ou *in articulo mortis*. Se algum dos contraentes estiver em iminente risco de vida e se não for possível obter a presença da autoridade (juiz de paz), nem de seu substituto, o casamento poderá ser celebrado na presença de seis testemunhas que com os nubentes não tenham parentesco em linha reta ou colateral até 2° grau.

Como formalidade essencial, as testemunhas devem comparecer perante a autoridade judicial mais próxima, no prazo de dez dias do casamento, para confirmar a vontade dos cônjuges e a idoneidade do casamento. A iniciativa é das testemunhas, havendo uma ação que segue o procedimento de jurisdição voluntária e que corre na vara de registros públicos, na vara da família, na vara civil ou então na vara única (art. 1.541 do CC).

Essas formalidades serão dispensadas, se o enfermo convalescer e puder confirmar o casamento na presença da autoridade e do oficial do registro (art. 1.541, § 5°, do CC);

c) Casamento por procuração (art. 1.542): é admissível casamento por procuração outorgada por instrumento público com poderes especiais. Esse mandato tem eficácia pelo prazo de 90 dias.

Se o casamento for celebrado depois desse prazo, equipara-se à revogação do mandato, sendo o casamento anulável, bem como o mandatário responde por perdas e danos.

d) Casamento religioso com efeitos civis (arts. 1.515 e 1.516 do CC): o termo "religioso" deve ser considerado em sentido amplíssimo, pois o estado brasileiro é laico e plural.

Todos os requisitos para o casamento religioso são os mesmos para o civil, conforme o art. 1.516 do CC. No entanto, nessa situação, pode haver duas modalidades:

Das entidades familiares **215**

- casamento religioso **precedido por processo de habilitação**. Nesse caso, o registro civil do casamento deverá ser promovido no prazo de 90 dias depois de sua realização. Após o referido prazo, o registro dependerá de nova habilitação;

- casamento religioso **não precedido por processo de habilitação**. Nessa hipótese, o registro poderá ocorrer a qualquer tempo, mediante processo de habilitação perante a autoridade competente, observado o prazo de 90 dias. Se as formalidades não forem efetivadas, o casamento será inexistente, pois a autoridade religiosa é considerada absolutamente incompetente (*ratione materie*), podendo o instituto gerar efeitos como união estável;

e) Casamento perante autoridade consular (art. 1.544 do CC):

> O casamento de brasileiro, celebrado no estrangeiro, perante as respectivas autoridades ou os cônsules brasileiros, deverá ser registrado em cento e oitenta dias, a contar da volta de um ou de ambos os cônjuges ao Brasil, no cartório do respectivo domicílio, ou, em sua falta, no 1º Ofício da Capital do Estado em que passarem a residir.

8.2.8 Invalidade do casamento

É aquele que não tem pressuposto mínimo de existência.

8.2.9 Casamento nulo (art. 1.548 do CC)

Trata daquele celebrado por quem não tenha discernimento para os atos da vida civil, ou por quem esteja impedido de fazê-lo. Os impedimentos são causados por bigamia, incesto e homicídio.

216 Direito Civil

8.2.10 Casamento anulável (art. 1.550 do CC)

São causas de nulidade relativa:

a) casar com menor de 18 anos, sem necessárias autorizações;

b) no caso de erro essencial quanto à pessoa do outro cônjuge;

c) no advento do casamento, ter sido contraído por meio de coação.

Observação

No caso de erro e coação, se houver a coabitação após ciência do vício, a nulidade desaparece, salvo se o erro foi causado por grave doença mental ou grave enfermidade.

8.2.11 Efeitos pessoais e deveres do casamento (arts. 1.565 a 1.570 do CC)

O principal efeito do casamento trata da instituição da comunhão plena de vida, sendo ambos os consortes responsáveis pelos encargos da família, como os morais e econômicos (art. 1.565 do CC). Diante da igualdade entre os cônjuges, o planejamento familiar é de livre decisão do casal, o que está em sintonia com o critério de família democrática (art. 1.565, § 2º, do CC).

Qualquer um dos cônjuges pode acrescer ao seu nome o sobrenome do outro (art. 1.564, § 1º, do CC).

São deveres do casamento, nos termos do art. 1.566 do CC:

a) fidelidade recíproca;

b) vida em comum no domicílio conjugal (o que inclui o dever de coabitação);

c) dever de mútua assistência;

d) sustento, guarda e educação dos filhos;

e) respeito e consideração mútuos.

8.2.12 Regime de bens

É o instrumento que regula a relação patrimonial dos cônjuges. Se não houver pacto antenupcial, o regime será o da comunhão parcial de bens. O pacto é elaborado no Cartório de Notas, contudo, para vincular terceiros, deve ser registrado no Cartório de Imóveis.

Com esse norte, vale destacar o conceito doutrinário de Pablo Stolze Gagliano e Rodolfo Pamplona Filho (2020b, p. 185) pertinente ao regime de bens, visto que em seu entendimento três **princípios fundamentam** o sistema, quais sejam:

a) Liberalidade, tendo em vista que os nubentes possuem autonomia privada e liberdade para optarem pelo regime de bens que lhes for conveniente, sem intervenção estatal coativa, porém, quando houver causa, deve ser amparada por legislação específica.

b) Variabilidade, pois o sistema jurídico permite mais de uma modalidade de regime de bens, propiciando a escolha entre elas.

c) Mutabilidade, uma vez que, fundada na liberdade patrimonial do casal, é possível, durante o curso do casamento, a alteração do regime de bens anteriormente adotado, a qualquer tempo, porém à luz da legislação inerente.

218   Direito Civil

Isso posto, também é importante ressaltar os conceitos acerca do pacto antenupcial, pois trata-se de matéria pertinente aos conceitos regimentais que serão vistos mais adiante.

Pacto antenupcial:

a) **Conceito e natureza jurídica**: trata-se de conciliação de regras regimentais entre os nubentes, ou seja, é negócio jurídico formal que deve ser lavrado em escritura pública no Cartório de Registro de Imóveis do domicílio dos cônjuges para que tenha eficácia *erga omnes*, pois, subordinado ao casamento, o referido pacto tem condição suspensiva (art. 1.653 do CC).

   Vale frisar que o pacto antenupcial realizado por menor é dependente de aprovação de seu representante legal, salvo disposição legal para o regime obrigatório de separação de bens (arts. 1.537 e 1.654 do CC). Salienta-se ainda que deverá prevalecer a vontade dos representantes legais em conformidade com a vontade do menor nubente, quando não se tratar do regime supracitado.

b) **Nulidade e exceções**: na ocorrência de violação da legislação pátria ou norma pública, haverá nulidade absoluta do ato (art. 166, VII, do CC). É importante lembrar que alguns atos específicos só poderão ser realizados por um dos cônjuges quando da outorga uxória ou autorização marital, salvo quando o regime se tratar de separação absoluta de bens (art. 1.647 do CC). Ademais, no regime de participação final nos aquestos, poderá o casal fazer uso da liberalidade da disposição dos bens, desde que sejam particulares, fato que não requer a vênia conjugal (art. 1.656 do CC).

Observação

Outorga uxória, ainda que a expressão possua características tradicionais em seu conceito familiar, trata-se do termo utilizado para ilustrar tecnicamente a autorização conjugal, assim como é o caso da outorga marital. Para ambos os casos, são termos usados para caracterizar a **autorização conjugal**, posto se tratar do consentimento prestado pelo cônjuge ao outro para que, dessa forma, atos específicos e inerentes ao patrimônio conjugal possam ser realizados, sob pena de se tornar inválido (art. 1.647 do CC).

Diante do exposto, apresentam-se os conceitos e as características das modalidades de regime de bens, quais sejam:

a) **Regime da comunhão parcial de bens (arts. 1.658 a 1.666 do CC, regime legal ou supletório)**: comunicam-se os bens havidos durante o casamento independentemente da prova de esforço comum. São incomunicáveis os bens anteriores ao casamento, os que vierem por doação ou sucessão e os bens adquiridos em razão dos bens excluídos.

Para esse regime de casamento, é importante destacar que há um rol determinado pela legislação civil (arts. 1.659 a 1.661) que trata dos bens excluídos e incluídos da comunhão, referidos também na doutrina de Pablo Stolze Gagliano e Rodolfo Pamplona Filho (2019, p. 335), tendo como norte para ambos os casos a "comunicabilidade dos bens adquiridos a título oneroso, no curso do casamento, por um ou ambos os cônjuges".

A lei supracitada direciona a administração patrimonial advinda do regime da comunhão parcial dos bens, tratando da competência para ambos os cônjuges com relação às obrigações contraídas, a necessidade da anuência para determinados atos, a autonomia privada para administração dos bens particulares e, por fim, a extinção da comunhão, por consequência, da comunicabilidade dos bens em decorrência da afetividade, ou seja, pela separação de fato do casal.

220   Direito Civil

b) **Regime da comunhão universal de bens (arts. 1.667 a 1.671 do CC)**: este regime necessita de pacto antenupcial, bem como comunicam-se os bens anteriores e posteriores ao casamento; com exceção, aponta-se o bem doado com cláusula de incomunicabilidade.

Retomando os ensinamentos de Pablo Stolze Gagliano e Rodolfo Pamplona Filho (2019, p. 353), esse era o regime geral empregado até a entrada em vigor da Lei n° 6.515/1977, que o estabeleceu como regime legal supletivo da comunhão parcial de bens.

O regime da comunhão universal de bens possui como principal característica a unicidade patrimonial, ou seja, independentemente de serem os bens havidos a título gratuito ou oneroso da constância do casamento, existe comunicabilidade.

Vale observar que tal comunicabilidade de bens não é absoluta, tanto que a legislação civil (art. 1.668) determina a exclusão dos bens doados ou herdados, gravados de fideicomisso e dívidas anteriores ao casamento, todos fundados em cláusula de incomunicabilidade, salvo para os casos em que haja despesas ou proveito comum.

A mesma lei ainda define que para a administração dos bens (art. 1.670) seja aplicado o mesmo estabelecido para o regime da comunhão parcial de bens (arts. 1.663 a 1.666), assim como também determina a extinção da comunhão (art. 1.671) por meio do divórcio e separação patrimonial, condições em que a responsabilidade é exclusiva para cada indivíduo pelas suas obrigações.

c) **Regime da participação final nos aquestos (arts. 1.672 a 1.686 do CC)**: durante o casamento, cada cônjuge tem o seu patrimônio; no término, cada qual terá a sua parte nos bens adquiridos a título oneroso.

Isso posto, vale ressaltar os ensinamentos de Pablo Stolze Gagliano e Rodolfo Pamplona Filho (2019, p. 377) que descrevem os aquestos como os bens adquiridos de forma onerosa na constância da convivência conjugal.

Sua doutrina ainda refere que, no regime da participação final nos aquestos, fundado em nossa legislação civil (art. 1.672), durante a convivência conjugal, há a submissão das regras da separação de bens. No entanto, quando da dissolução matrimonial, as normas regentes decorrem daquelas aplicadas ao regime da comunhão parcial com relação à comunicabilidade dos bens adquiridos a título oneroso por cada um dos cônjuges durante o casamento.

Nesse contexto, significa dizer que compete aos cônjuges a administração de seus bens, preservando-se os direitos de cada um deles sobre o patrimônio remanescente quando do final da relação, ou seja, os bens a serem partilhados somente serão apurados e calculados após a dissolução conjugal, restando em "reconstituição contábil dos aquestos".

d) **Regime da separação de bens (arts. 1.687 e 1.688 do CC)**: não haverá comunicação de qualquer bem, ou dívida, em regra, seja anterior ou posterior ao casamento. Cada cônjuge administra e aliena seu patrimônio.

À luz do princípio da autonomia privada, o regime da separação de bens decorre de pacto antenupcial que visa apresentar a vontade dos cônjuges em preservar a exclusividade e a administração patrimonial pessoal, seja antes ou depois do casamento, de modo a não prejudicar a formação familiar.

Em outros termos, com base na legislação civil (art. 1.687), cada cônjuge preserva o seu patrimônio próprio, porém, quando se tratar de colaboração econômica direta para adquirir um bem a título oneroso, este também reservará direito indenizatório correspondente ou divisão proporcional, tendo em vista o fulcro no princípio da proibição do enriquecimento sem causa.

No que diz respeito à administração das despesas pertinentes ao regime de separação convencional de bens, o Código Civil (art. 1.688) determina que cada um dos cônjuges é responsável pelas obrigações adquiridas, porém, para ambos, há a obrigação perante as despesas que reverteram em seu proveito.

e) **Regime da separação legal ou obrigatória:** terão o regime aqueles que se casaram com violação das causas suspensivas; quem dependia de autorização do juiz; ou quem se casou acima de 70 anos.

Independentemente da forma apresentada de regimes de bens, nos termos do arts. 1.642 e 1.643 do CC, qualquer dos cônjuges pode livremente praticar os seguintes atos:

■ praticar todos os atos de disposição e administração necessários ao desempenho de sua profissão, com exceção de necessidade de outorga conjugal (art. 1.647) "com as limitações estabelecidas no inciso I do art. 1.647";

Atenção!

Para a venda de imóvel onde está o estabelecimento empresarial, há necessidade de outorga conjugal (exemplo: empresário casado pela comunhão parcial, para vender o estabelecimento empresarial – sede da empresa).

■ administrar os bens próprios (bens exclusivos);
■ desobrigar ou reivindicar os imóveis que tenham sido gravados ou alienados sem o seu consentimento (do outro cônjuge) ou sem suprimento judicial;

Das entidades familiares **223**

■ demandar a rescisão da fiança e da doação, ou a invalidação do aval, realizado pelo outro cônjuge sem o seu consentimento. Não se trata de rescisão do contrato, como está na lei, mas de sua anulação, nos termos do art. 1.649 do CC;

■ "reivindicar os bens comuns, móveis ou imóveis, doados ou transferidos pelo outro cônjuge ao concubino" (exemplo: amante), "desde que provado que os bens não foram adquiridos pelo esforço comum destes" (concubinos), "se o casal" (cônjuges) "estiver separado de fato por mais de cinco anos";

■ "praticar todos os atos que não lhe forem vedados expressamente" (para o direito civil, o que não está proibido está permitido);

■ comprar, ainda a crédito, as coisas necessárias à economia doméstica (art. 1.643, I, do CC);

■ obter, por empréstimo, as quantias que a aquisição dessas coisas possa exigir (art. 1.643, II, do CC).

8.2.13 Alteração do regime de bens – Princípio da mutabilidade motivada ou justificada do regime de bens (art. 1.639, § 2º, do CC/2002)

Como novidade, o Código de 2002 admite uma ação judicial para alteração de regime de bens, havendo pedido motivado de ambos os cônjuges.

Tal situação não era possível no passado, pois o argumento fundamental da doutrina tem como base a vulnerabilidade de um dos cônjuges para o outro, bem como a pregação da incerteza dos haveres do casal na constância do casamento.

Não obstante, na atual disposição da codificação, é possível a alteração do regime.

Assim, por meio de uma ação de jurisdição voluntária de competência, que tramita na Vara da Família, faz-se possível tal

224   Direito Civil

alteração, lembrando que os efeitos dessa ação não atingem somente os interesses dos cônjuges, mas sim de terceiros.

Referida situação, ou seja, a mutabilidade motivada do regime de bens, está disposta no art. 1.639, § 2°, do CC/2002.

8.3 Dissolução da sociedade conjugal

Formas de dissolução da sociedade conjugal: morte; nulidade ou anulação do casamento; separação; divórcio; ausência.

8.3.1 Separação extrajudicial consensual

Devem estar de comum acordo e não poderá haver interesse de incapazes. Da escritura constarão disposições relativas à partilha de bens, pensão alimentícia e uso do nome. É indispensável a presença de um advogado comum ou não para efetivá-la no tabelião de notas. Cabe gratuidade de justiça para aqueles que se declararem pobres. A escritura não depende de homologação judicial constituindo título hábil para o registro.

Observação

É possível o restabelecimento da sociedade conjugal por escritura pública, ou seja, a reconciliação do casal, ainda que a separação tenha sido judicial.

8.3.2 Separação judicial (art. 1.574 do CC)

Não dissolve o vínculo matrimonial; não poderá casar-se, mas poderá contrair união estável.

Das entidades familiares **225**

8.3.3 Divórcio

O divórcio põe fim ao casamento e à sociedade conjugal, não modificando os direitos e deveres dos pais com relação aos filhos (art. 1.579 do CC). Pode ser na modalidade extrajudicial ou judicial.

8.3.4 Efeitos quanto à dissolução da sociedade conjugal

Assim como o vínculo matrimonial gera efeitos (arts. 1.565 a 1.570 do CC), cumpre registrar que a dissolução da sociedade conjugal também os traz.

a) **Nome de casado**: no passado, somente a mulher poderia acrescer o nome do seu consorte, porém, com a entrada em vigor da Constituição Federal e da atual codificação civil agora também é possível o homem acrescentar o sobrenome da mulher ao seu.

Estipulou-se ainda que o cônjuge culpado perderia a possibilidade de manter o nome do consorte nos termos do art. 1.578 do CC:

> O cônjuge declarado culpado na ação de separação judicial perde o direito de usar o sobrenome do outro, desde que expressamente requerido pelo cônjuge inocente e se a alteração não acarretar: I – evidente prejuízo para a sua identificação; II – manifesta distinção entre o seu nome de família e o dos filhos havidos da união dissolvida; III – dano grave reconhecido na decisão judicial.

Essa situação, conforme melhor doutrina, encontra-se superada, tendo em vista que o nome integra o direito da personalidade de seu detentor, não sendo possível sua retirada.

Assim como nos termos do já apontado, tendo em vista a mitigação da culpa, afasta-se a aplicação do dispositivo, cabendo ao cônjuge saber se quer ou não manter o nome de casado.

b) **Os alimentos**: o instituto dos alimentos revela-se um grande elemento da solidariedade, conforme já anotado. O mesmo pode ser aplicado em várias situações, entre elas, os devidos em prol do outro cônjuge, bem como em benefício dos descendentes ou ascendentes.

Quando da dissolução, o art. 1.704 do CC dispõe que, se um dos cônjuges separados judicialmente vier a necessitar de alimentos, será o outro obrigado a prestá-los mediante pensão a ser fixada pelo juiz, caso não tenha sido declarado culpado na ação de separação judicial.

Mitigada a culpa, conforme já apontado, os alimentos serão fixados normalmente, ou seja, mediante o binômio necessidade-possibilidade, ou ainda atualmente pelo trinômio necessidade-possibilidade-razoabilidade.

c) **Guarda**: referido instituto é um desdobramento do poder familiar e traduz um conjunto de obrigações e direitos em face da criança ou adolescente, de assistência material e moral.

O instituto da guarda no Código Civil/2002 foi alterado pela Lei n° 11.698/2008 e pela Lei n° 13.058/2014.

A guarda é uma nítida decorrência do poder parental, traduz um conjunto de direitos e obrigações em face da criança ou adolescente, especialmente de natureza material e moral, bem como batizada com o princípio da proteção integral da criança e do adolescente (art. 1° do ECA).

Por conseguinte, a guarda, quando da dissolução da sociedade conjugal, não levará em conta os motivos da culpa quanto ao término da sociedade conjugal, pois o que deve ser preservado é a melhor opção para o menor, até mesmo em medida excepcional colocando em família substituta.

d) **Partilha de bens**: decorre da divisão dos frutos e dos bens comuns no curso do casamento, quando da dissolução da sociedade conjugal.

Conforme muito bem lembra a doutrina, a partilha não impede o divórcio, bem como pode ser litigiosa ou amigável.

8.3.5 Responsabilidade civil e dissolução da sociedade conjugal

A doutrina nacional sinaliza ser possível cumular ação indenizatória com as demais e eventuais demandas em curso, por exemplo, o divórcio, os alimentos e a partilha.

Tal apontamento tem como fundamento que a extinção da sociedade conjugal poderá ser conturbada, sendo assim identificados elementos derivativos dos danos morais ou materiais.

No CPC/2015, as ações de família estão regulamentadas entre os arts. 693 a 699 e os arts. 731 a 734 tratam acerca do divórcio e da separação consensuais, da extinção consensual de união estável e da alteração do regime de bens do matrimônio.

Diante do exposto, observe-se que o dano não decorre do mero descumprimento de dever matrimonial – que faria o término da sociedade uma hipótese de responsabilidade civil objetiva –, mas sim do próprio ilícito, tendo como fundamentação jurídica os arts. 186 e 927 do CC.

Essa regra também se aplica à quebra dos esponsais (ruptura do noivado), síndrome da alienação, deveres dos pais e investigação de paternidade.

8.4 União estável

É a entidade familiar constituída, caracterizada pela convivência pública (notória), contínua e duradoura, estabelecida com o objetivo de constituição de família (*animus familiae*). Não há prazo para constituí-la. Salvo contrato, o regime de bens é o da comunhão parcial.

Trata-se, portanto, a união estável de um fato jurídico que produz efeitos característicos de uma relação familiar, porém com diferencial no casamento a ausência das formalidades legais, mas reservando os direitos legais pertinentes ao enlace familiar, recebendo, portanto, o mesmo delinear dado ao casamento.

É importante salientar a doutrina de Pablo Stolze Gagliano e Rodolfo Pamplona Filho (2019, p. 403), que afirmam ser a união estável uma referência ao "velho concubinato puro", posto possuir características fundadas na vontade de se constituir família de fato por pessoas que passam a viver juntas, porém sem as solenidades legais.

Nesse contexto, nota-se que a referência da união estável ao concubinato é pertinente ao relacionamento amoroso entre pessoas impedidas de casar, não se confundindo, porém, o concubino com o companheiro, posto ser este último o termo utilizado na legislação civil para determinar o sujeito da união estável, livre da perspectiva preconceituosa da expressão, uma vez que também é sinônimo para o termo "convivente".

Vale lembrar que o indivíduo casado, porém separado de fato, está livre para constituir união estável (art. 1.723, § 1º, do CC), ressaltando-se que a ausência da convivência na relação do casamento extingue a sua principal característica, que é a afetividade entre o casal.

Das entidades familiares **229**

Por fim, cabe relembrar que, entre exaustivos e já ultrapassados questionamentos acerca da diversidade de sexos e suas garantias constitucionais, as regras aplicadas para a união estável independe de se tratar de união heteroafetiva ou homoafetiva, bem como da constituição familiar pela composição da prole, visto que o planejamento familiar é ato liberativo do casal.

Sendo assim, para a união estável heteroafetiva ou homoafetiva, todos os efeitos patrimoniais e existenciais são aplicados, podendo, inclusive, converter-se em casamento, preservando as respectivas garantias constitucionais, respeitando-se as normas legais acerca do impedimento matrimonial e incidência de causas suspensivas.

8.5 Alimentos

Os alimentos serão fixados mediante o trinômio necessidade-possibilidade-proporcionalidade, ou seja, necessidade de quem pede e a possibilidade de quem paga levando em consideração os elementos fáticos. Os cônjuges, companheiros e parentes são obrigados a pagar alimentos. Acabará o dever de prestar alimentos, se o alimentado casar, contrair união estável, concubinato, ou se reportar de maneira indigna com relação ao alimentante.

a) **Características**: em conformidade com o anteriormente exposto, Carlos Roberto Gonçalves (2020d, p. 503) refere aos alimentos como a prestação que visa satisfazer as necessidades vitais de quem não possui condições de provê-las para si, ou seja, trata-se do fornecimento assistencial do sustento necessário para o parente, cônjuge ou companheiro que se encontra incapaz de fazê-lo, em conformidade com a legislação civil (arts. 1.694 e 1.920 do CC).

b) Espécies: na doutrina, os alimentos são especificados em conformidade com seus critérios, quais sejam:

- quanto à natureza: naturais ou necessários, civis e compensatórios;
- quanto à causa jurídica: legais ou legítimos, voluntários e indenizatórios;
- quanto à finalidade: definitivos ou regulares, provisórios, provisionais e transitórios;
- quanto ao momento em que são reclamados: pretéritos, atuais e futuros.

c) Obrigações e direitos aos alimentos: reservada a distinção com o dever familiar que existe entre pais e filhos menores, cônjuges e companheiros (sustento e assistência mútua referidos nos arts. 1.566, III e IV, e 1.724 do CC), a obrigação familiar está relacionada ao parentesco (art. 1.694 do CC), ou seja, é pertinente aos ascendentes, descendentes e colaterais (até 2º grau), posto estar fundado no princípio da solidariedade familiar.

As principais características da obrigação alimentar são: transmissibilidade, divisibilidade, condicionalidade, reciprocidade e mutabilidade.

Tratando-se do direito aos alimentos, suas principais características se fundam no direito personalíssimo, incessível, impenhorável, incompensável, imprescritível, intranscricionável, atual, irrepetível ou irrestituível e, por fim, irrenunciável.

d) Obrigações e direitos aos alimentos na sociedade conjugal e na união estável: à luz do Código Civil atual, aplicam-se às regras alimentares decorrentes da dissolução da união estável as mesmas regras determinadas para a separação judicial ou divórcio (art. 1.694 do CC), inclusive respeitando os limites do indispensável para a sobrevivência do outro e a extinção obrigacional inerente (arts. 1.704 e 1.709 do CC).

Das entidades familiares **231**

Isso posto, vale destacar algumas ações pertinentes ao alimento:

■ ação de alimentos: mediante procedimento especial para os casos de prova pré-constituída do parentesco e do dever alimentar (certidões de nascimento, casamento ou comprovante de companheirismo). Nos demais casos, deverá ocorrer mediante ação ordinária;

■ ação revisional de alimentos: é possível que se obtenha mediante ação judicial a revisão ou a exoneração da pensão alimentícia. A sentença proferida da ação alimentar não faz coisa julgada justamente pelo fato de que está sujeita a reexame ou revisão (art. 1.699 do CC);

■ alimentos gravídicos: são aqueles cujo objetivo é o suprimento das despesas inerentes ao período gestacional, ou seja, da concepção ao parto, condição que independe do vínculo existente entre a mulher gestante e o suposto pai, bastando para tal que haja indícios de paternidade para que o juiz fixe tais alimentos até que a criança nasça, sempre com base no binômio "necessidade-possibilidade" (Lei nº 11.804/2008).

8.6 Relações de parentesco

8.6.1 Relações de parentesco: conceito, modalidades de parentesco e regras gerais (arts. 1.591 a 1.595 do CC)

Inicialmente, um conceito simples pode ser extraído da ideia de que o parentesco é um vínculo jurídico estabelecido por lei, o qual gera direitos e deveres entre seus consortes.

Esse vínculo civil – que utiliza como base a genealogia – basicamente decorre de pessoas descendentes umas das outras, ou seja, do mesmo tronco comum, ou ainda derivativo do

232 Direito Civil

relacionamento entre um cônjuge ou companheiro com os parentes de seu consorte, por exemplo, sogro e sogra.

Entretanto, sempre deve ser lembrado que marido/mulher e companheiro/companheira não são parentes entre si, havendo um vínculo diferenciado de casamento ou união estável.

O estudo do parentesco é fundamental pelos efeitos jurídicos pessoais e econômicos dele oriundos.

Com base na melhor doutrina, podem ser indicadas três modalidades de parentesco:

a) Parentesco consanguíneo, biológico ou natural: aquele decorrente de vínculo biológico ou de sangue. Assim, mantém um para com o outro uma identidade genética.

b) Parentesco por afinidade: somente será possível quando da existência de um relacionamento oriundo do casamento e da união estável, pois esses são os parentes do outro cônjuge, ou do companheiro (art. 1.595 do CC).

Conforme pode ser extraído do referido artigo, temos duas situações distintas, pois o parentesco por afinidade pode ser:

▪ na linha reta ascendente e descendente: por exemplo, sogro e sogra, genro e nora, madrasta e padrasto, enteado e enteada;

▪ na linha colateral: conforme art. o 1.595 do CC, na linha colateral o parentesco se limita aos irmãos do cônjuge, ou seja, é a relação existente entre cunhados/cunhadas. Todavia, diferentemente da linha reta, não há o vínculo perpétuo, bem como não existem impedimentos matrimoniais entre cunhados.

Por fim, porém não menos importante, lembra a doutrina que entre os cônjuges e companheiros não há parentesco, e sim uma relação derivativa do direito de família, conforme já estudamos.

c) Parentesco civil: é aquele oriundo de outra origem que não seja apresentada nas modalidades anteriores (consanguinidade ou afinidade).

Assim, conforme muito bem pondera a melhor doutrina, referida modalidade tem como fundamento a cláusula geral, prevista na parte final do art. 1.593 do CC.

Deve ser registrado que, na visão clássica, referida situação somente era possível na adoção, porém, segundo doutrina e jurisprudência de vanguarda, o parentesco civil também pode decorrer da técnica de reprodução assistida heteróloga (com material genético de terceiro) e também da parentalidade socioafetiva (posse de estado de filho).

Ressalta-se que as técnicas de reprodução serão aprofundadas mais adiante, todavia a posse de estado de filho ou filiação constitui na inexistência ou defeito do termo de nascimento.

A fundamentação do referido direito consta no art. 1.605 do CC:

> Art. 1.605. Na falta, ou defeito, do termo de nascimento, poderá provar-se a filiação por qualquer modo admissível em direito:
>
> I – quando houver começo de prova por escrito, proveniente dos pais, conjunta ou separadamente;
>
> II – quando existirem veementes presunções resultantes de fatos já certos.

Uma frase, muito coloquial, oriunda do cotidiano das pessoas, sejam estas mais ou menos abastadas, representa muito bem a realidade: "pai ou mãe é quem cria, e não quem coloca no mundo".

234 Direito Civil

Superado o presente tópico, podemos tratar das regras atinentes às linhas de parentesco e contagem de graus.

8.6.2 Regras de contagem de parentesco consanguíneo (arts. 1.591, 1.592 e 1.594 do CC)

Um dos pontos mais sensíveis do direito de família se refere às regras de contagem de parentesco natural, sanguíneo ou biológico. Tal justificativa tem como fundamento de que sem essa base teórica não há como enfrentar adequadamente o direito das sucessões, em especial a sucessão legítima, conforme será estudado.

Feito o importante adendo, apresentam-se os seguintes artigos da legislação em vigor:

> Art. 1.591. São parentes em linha reta as pessoas que estão umas para com as outras na relação de ascendentes e descendentes.
>
> Art. 1.592. São parentes em linha colateral ou transversal, até o quarto grau, as pessoas provenientes de um só tronco, sem descenderem uma da outra.
>
> [...]
>
> Art. 1.594. Contam-se, na linha reta, os graus de parentesco pelo número de gerações, e, na colateral, também pelo número delas, subindo de um dos parentes até ao ascendente comum, e descendo até encontrar o outro parente.

Referidos dispositivos são as "chaves da entrada" para entender a referida regra, ou seja, temos duas informações básicas: temos parentes em linha reta ou colateral e a contagem dos graus ou gerações.

Assim, de forma clara são **parentes em linha reta** as pessoas que estão na relação de ascendentes e descendentes (art. 1.591 do CC), por exemplo, avós, filhos e netos.

Na referida situação, para contagem de grau de parentesco, basta contar o número de gerações, na linha ascendente ou descendente.

Pablo Gagliano e Pamplona Filho (2020b, p. 206) lembram muito bem que, subindo ou descendo, não importam os indivíduos, serão considerados parentes em linha *reta ad infinitum*.

Em um segundo momento, têm-se os **parentes colaterais** ou transversais, sendo aquelas pessoas que descendem de mesmo tronco comum, mas que não são ascendentes e descendentes (art. 1.592 do CC), por exemplo, tios, primos e sobrinhos.

Conforme ensinamentos de Rolf Madaleno (2013, p. 483), "tronco" na acepção jurídica: "é o ascendente ou autor comum e do qual partem duas ou mais linhas de descentes, assim como também inicia o último grau de uma linha, quando é computada na forma ascendente".

Em continuidade, na contagem do parentesco, nos termos previstos no art. 1.592 do CC, o estudante deve ficar mais atento, pois deve-se subir ao máximo até o parente comum para, então, somente depois descer e encontrar o outro parente comum.

Lembra ainda Cristiano Cassettari (2013, p. 566) que, se a medida da subida for igual à da descida, o parentesco é colateral igual. Se a medida da subida for diferente da descida, o parentesco é colateral desigual.

Um nítido exemplo de parentesco colateral igual são os irmãos, que são parentes colaterais de segundo grau, mas que podem ser germanos ou bilaterais ou – filhos dos mesmos pais –, ainda, unilaterais, ou seja, irmãos somente por parte de pai ou mãe.

Por fim, porém não menos importante, o máximo grau de parentesco colateral é o 4° grau, nos termos do art. 1.592 do CC.

Feitas as anotações pertinentes acerca do parentesco, passa-se a analisar a relação de parentesco mais sensível denominada filiação.

9

Direito das sucessões

9.1 Conceitos basilares

Direitos das sucessões é o conjunto de normas e regras que regulam a transferência da herança ou do legado aos herdeiros e aos legatários em razão da morte de alguém.

Tratando-se do direito das sucessões, é importante arrolar os seguintes conceitos basilares:

a) **princípio da *saisine***: "Aberta a sucessão, a herança transmite-se, desde logo, aos herdeiros legítimos e testamentários" (art. 1.784 do CC);

b) **herança**: é o complexo de relações jurídicas patrimoniais, negativas (débito) e positivas (crédito), titularizadas pelo falecido e transmitidas aos sucessores;

c) **espólio**: é a herança da perspectiva processual, o espólio representa processualmente a pessoa morta;

d) **inventário**: é um instrumento processual que nasce para descrever os bens, direitos e deveres objetos da transmissão, culminando com a divisão por meio de partilha;

e) **inventariante**: trata daquele que representa em juízo, ativa e passivamente, o espólio. Importante observar que a existência do espólio independe de ser representada por um inventariante.

9.1.1 Modalidades de sucessão

a) **Sucessão legítima**: aquela que defere a herança aos herdeiros expressamente indicados na lei, segundo a ordem de vocação hereditária prevista no art. 1.829 do CC, ou seja:

- descendentes, em concorrência com o cônjuge ou companheiro (dependendo do regime de bens);
- ascendentes, sempre com o cônjuge ou companheiro;
- cônjuge ou companheiro sobrevivente;
- Colaterais, até o 4º grau, inclusive.

b) **Sucessão testamentária**: é aquela pela qual a herança e o legado são deferidos aos herdeiros testamentários (ou instituídos) e aos legatários de acordo com o ato de disposição de última vontade.

Distinção entre sucessão legítima e testamentária: a sucessão testamentária é aquela cuja transferência do patrimônio opera-se por ato de última vontade (testamento). Já a sucessão legítima é aquela disciplinada pela lei no caso de o autor falecer (*ab intestato*) (art. 1.829 do CC).

Atenção!

Não confundir herdeiro legítimo com herdeiro necessário.

Herdeiros legítimos são aqueles indicados pela lei pela ordem de vocação hereditária prevista no art. 1.829 do CC.

Os necessários ou reservatários, aqueles que têm direito à legítima ou reserva, são os descendentes, os ascendentes e o cônjuge (art. 1.845 do CC), bem como os herdeiros legítimos podem ser facultativos, que são os colaterais até o 4° grau, inclusive (arts. 1.839 e 1.592 do CC).

Existe ainda uma terceira forma de sucessão, denominada **sucessão contratual** ou **pactícia** ou *pacta corvina* que, no entanto, **não encontra guarida** no nosso ordenamento, uma vez que o art. 426 do CC proíbe que seja objeto de contrato a herança de pessoa viva.

A liberdade do testador: segundo legislação vigente, a liberdade de testar não é absoluta, pois sofre restrições de ordem pública. O art. 1.789 do CC assevera que, ao existirem herdeiros necessários (descendente, ascendente e cônjuge), a liberdade de testar é **relativa**, pois deverá ser reservada a metade dos bens. Em contrapartida, ao não existirem herdeiros legítimos, não há que falar em legítima, pois todo o patrimônio é disponível e, portanto, a liberdade de testar é **absoluta**.

Com relação ao questionamento, se um filho pode herdar mais do que o outro, a resposta é positiva. Isso ocorrerá quando se tratar de bens disponíveis, ou seja, aqueles que não são atingidos pela proporção legítima.

Momento da abertura da sucessão: com a morte da pessoa natural, é aberta a sucessão e, em regra, o local da sua abertura se dará no último local do domicílio do morto.

9.1.2 Da transmissão da herança

Os herdeiros legítimos e testamentários recebem a posse e a propriedade dos bens em condomínio quando da morte do autor da herança, e saberão o que cabe a cada um somente no momento da partilha.

240 Direito Civil

Por sua vez, os legatários recebem a propriedade desde logo, quando beneficiado por coisa certa, e a posse somente quando da partilha dos bens. Se o legatário for beneficiado com coisa incerta, receberá a posse e a propriedade apenas no momento da partilha.

9.1.3 Da vocação hereditária

O objeto do presente estudo, conforme a temática proposta, refere-se à ordem da vocação hereditária, bem como aos herdeiros necessários.

Inicia-se pelo estudo da ordem de vocação, apontando inicialmente que o legislador, de forma bastante didática e assertiva, regulou a matéria entre os arts. 1.798 até 1.803 do CC.

Portanto, os arts. 1.798 e seguintes do CC pontuam a capacidade para suceder, a qual é dividida em três formas distintas: na primeira parte, daqueles que poderão ser herdeiros legítimos; na segunda parte, daqueles que poderão ser herdeiros testamentários; e, na terceira parte, daqueles que não poderão ser herdeiros.

Diante do exposto, tendo em vista sua amplitude e a importância das modalidades, elas serão analisadas pontualmente a seguir.

9.1.3.1 Daqueles que herdam por sucessão legítima

São herdeiros na sucessão legítima os abarcados pelo disposto no art. 1.798 do CC: "Legitimam-se a suceder as pessoas nascidas ou já concebidas no momento da abertura da sucessão".

Nesse sentido, pode ser extraído do referido dispositivo que somente a pessoa natural pode ser sujeita da sucessão legítima, excluindo, assim, a pessoa jurídica.

Direito das sucessões **241**

Não obstante o disposto, deve-se assinalar que na sucessão testamentária é possível serem legitimadas à sucessão as pessoas não concebidas decorrentes da prole eventual (art. 1.799, I, do CC), bem como as pessoas jurídicas (art. 1.799, II, do CC).

Assevera Fábio Ulhoa Coelho (2011, p. 253) que a pessoa jurídica só pode suceder em duas hipóteses: na herança vacante e na sucessão testamentária, ou seja, será vacante quando não existirem sucessores legítimos ou testamentários.

Prosseguindo, não há muitas dúvidas a respeito da condição de herdeiro das pessoas já nascidas, todavia, quanto à pessoa do nascituro, a questão é mais complexa.

Referida afirmação tem como base as teorias que marcam o início da personalidade, ou seja, as teorias da concepção, viabilidade e natalista, sob o aspecto patrimonial.

Dentro da corrente majoritária atual, ou seja, da teoria concepcionista, o nascituro não tem direito sucessório, pois conforme se verifica este somente tem personalidade jurídica formal – direitos extrapatrimoniais –, e não material – patrimonial – (art. 2º do CC).

9.1.3.2 Daqueles que herdam pela sucessão testamentária

A regulamentação atinente aos que herdam pela sucessão testamentária possui tratamento específico no art. 1.799 do CC.

Há na legislação duas situações pontuais, ou seja, aqueles que herdam pela sucessão testamentária dos filhos ainda não concebidos e as pessoas jurídicas.

Inicia-se o estudo por aqueles que ainda **não foram concebidos**.

242   Direito Civil

Ao analisar o art. 1.799, I, do CC, pode-se afirmar que é possível não somente a indicação de filho próprio, mas também a indicação da prole eventual de terceiro.

O prazo máximo da indicação será de dois anos após aberta a sucessão, sob pena de reversão dos bens aos herdeiros legítimos (art. 1.800, § 4°, do CC). O exemplo citado pela doutrina é a indicação de determinado bem a um filho de um tio.

Mas não é só. Ao analisar o art. 1.799, I, do CC, fica claro que referido tio deve estar vivo quando da abertura da sucessão, por um problema de obstáculo superveniente ao momento de abertura do testamento.

Superada a situação da pessoa natural, passamos aos estudos dos desdobramentos quanto **às pessoas jurídicas**, e, diante do exposto, apresentam-se duas regulamentações complementares.

Em um primeiro momento, nos termos da legislação civil, verifica-se a possibilidade de as pessoas jurídicas serem beneficiárias de testamento (art. 1.799, II, do CC).

Entretanto, como é sabido, para uma pessoa jurídica constituir seu *status* de personalidade jurídica necessita de determinadas providências. Entre alguns requisitos, deverá a empresa ter ato constitutivo devidamente registrado perante o órgão competente (art. 44 do CC).

Sendo assim, fica desde já estabelecido que, na sucessão legítima, existindo a empresa quando da abertura da sucessão, esta não será beneficiária do direito sucessório, devendo os bens retornar aos herdeiros legítimos.

Agora, em um segundo momento, reza o art. 1.799, III, do CC que é possível a entrega de quinhão testamentário em caso específico. Dada situação somente ocorrerá às pessoas

Direito das sucessões 243

jurídicas cuja organização for determinada pelo testador sob a forma de fundação.

9.1.3.3 Daqueles que não poderão ser herdeiros ou legatários (art. 1.801 do CC)

A última disposição a ser tratada refere-se às pessoas que não podem ser herdeiras ou legatárias.

Conforme muito bem lembra a doutrina, tal situação estabelece que, não obstante determinadas pessoas tenham a capacidade de direito ou de exercício, não serão legitimadas a suceder na modalidade testamentária.

O art. 1.081 do CC regula a matéria, conforme segue:

> Art. 1.801. Não podem ser nomeados herdeiros nem legatários: I – a pessoa que, a rogo, escreveu o testamento, nem o seu cônjuge ou companheiro, ou os seus ascendentes e irmãos; II – as testemunhas do testamento; III – o concubino do testador casado, salvo se este, sem culpa sua, estiver separado de fato do cônjuge há mais de cinco anos; IV – o tabelião, civil ou militar, ou o comandante ou escrivão, perante quem se fizer, assim como o que fizer ou aprovar o testamento.

Assim, não podem ser nomeadas herdeiras nem legatárias determinadas pessoas. A ponderação no impedimento está intimamente ligada a questões éticas ou de proteção aos bens deixados pelo de cujus, das quais passo a indicar seus fundamentos básicos.

O inciso I do art. 1.801 do CC trata da pessoa que, a rogo, escreveu o testamento. Tal situação também atinge a figura do cônjuge ou companheiro, ou os seus ascendentes e irmãos de quem assinou.

Referida situação decorre de nítida suspeição e imparcialidade da pessoa que instrumentaliza a cédula testamentária.

Da mesma forma, as testemunhas do testamento não podem ter interesse no ato, logo, também são afastadas (art. 1.801, II, do CC).

Em ato contínuo, o concubino do testador casado não pode ser nomeado, salvo se este, sem culpa sua, estiver separado de fato do cônjuge há mais de cinco anos (art. 1.801, II, do CC).

Conforme doutrina, esse artigo é um dos mais infelizes no livro de Direito das Sucessões, pois é detentor de alguns problemas.

Entre eles, não diferencia concubinato de união estável, pois é possível facilmente construir união estável em menos de cinco anos, desde que separado de fato.

Outra questão que deve ser pontuada é o infeliz prazo de cinco anos, o qual se encontra em conflito normativo com o art. 1.830 do CC, que possibilita a sucessão ao separado de fato até dois anos.

Por fim, também não podem ser nomeados herdeiros nem legatários o tabelião, civil ou militar, ou o comandante ou escrivão, perante quem se fizer, assim como o que fizer ou aprovar o testamento, pelo mesmo motivo inicialmente proposto, ou seja, devem ser isentos de interesse no ato.

Por derradeiro, Carlos Roberto Gonçalves (2020e, p. 84) acrescenta que o objetivo do legislador, com a proibição, trata de impedir qualquer abuso de confiança daqueles que participam da elaboração do testamento e afastar toda a suspeita sobre a autenticidade das declarações do testador, bem como sobre a lisura do oficial. Por ter redigido o ato, ou nele funcionado, não tem o serventuário a necessária isenção.

Direito das sucessões **245**

9.1.4 Da delação sucessória (aceitação ou renúncia da herança)

Delação sucessória é o período que medeia a abertura da sucessão até a aceitação ou renúncia da herança.

9.1.4.1 Aceitação ou adição da herança

Aceitação é o ato pelo qual o herdeiro confirma o seu desejo de receber a herança. Trata-se de ato jurídico unilateral não reptício (pois não necessita de comunicação para ter efeitos), porém obrigatório.

A aceitação pode ser de três formas:

a) Expressa: primeira parte do art. 1.805 do CC – é aquela feita por escritura pública ou particular; não se admite aceitação verbal.

b) Tácita: segunda parte do 1.805 do CC – ocorre do ato do herdeiro positivo revelador do seu desejo de receber a herança.

c) Presumida: art. 1.807 do CC – nessa espécie o herdeiro permanece silente diante da notificação judicial que lhe fixa prazo para aceitar ou renunciar a herança. Nesse caso, o silêncio implica anuência.

Poder ser ainda de forma direta, quando feita pelo próprio herdeiro, ou indireta, quando feita por quem não é herdeiro:

■ quando for indireta, poderá ser por procurador com poderes especiais e expressos;

■ tutor ou curador, com autorização judicial, pode aceitar herança em favor de herdeiro absolutamente incapaz, conforme o art. 1.748, II, do CC;

246   Direito Civil

- o credor do herdeiro renunciante na hipótese de insolvência pode, com autorização do juiz, aceitar a herança, conforme o art. 1.813 do CC.

Nesta última hipótese, conforme o art. 1.813, § 2°, do CC, pagas as dívidas do renunciante, prevalece a renúncia quanto ao remanescente, que será devolvido aos demais herdeiros.

9.1.4.2 Renúncia da herança

É o ato irrevogável, unilateral, não reptício, pelo qual o herdeiro abre mão de seus direitos hereditários. Os efeitos da renúncia retroagem à data da abertura do inventário (efeito *ex tunc*).

Ao ter herdeiro renunciante à herança deixada, tem-se que seus filhos (do renunciante), nem mesmo por representação, nada herdarão (art. 1.811 do CC). Exemplo: *de cujus* que possui dois filhos: um deles renuncia (como sabido, seus descendentes nada receberão); aquele filho não renunciante ficará com toda a herança.

A renúncia deve ser feita pelo próprio herdeiro ou por procurador com poderes especiais. O herdeiro incapaz e seu representante legal não poderão renunciar à herança, salvo se houver autorização judicial após a oitiva do Ministério Público.

Exceção: haverá representação (ou sucessão por estirpe), se os herdeiros legítimos da mesma "classe" renunciarem. No caso, os herdeiros dos renunciantes, por serem todos da mesma classe, herdarão por direito próprio e por cabeça.

9.1.5 Dos excluídos da sucessão: da indignidade e da deserdação

Conforme muito bem aponta a doutrina, os dois elementos, objetos do presente estudo, têm como base a falta de legitimação para suceder, ou seja, uma limitação especial quanto à capacidade sucessória.

De forma bem simples, o herdeiro declarado indigno, ou deserdado, tem capacidade para suceder, todavia ele não é legitimado naquela sucessão.

Por fim, antes de enfrentar as causas da exclusão na sucessão, anota-se que são pessoais os efeitos da exclusão. Nesse sentido, vale a leitura do art. 1.816 do CC: "São pessoais os efeitos da exclusão; os descendentes do herdeiro excluído sucedem, como se ele morto fosse antes da abertura da sucessão".

Nesse sentido, os herdeiros não serão punidos pelos atos de seus pais e os herdeiros do excluído sucedem como se ele morto estivesse. Tal fenômeno, como é sabido, somente é possível tendo em vista a aplicação do direito de representação (art. 1.835 do CC).

A doutrina aponta de forma clara que tal situação aproxima o direito civil do direito penal em virtude do princípio da individualização da pena.

Entretanto, um questionamento sempre surge nas salas de aula, qual seja: se o filho do indigno não tiver capacidade civil para administrar seus bens, o indigno poderá administrar por meio da representação? Tal situação tornaria sem efeito a sanção civil.

O legislador atende as eventuais fraudes que regulam a situação proposta na redação do parágrafo único do art. 1.816 do CC dispondo que: "O excluído da sucessão não terá direito ao usufruto ou à administração dos bens que a seus sucessores couberem na herança, nem à sucessão eventual desses bens".

248   Direito Civil

9.1.5.1 Motivos ou causas para exclusão

Como inicialmente proposto, os motivos ou causas da exclusão, ou seja, a indignidade ou deserdação, mantêm pontos em comum. Tal afirmação pode ser extraída dos arts. 1.814, 1.962 e 1.963 do CC, conforme segue:

> Art. 1.814. São excluídos da sucessão os herdeiros ou legatários:
>
> I – que houverem sido autores, coautores ou partícipes de homicídio doloso, ou tentativa deste, contra a pessoa de cuja sucessão se tratar, seu cônjuge, companheiro, ascendente ou descendente;
>
> II – que houverem acusado caluniosamente em juízo o autor da herança ou incorrerem em crime contra a sua honra, ou de seu cônjuge ou companheiro;
>
> III – que, por violência ou meios fraudulentos, inibirem ou obstarem o autor da herança de dispor livremente de seus bens por ato de última vontade.

> Art. 1.962. Além das causas mencionadas no art. 1.814, autorizam a deserdação dos descendentes por seus ascendentes: [...]

> Art. 1.963. Além das causas enumeradas no art. 1.814, autorizam a deserdação dos ascendentes pelos descendentes: [...]

São as referidas causas ou motivos que serão objeto de estudo em um primeiro momento.

Nos termos da legislação, há três situações distintas: a primeira relacionada ao homicídio; a segunda atinente às calúnias; e a terceira por violência ou atos fraudulentos.

Ao fazer referência ao crime contra a vida, o legislador abrange também os homicídios consumados ou tentados dolosos contra a vida do cônjuge, do companheiro, ascendente ou descendente do autor da herança (art. 1.814, I, do CC).

Referente à primeira situação, o reconhecimento da indignidade independe de condenação criminal, pois a prova é feita no juízo cível. Tal situação é possível tendo em vista o art. 935 do CC, ou seja, a independência das responsabilidades civis e criminais.

Tanto é assim que a melhor doutrina pondera no sentido do objetivo da condenação. Salienta-se que a sanção criminal é uma pena privativa de liberdade, bem como a cível, atrelada à questão patrimonial.

Em continuidade, o art. 1.814, II, do CC verifica as hipóteses de denunciação caluniosa ou prática de crime contra a honra, cometido pelo herdeiro ou pelo legatário contra o autor da herança, seu cônjuge ou companheiro.

No tocante ao presente estudo, mais uma vez faz-se necessária a releitura do direito penal, em especial dos arts. 138 a 145 do CP.

Conforme pode ser extraído, a calúnia tem nítida relação em imputar crime, já a difamação atinge a honra, independentemente de o fato ser crime ou não. O último elemento refere-se a instituto da injúria que viola a dignidade e o decoro.

Colocando termo final nas modalidades comuns de exclusão, tem-se uma questão pontual de vício da vontade regulada no art. 1.814, III, do CC.

Tal situação ocorre somente quando o herdeiro, ou então o legatário, utiliza-se de violência ou fraude para impedir que o autor da herança disponha livremente de seus bens.

Superados os pontos comuns concernentes à exclusão, é possível tratar dos motivos específicos à deserdação.

Nos termos da legislação vigente, as causas específicas são relacionadas nos arts. 1.962 e 1.963 do CC, cabendo as transcrições:

> Art. 1.962. Além das causas mencionadas no art. 1.814, autorizam a deserdação dos descendentes por seus ascendentes:
>
> I – ofensa física;
>
> II – injúria grave;
>
> III – relações ilícitas com a madrasta ou com o padrasto;
>
> IV – desamparo do ascendente em alienação mental ou grave enfermidade.
>
> Art. 1.963. Além das causas enumeradas no art. 1.814, autorizam a deserdação dos ascendentes pelos descendentes:
>
> I – ofensa física;
>
> II – injúria grave;
>
> III – relações ilícitas com a mulher ou companheira do filho ou a do neto, ou com o marido ou companheiro da filha ou o da neta;
>
> IV – desamparo do filho ou neto com deficiência mental ou grave enfermidade.

Conforme se pode observar, ambos os artigos guardam reciprocidade entre os agentes, ou seja, há uma nítida preocupação da deserdação de atos de ascendentes para descendentes como o caminho inverso.

Anota-se que são as seguintes situações. A primeira refere-se à ofensa física. Nesse sentido, é importante frisar não

Direito das sucessões 251

se distingue a forma de agressão, ou seja, sendo leve ou grave, todas elas são hipóteses de deserdação.

Todavia, parte da doutrina entende que há a possibilidade de castigos moderados ao menor, em especial se estiverem sob a regência do poder familiar, claro que nos limites do bom senso e da moderação.

A segunda situação concerne à injúria grave, a qual decorre nitidamente de uma cláusula geral, em especial pelo termo grave, pois devem ser observados as regionalizações e os fatos sociais familiares.

Outro elemento importante é o diálogo das fontes com o direito penal, pois o instituto e seus conceitos fundamentais podem ser deste extraídos , porém qualificados, pois ultrajam descendente ou ascendente.

A terceira situação, ou seja, as relações ilícitas com ascendentes ou descendentes por afinidade, mais se parece com casos de novelas televisivas do que com o cotidiano.

Tal justificativa tem como fundamento de que as relações ilícitas indicadas no dispositivo devem ser interpretadas como relação de cunho afetivo, íntimo ou sexual.

Por fim, porém não menos importante, verificam-se os casos de desamparo de descendentes ou ascendentes em nítida condição análoga de desamparo.

9.1.5.2 *Da reabilitação do indigno (art. 1.818 do CC)*

Em um primeiro momento, parece soar estranha a possibilidade da reabilitação do indigno, uma vez que, com o evento morte, não poderá mais ser colhida a manifestação de vontade do *de cujus*.

A regulamentação da reabilitação está prevista no art. 1.818 do CC:

> Art. 1.818. Aquele que incorreu em atos que determinem a exclusão da herança será admitido a suceder, se o ofendido o tiver expressamente reabilitado em testamento, ou em outro ato autêntico.
>
> Parágrafo único. Não havendo reabilitação expressa, o indigno, contemplado em testamento do ofendido, quando o testador, ao testar, já conhecia a causa da indignidade, pode suceder no limite da disposição testamentária.

Nos termos do referido artigo, tem-se uma nítida diferenciação dos institutos da deserdação e da reabilitação, pois no caso da deserdação não há que falar em reabilitação, uma vez que nesta última situação a reabilitação se instrumentaliza por testamento e, caso haja perdão, basta revogar o testamento para que este não produza efeitos.

Feita a primeira distinção, tratando-se de indignidade, como o processo é distribuído *post mortem*, o indigno poderá ser perdoado contra quem praticou os atos que o conduziram à indignidade.

Assim, a reabilitação somente se faz possível pelo autor da herança em vida.

Como requisitos da reabilitação, a legislação impõe dois elementos, quais sejam: inicialmente o ato deve ser **solene**, pois deve ser feito por meio de testamento ou outro ato autêntico.

O segundo elemento estabelece que o referido perdão deve ser **expresso**, pois a lei não admite o perdão tácito ou presumido. A única ressalva está prevista no parágrafo único do art. 1.818 do CC, que prevê o perdão tácito, porém restrito à gratificação constante no testamento.

9.1.6 Herdeiro aparente ou putativo e da validade de seus atos

O herdeiro aparente é aquele que se comporta como se herdeiro fosse, mas juridicamente não tem qualquer direito sobre a herança. A legislação em vigor trata da matéria no art. 1.817 do CC, segundo qual dispõe:

> Art. 1.817. São válidas as alienações onerosas de bens hereditários a terceiros de boa-fé, e os atos de administração legalmente praticados pelo herdeiro, antes da sentença de exclusão; mas aos herdeiros subsiste, quando prejudicados, o direito de demandar-lhe perdas e danos.

Nesse sentido, tanto o indigno como o deserdado são espécies de herdeiros aparentes, pois, conforme muito bem lembra a doutrina, os efeitos da sentença são *ex tunc*.

Contudo, não é só, pois, de acordo com o art. 1.817 do CC, a lei considera válidas as alienações onerosas de bens hereditários feitas a terceiro de boa-fé, cabendo aos herdeiros prejudicados indenização por perdas e danos em face do indigno. Tal disposição é uma nítida prevalência do princípio da conservação dos contratos e da boa-fé objetiva.

Por fim, nos termos da legislação em vigor, o excluído da sucessão é obrigado a restituir os frutos e rendimentos que dos bens da herança houver percebido, mas tem direito a ser indenizado das despesas com a conservação deles (parágrafo único do art. 1.817 do CC).

254   Direito Civil

9.1.7 Da herança jacente e da herança vacante

9.1.7.1 Da herança jacente (arts. 1.819 a 1.823 do CC)

Jacente é a herança cujo herdeiro não é conhecido ou não aceitou a herança, ou, então, o morto não deixou herdeiros. A jacência dura até que os herdeiros aceitem a herança ou a vacância seja declarada.

9.1.7.2 Herança vacante

É aquela que é devolvida ao município ou Distrito Federal, dependendo da localização dos bens em fase do reconhecimento, por sentença, da ausência de herdeiros sucessíveis. A herança vacante será deferida ao município e ao Distrito Federal onde os bens se encontrarem, porém, se estes se localizarem nos territórios, serão encaminhados à União.

No entanto, somente adquirem a propriedade resolúvel dos bens, pois a incorporação definitiva desses bens ao patrimônio dos referidos entes somente se dará após cinco anos, contados da abertura da sucessão, pois é ainda possível o herdeiro mover em face do município do Distrito Federal ação de petição de herança, conforme o art. 1.822 do CC.

9.2 Da sucessão legítima

9.2.1 Regra geral para verificação da concorrência do cônjuge e companheiro sobrevivente na sucessão legítima

Inicialmente, deve ser assinalada a variedade de formas didáticas para explicar a concorrência sucessória do cônjuge ou companheiro sobrevivente, pois a situação é complexa e recheada regras.

Todavia, optei por utilizar uma das ferramentas mais interessantes, a qual está presente nas obras de Flávio Tartuce e José Fernando Simão (2010, p. 161), que dividem a concorrência sucessória em geral em cinco momentos – ou perguntas –, conforme segue:

a) O cônjuge herda os bens deixados pelo falecido?

A resposta ao questionamento *supra* encontra-se no art. 1.830 do CC.

Portanto, uma vez habilitado o cônjuge, passamos aos próximos postulados, ou seja, esse cônjuge concorre ou não com descendentes ou ascendentes?

Se a resposta for positiva, ou seja, o cônjuge é herdeiro, em continuidade, tem-se a seguinte questão:

b) O cônjuge dividirá a herança com os descendentes do falecido?

A resposta ao referido questionamento está disposta de forma clara no art. 1.829, I, do CC, cabendo sua transcrição:

> Art. 1.829. A sucessão legítima defere-se na ordem seguinte:
>
> I – aos descendentes, em concorrência com o cônjuge sobrevivente, salvo se casado este com o falecido no regime da comunhão universal, ou no da separação obrigatória de bens (art. 1.640, parágrafo único); ou se, no regime da comunhão parcial, o autor da herança não houver deixado bens particulares.

Referido dispositivo é um dos mais importantes para a sucessão, bem como lembra em seu teor a forte interferência do direito de família, em especial do regime de bens aplicado ao direito das sucessões.

256 Direito Civil

Prosseguindo, se a resposta anterior é positiva, os postulados não acabam e a terceira pergunta é:

c) **Qual quinhão o cônjuge receberá em concorrência com descendente?**

Mais uma vez, como não poderia ser de outra forma, a resposta está no art. 1.832 do CC, segundo o qual:

> Art. 1.832. Em concorrência com os descendentes (art. 1.829, inciso I) caberá ao cônjuge quinhão igual ao dos que sucederem por cabeça, não podendo a sua quota ser inferior à quarta parte da herança, se for ascendente dos herdeiros com que concorrer.

No sentir do dispositivo – de forma muito básica –, há o direito patrimonial sucessório, protegendo-o mesmo de forma especial em determinadas situações.

Mas não é só. Há hipótese de o falecido não deixar descendentes, mas sim ascendentes, e em dada situação apresenta-se a seguinte pergunta:

d) **Qual quinhão o cônjuge receberá com concorrência com ascendente?**

A penúltima resposta, na mesma toada das anteriores, também encontra guarida no art. 1.837 do CC que dispõe: "Concorrendo com ascendente em primeiro grau, ao cônjuge tocará um terço da herança; caber-lhe-á a metade desta se houver um só ascendente, ou se maior for aquele grau".

Do referido dispositivo pode-se verificar que o legislador também se preocupou com a concorrência sucessória do cônjuge com os ascendentes do *de cujus*.

Por fim, se o falecido não deixou descendente ou ascendente, apresenta-se a última pergunta:

e) Se o falecido não deixou descendentes ou ascendentes, o regime de bens altera a situação sucessória do cônjuge?

A resposta, por fim, tem fundamento legislativo presente no art. 1.838 do CC, que dispõe: "Em falta de descendentes e ascendentes, será deferida a sucessão por inteiro ao cônjuge sobrevivente".

Como não poderia ser de outra maneira, tendo em vista os desdobramentos dos institutos, vamos analisar cada uma dessas premissas pontualmente, objetivando elucidar cada situação, bem como seus efeitos na órbita jurídica.

9.2.2 Questão preliminar: requisitos necessários para que o cônjuge seja herdeiro (art. 1.830 do CC)

Conforme pode ser observado, antes mesmo de confirmar a incidência das hipóteses de concorrência sucessória do cônjuge com descendentes, faz-se necessário saber se o cônjuge é herdeiro.

Para o presente estudo, parece ser indispensável a leitura do art. 1.830 do CC, segundo o qual há duas situações que afastam o cônjuge da sucessão.

9.2.3 Concorrência sucessória com os descendentes do morto (art. 1.829, I, do CC)

Passa-se a analisar o ponto focal do presente tópico e um dos mais controversos do direito das sucessões, uma vez que foi um dos temas mais alterados.

Nesse momento, deve-se salientar que, ao prosseguir com o referido estudo, devem ser retomados os conceitos apresentados nas aulas de direito de família, em especial as modalidades de regimes de bens.

Providencial é a presente situação, pois, com a devida interpretação sistemática intuída no art. 1.829, I, do CC, percebe-se que o legislador faz uma nítida distinção entre o instituto da **meação** e o da **sucessão**, que não podem ser confundidos.

Dispensada a necessidade de tratar pontualmente da sucessão, a meação decorre do direito de condômino (arts. 1.314 do CC e seguintes), em especial no direito de família de determinado regime de bens.

Nesse sentido, conforme pontua a doutrina, analisando as modalidades de regimes bens, podemos identificar que haverá um diferencial importantíssimo quanto aos bens do casal, ou seja, em determinados regimes, haverá bens particulares – separação de bens, participação final nos aquestos –, bem como em outros casos, haverá bens comuns, como na comunhão universal e na comunhão parcial.

A meação decorre exatamente desses bens – comuns –, em vida, comuns dos cônjuges, cabendo a cada um deles a cota-parte idêntica de 50% quando da dissolução da sociedade conjugal, em vida ou em morte, conforme o art. 1.667 do CC.

Em contrapartida, os bens particulares não compõem a meação, pois são integralmente de cada um dos cônjuges, e, havendo de um deles, esses bens serão destinados eventualmente à sucessão.

Tais conceitos são fundamentais, sem os quais não é possível analisar quais as hipóteses ou regimes em que haverá ou não a concorrência com descentes. Assim, passa-se a estudar inicialmente os regimes em que não há direito de concorrência sucessória.

Direito das sucessões **259**

9.2.3.1 *Regimes em que o cônjuge não concorrerá com os descendentes*

Ainda que de forma repetitiva, vale mais uma vez anotar o art. 1.829 do CC, conforme segue:

> Art. 1.829. A sucessão legítima defere-se na ordem seguinte:
>
> I – aos descendentes, em concorrência com o cônjuge sobrevivente, salvo se casado este com o falecido no regime da comunhão universal, ou no da separação obrigatória de bens (art. 1.640, parágrafo único); ou se, no regime da comunhão parcial, o autor da herança não houver deixado bens particulares.

Não há como iniciar o estudo dos regimes, sem pontuar a seguinte frase intuída pela doutrina: "onde há meação não há sucessão". Essa regra evita o enriquecimento desregrado do cônjuge em detrimento dos demais herdeiros, ou seja, impede que o cônjuge receba uma quantia muito maior que os demais herdeiros.

São as seguintes situações de exclusão:

a) **Regime da comunhão universal**: nesse caso, há a exclusão do cônjuge, pois ele já tem direito de meação assegurado que garante amparo patrimonial, ou seja, são reservados 50% dos bens deixados pelo *de cujus* a título de meação ao cônjuge, bem como 50% destinados à sucessão aos demais descendentes.

Não obstante a simplicidade do caso, há um ponto polêmico, pois poderá ocorrer a hipótese segundo a qual o *de cujus*, embora seja casado pelo regime da comunhão universal de bens, poderá ter bens particulares, como é o caso de doações de bens, com cláusula de incomunicabilidade.

260   Direito Civil

b) **Regime da separação obrigatória ou legal de bens**: conforme se observa, a intenção do legislador nesse sentido foi a de manter a impossibilidade de direitos sucessórios quando da abertura da sucessão, pois não faria sentido a possibilidade de receber bens depois da morte, pois em vida isso foi impedido.

c) **Regime da comunhão parcial de bens**: nesse regime de casamento, conforme pontuado anteriormente, há comunicação dos bens adquiridos na constância do casamento, logo, havendo meação da totalidade de todos os bens, não ocorre a legitimação da sucessão do cônjuge.

9.2.3.2 Regimes em que o cônjuge concorrerá com os descendentes

Em continuidade ao estabelecido, passa-se a analisar os regimes segundo os quais será dividida a herança do cônjuge falecido com os descendentes.

Não obstante, deve-se assinalar que somente serão objeto de estudo, nesse primeiro momento, as hipóteses de concorrência. Em um segundo momento, será pontuado o quinhão devido ao cônjuge.

São as seguintes situações que importam em concorrência sucessória com descendentes:

a) **Na separação convencional de bens**: conforme já estudado, no presente regime de bens não haverá comunicação entre os bens dos cônjuges durante o casamento.

Consequentemente, pode ser observado que no referido caso não há meação. Assim, o cônjuge sobrevivente poderá ficar desamparado quando da abertura da sucessão, sendo deferido o direito sucessório como medida protetiva.

Mais uma vez, a questão é polêmica, pois as críticas não são poucas. Contido apontamento baseia-se na intenção das partes, segundo a qual não é de interesse dos consortes comunicar os bens anteriores, posteriores e presentes na constância do casamento.

A dúvida não gira em torno dos elementos em vida, mas, sim, da abertura da sucessão, questionando-se: O cônjuge sobrevivente será herdeiro após a morte de seu cônjuge?

Com o objetivo de solucionar a presente questão, a doutrina pondera que são duas as correntes envolvendo esse tema: (i) a que entende ser devida a sucessão hereditária ao cônjuge sobrevivente nesse regime (corrente majoritária); (ii) os que não entendem ser devida a sucessão hereditária ao cônjuge sobrevivente nesse regime (corrente minoritária).

b) **Na comunhão parcial de bens em que o autor da herança deixou bens particulares**: essa situação é uma das mais tormentosas tendo em vista a generalidade e a omissão legislativa. Seguindo a regra legislativa geral, onde não há meação, verifica-se a sucessão, e conclui-se que o cônjuge só concorre ao quinhão relativo aos bens particulares.

c) **Na participação final nos aquestos**: tendo em vista a aproximação desse instituto com o regime da comunhão parcial de bens, a doutrina majoritária, encabeçada pelo Professor Euclides da Cunha Oliveira (TARTUCE, 2020, p. 1433), entende que se aplicam a essa situação as mesmas regras incidentes da comunhão parcial de bens.

9.2.4 Do quinhão do cônjuge que concorre com os descendentes

Encerrando presente estudo, será pontuado o quanto é devido ao cônjuge sobrevivente em concorrência com os descendentes.

262   Direito Civil

A regulamentação se encontra no art. 1.832 do CC, que dispõe:

> Art. 1.832. Em concorrência com os descendentes (art. 1.829, inciso I) caberá ao cônjuge quinhão igual ao dos que sucederem por cabeça, não podendo a sua quota ser inferior à quarta parte da herança, se for ascendente dos herdeiros com que concorrer.

9.2.5 Da sucessão legítima na linha reta ascendente

Conforme é sabido, a segunda classe de herdeiros a suceder trata dos ascendentes. Tal situação poderá ocorrer com concorrência, ou não, do cônjuge sobrevivente.

Inicia-se pela situação segundo a qual o falecido não tem cônjuge ou companheira, ou ainda descendentes, porém existem ascendentes e colaterais.

Conforme apontado anteriormente, utilizando a regra geral de que os herdeiros de classe mais próxima excluem a mais remota, na presente situação os colaterais nada receberiam.

Para a presente situação, nos termos da legislação vigente, são duas as regras basilares.

A primeira regra intuída no art. 1.836, § 1º, do CC prescreve que, entre os ascendentes, aqueles com grau mais próximo excluem os mais remotos, sem distinção de linhas, ou seja, não existe direito de representação na linha reta ascendente.

Objetivando facilitar a interpretação, podem ser exemplificadas duas situações. Na primeira, aberta a sucessão, o *de cujus* deixa somente o pai e a mãe – ascendentes. Na referida situação, a herança será dividida em 50% para cada um dos ascendentes.

Na segunda situação, por exemplo, se o *de cujus* deixou somente avós, um pai, pois a mãe é pré-morta, o pai herdará todos os bens em sua integralidade.

A segunda regra, também esculpida na legislação, em especial no art. 1.836, § 2º, do CC, estabelece que, havendo igualdade em grau e diversidade em linha, os ascendentes da linha paterna herdam a metade, cabendo a outra parte aos da linha materna.

De forma bem simples, os ascendentes não herdam por cabeça, ou seja, quando o sujeito morre deixando três avós, por exemplo, a herança será dividida metade para a linha paterna e outra metade para a linha materna.

Por exemplo, quando sujeito falece e tanto o pai quanto a mãe são pré-mortos, mas tem um avô em linha materna e ambos os avós em linha paterna, a sucessão será deferida 50% ao avô em linha materna, bem como a outra metade de 50% dividida entre ambos as avós em linha paterna.

9.2.6 Da concorrência sucessória do cônjuge sobrevivente com os ascendentes do morto – art. 1.829, II, do CC e art. 1.837 do CC

Ao tratar da concorrência sucessória do cônjuge sobrevivente com os ascendentes do morto, devem ser citados obrigatoriamente os arts. 1.829, II, e 1.837 do CC:

> Art. 1.829. A sucessão legítima defere-se na ordem seguinte: [...]
>
> II – aos ascendentes, em concorrência com o cônjuge;

> Art. 1.837. Concorrendo com ascendente em primeiro grau, ao cônjuge tocará um terço da herança; caber-lhe-á a metade desta se houver um só ascendente, ou se maior for aquele grau.

Dos referidos dispositivos são evidentes algumas disposições. Entre elas, inicialmente, no chamamento do cônjuge sobrevivente para herdar, em concorrência com os ascendentes, sempre será devida, ou seja, não importa com qual dos ascendentes ou o regime de bens escolhido pelos cônjuges (art. 1.829, II, do CC), diferentemente do que ocorre com a concorrência sucessória com descendentes.

Em continuidade, é necessário saber qual é o *monte mor* devido ao cônjuge sobrevivente em concorrência com os ascendentes.

A resposta se encontra no já citado art. 1.837 do CC, que apresenta duas situações. A primeira delas decorre da concorrência do cônjuge sobrevivente com ambos os ascendentes do morto, ou seja, pai e mãe. Nessa situação, ao cônjuge tocará 33,33% da herança, pois o restante será dividido de forma equivalente: ao pai, 33,33%, e à mãe, 33,33%, do falecido.

Todavia, se a situação for distinta, ou seja, o cônjuge sobrevivente concorrer somente com um dos ascendentes, pai ou mãe, ou ainda se a sucessão ocorrer a maior que um grau, o cônjuge tem direito à metade dos bens deixados.

Ressalta-se que sempre deve ser descontada da sucessão a meação, pois tal coeficiente deriva do direito decorrente do regime de bens, assim como há uma sucessão por linhas hereditárias.

Como exemplo, podemos citar o sujeito que falece deixando somente um avô de linha materna, bem como ambos os avós em linha paterna. Nessa hipótese, a sucessão será de 50% ao cônjuge, de 25% avô de linha materna, bem como 12,5% a ambos os avós em linha paterna.

Encerradas as questões atinentes à sucessão do ascendente, passemos ao estudo da sucessão dos colaterais.

9.2.7 Da sucessão dos colaterais (art. 1.829, IV, do CC e arts. 1.839 a 1.843 do CC)

Finalizando o estudo da sucessão legítima, a presente matéria é tratada em poucos, mas importantes, dispositivos.

Entre eles cabe o registro do art. 1.829 do CC: "A sucessão legítima defere-se na ordem seguinte: [...] IV – aos colaterais".

No entanto, não é só. O art. 1.839 do CC dispõe: "Art. 1.839. Se não houver cônjuge sobrevivente, nas condições estabelecidas no art. 1.830, serão chamados a suceder os colaterais até o quarto grau".

Pode ser extraído dos referidos dispositivos que, não havendo descendente, ascendente, cônjuge ou companheiro sobrevivente, ou se estes forem declarados indignos, a herança será deferida aos colaterais, até o quarto grau inclusive.

Sendo assim, tios-avôs e sobrinhos-netos, herdeiros colaterais de quarto grau, são legitimados da mesma forma que um irmão ou sobrinho, mas é claro que, para tanto, devem ser seguidas algumas regras.

A primeira regra é a de que o herdeiro mais próximo em grau de parentesco afasta o mais remoto, ou seja, o herdeiro mais próximo, como um irmão afasta da sucessão um primo.

Tal afirmação pode ser extraída do art. 1.840 do CC: "Na classe dos colaterais, os mais próximos excluem os mais remotos, salvo o direito de representação concedido aos filhos de irmãos".

Portanto, o presente tópico será dividido em três momentos distintos: o primeiro trata da sucessão entregue **aos irmãos**; o segundo cuida da sucessão **dos sobrinhos**; e o terceiro versa sobre a sucessão **dos tios**.

Assim, na linha colateral, o parentesco colateral inicia-se no segundo grau, com os irmãos, que podem **ser bilaterais ou unilaterais.**

Referido registro é de suma importância, pois, quando da abertura da sucessão, se os irmãos forem bilaterais, a sucessão nessa hipótese será deferida por igual, ou seja, o mesmo quinhão equivalente à herança (art. 1.842 do CC).

Como exemplo, o *de cujus* deixou três irmãos A, B e C, não é casado nem há registro de ascendentes e descendentes. Na referida situação, a herança será dividida em partes iguais, ou seja, 33,33% para cada um dos irmãos.

No entanto, havendo concorrência de irmão bilateral com irmão unilateral, estes receberam metade do que aqueles receberem (art. 1.841 do CC).

Assim, conforme já apontado, há uma segunda modalidade de irmãos, os **unilaterais ou meios-irmãos,** quando tiverem apenas um dos pais em comum. Nessa hipótese, será deferida distintamente, ou seja, os unilaterais receberão metade do que aqueles bilaterais.

Outro exemplo, o *de cujus* deixa dois irmãos A e B, não é casado, tampouco há registro de ascendentes e descendentes. Na referida situação, a herança será dividida em duas partes, não iguais, mas sim cabendo ao herdeiro e irmão bilateral 66,66% e para o herdeiro e irmão unilateral, 33,33%.

Em continuidade, assinala-se a condição do sobrinho, que tem tratamento especial na legislação. Tal anotação tem como fundamento de que, na falta de irmãos, serão chamados os colaterais de 3° grau, os quais, nesse caso, são os sobrinhos e os tios do morto.

Embora ambos sejam colaterais de 3° grau, a lei concede preferência aos sobrinhos.

Isso pode ser verificado de forma clara no art. 1.843 do CC: "Na falta de irmãos, herdarão os filhos destes e, não os havendo, os tios". Assim, são chamados na sucessão os sobrinhos antes dos tios.

Ainda, quanto ao estudo dos sobrinhos, estes poderão herdar por direito próprio ou por representação, nos termos da parte final do art. 1.840 do CC, que dispõe: "Na classe dos colaterais, os mais próximos excluem os mais remotos, salvo o direito de representação concedido aos filhos de irmãos".

Tal dispositivo é uma exceção à regra geral, pois, como é sabido, não há direito de representação na linha reta ascendente, bem como na sucessão dos colaterais. A única ressalva é a de que, na presente modalidade de sucessão colateral, o sobrinho pode representar o irmão, quando este for indigno, deserdado ou pré-morto.

Como exemplo, pode ser citada a situação segundo a qual uma pessoa falece com um irmão pré-morto e um vivo. O primeiro irmão pré-morto tem dois filhos, sobrinhos do *de cujus*. Nessa circunstância, tendo em vista o direito de representação, a sucessão será entregue 25% para cada um dos sobrinhos, bem como 50% do irmão vivo.

Por fim, porém não menos importante, não havendo sobrinhos, serão chamados os tios, ou seja, os irmãos dos pais do morto, os quais herdam sempre por direito próprio e por cabeça.

Não havendo irmãos, sobrinhos e tios, a herança será deferida aos colaterais de quarto grau, que são: os primos-irmãos, tios-avós e os sobrinhos-netos.

Referidas pessoas herdam por direito próprio e por cabeça, sendo certo ainda que todas elas são chamadas ao mesmo tempo para receberem a herança, não havendo aqui preferência de umas sobre aa outras.

268   Direito Civil

9.3 Da sucessão testamentária (art. 1.857 do CC)

9.3.1 Introdução

Não há outra forma de iniciar o presente estudo sem pontuar que o testamento é o ato pelo qual alguém dispõe de seus bens para, depois de sua morte, determinar pela própria vontade sobre questões de ordem extremamente pessoal ou mora.

Portanto, busca-se prestigiar ao máximo a vontade do testador.

Tal afirmação pode ser extraída do art. 1.857 do CC, que dispõe: "Toda pessoa capaz pode dispor, por testamento, da totalidade dos seus bens, ou de parte deles, para depois de sua morte".

Como exemplo de atos de dispositivos de vontade podem ser citados: o reconhecimento de filho (art. 1.609, III, do CC); a criação de fundação (art. 62 do CC); a instituição de condomínio edilício (art. 1.332 do CC); a instituição de servidão (art. 1.378 do CC); e a criação um bem de família convencional (art. 1.711 do CC).

Não obstante ser ampla a vontade do testador, em especial quanto à questão patrimonial, existem várias limitações, o que pode levar esse ato jurídico até mesmo à sua nulidade.

Assim, tendo em vista as especificidades do referido instituto, faz-se necessário estudar seus elementos caracterizadores. Nesse sentido, o testamento é:

a) Ato unilateral, pois verifica uma única vontade, qual seja: a do testador, pouco importando a aceitação ou renúncia dos bens deixados.

b) Ato gratuito, como regra, pois implica transferência de bens sem qualquer contra prestação, porém importa anotar que o testamento com encargo é uma exceção à regra da gratuidade, pois onera o beneficiado.

c) Ato unipessoal, que não pode ser feito em conjunto, mas sim isoladamente.

Conforme o art. 1.863 do CC, proíbe-se o testamento conjuntivo, também denominado de "mão comum", por exemplo, o testamento celebrado pelo marido e mulher no mesmo instrumento.

d) Ato formal e solene como regra, pois deve ser observada a formalidade prevista em lei.

e) Ato revogável, pois o testador pode revogá-lo a qualquer momento.

Considerando a referida disposição, nos termos do disposto na segunda parte do art. 1.858 do CC, são duas as cláusulas contidas no testamento como irrevogáveis. A primeira é aquela que reconhece filho e a segunda é a que perdoa o indigno.

No entanto, nada impede que as referidas cláusulas dispositivas possam sofrer a anulação na hipótese de erro, dolo ou coação.

f) Ato *causa mortis*, só produz efeitos após a morte do testador, pois o Código proíbe doação *causa mortis*, portanto a disposição de bens para depois da morte somente deve ocorrer por meio de testamento.

Tal natureza visa impedir a ocorrência do instituto *pacta corvina* previsto no art. 426 do CC que dispõe: "Não pode ser objeto de contrato a herança de pessoa viva".

g) Ato personalíssimo, conforme o art. 1.858 do CC, o qual não admite testamento por procuração.

270 Direito Civil

9.3.2 Das formas de testamento

Não há outra forma de iniciar o tratamento das modalidades testamentárias sem estudar a legislação em vigor. Nesse sentido, podem ser apontadas as duas formas de testamento.

A primeira delas é denominada **testamentos ordinários ou comuns**, que são: o público, o cerrado e o particular (art. 1.862 do CC). A segunda são os testamentos **extraordinários ou especiais**, que são: o marítimo, o aeronáutico e o militar (art. 1.886 do CC).

Conforme lembra a doutrina, essas modalidades são taxativas e não são admitidas outras formas de testamento, salvo na hipótese do estrangeiro que elabora o testamento no exterior e deixa bens no Brasil, sendo nesse caso o testamento aqui cumprido (art. 1.887 do CC).

Em continuidade, algumas considerações iniciais são necessárias antes de efetivamente adentrar nas modalidades testamentárias.

Na primeira delas é vedado o testamento nuncupativo, ou seja, aquele que o testador narra verbalmente para as testemunhas sua última vontade quanto está prestes a morrer, salvo a hipótese militar (art. 1.896 do CC).

Nesse sentido, uma vez verificado que o testamento é nuncupativo, a sucessão se dará na modalidade legítima, ou seja, regulada pelos arts. 1.790 e 1.829 do CC, conforme disciplinas anteriores.

Outra vedação se refere ao *pacta corvina*, ou seja, o contrato que tiver disposições testamentárias de pessoa viva (art. 462 do CC). Um exemplo é o contrato de convivência que trata de direitos sucessórios no caso da morte de um deles, sendo essa cláusula nula de pleno direito (art. 166, VII, do CC).

Direito das sucessões **271**

Ainda quanto aos estudos restritivos, conforme o art. 1.863 do CC, é proibido o testamento conjuntivo, ou seja, aquele realizado por duas pessoas em um só instrumento.

Todavia, deve ficar claro e lídimo que a lei não veda outras modalidades de testamento como o simultâneo, recíproco e o correspectivo, salvo se forem realizados conjuntivamente.

Por fim, porém não menos importante, salienta-se ainda que a solenidade está no plano da validade dentro da escada ponteana, ou seja, trata-se de uma norma de caráter de ordem pública, sendo passível de nulidade.

Feitas as anotações preliminares, podem ser enfrentadas as modalidades existentes de testamento.

9.3.3 Modalidades de testamento

9.3.3.1 Testamentos ordinários ou comuns

a) **Testamento público – arts. 1.864 a 1.867 do CC**

O testamento é aquele ditado, de viva voz, pelo testador ao tabelião. Tal situação é de suma importância, pois afasta a aplicabilidade do instituto da sucessão legítima, ou seja, esta passa a ter força de lei. Por esse motivo, o tabelião deve tomar muito cuidado não somente com a identidade do testador, mas também com sua sanidade, podendo, para tanto, negar-se a lavrar o testamento.

Prosseguindo, o inciso que apresenta maiores apontamentos é o terceiro, que consta: "III – ser o instrumento, em seguida à leitura, assinado pelo testador, pelas testemunhas e pelo tabelião" (art. 1.864 do CC). Tal ponderação tem como fundamento algumas situações específicas pontuadas pela doutrina.

272   Direito Civil

Entre elas, se o testador não souber – na referida situação, inclui-se o analfabeto –, ou não puder assinar – em tal situação considera-se o exemplo de doenças como o derrame –, o tabelião ou seu substituto legal assim o declarará, "assinando pelo testador".

Em tal situação, conforme o art. 1.865 do CC, deverá a cédula testamentária ser assinada por mais uma das testemunhas instrumentárias.

Ainda estudando os casos especiais de testamento, como os dos deficientes auditivos, se estes souberem ler, eles o farão, e, se não souberem, designarão quem o realize em seu lugar, presentes as testemunhas (art. 1.866 do CC).

Por fim, ao deficiente visual só se permite o testamento público, que lhe será lido, em voz alta, duas vezes, uma pelo tabelião, ou por seu substituto legal, e a outra por uma das testemunhas (art. 1.867 do CC).

Não obstante os referidos requisitos, consta no parágrafo único do art. 1.864 do CC que o testamento público pode ser escrito manual ou mecanicamente – o que de fato não ocorre mais –, bem como ser feito pela inserção da declaração de vontade em partes impressas de livro de notas, desde que rubricadas todas as páginas pelo testador, se mais de uma.

Entre os elementos apresentados, há uma questão polêmica estabelecida pela doutrina, que decorre da publicidade do referido testamento, uma vez que este fica arquivado no cartório.

b) **Testamento cerrado ou místico ou secreto – arts. 1.868 a 1.875 do CC**

Referido testamento não é muito comum entre as pessoas, e é elaborado em duas fases: a primeira concerne à criação e elaboração da cédula testamentária e segunda, ao auto de aprovação.

Os requisitos se encontram basicamente no art. 1.868 do CC, que estabelece:

> Art. 1.868. O testamento escrito pelo testador, ou por outra pessoa, a seu rogo, e por aquele assinado, será válido se aprovado pelo tabelião ou seu substituto legal, observadas as seguintes formalidades:
>
> I – que o testador o entregue ao tabelião em presença de duas testemunhas;
>
> II – que o testador declare que aquele é o seu testamento e quer que seja aprovado;
>
> III – que o tabelião lavre, desde logo, o auto de aprovação, na presença de duas testemunhas, e o leia, em seguida, ao testador e testemunhas;
>
> IV – que o auto de aprovação seja assinado pelo tabelião, pelas testemunhas e pelo testador.

Portanto, fica evidente que o conteúdo do testamento não será conhecido por terceiros e não necessariamente pelo tabelião; por esse exato motivo, justifica-se a denominação de místico ou secreto.

Nesse sentido, Flávio Tartuce (2020, p. 1486) pondera que o conhecimento do tabelião é indiferente: "se tiver (conhecimento), o testamento permanece válido. Se não tiver, a validade é a mesma".

Tendo em vista a especificidade do referido testamento, devem ser registrados os requisitos e formalidades para elaboração (art. 1.868 do CC). Todos os requisitos básicos estão na lei; são eles:

■ O tabelião deve começar o auto de aprovação imediatamente depois da última palavra do testador, declarando, sob sua

274 Direito Civil

fé, que o testador lhe entregou para ser aprovado na presença das testemunhas; passando a cerrar – fechar – e coser – costurar – o instrumento aprovado (art. 1.869 do CC).

■ Outro aspecto importante trata da hipótese segundo a qual, se o tabelião tiver escrito o testamento a rogo do testador, poderá também aprová-lo, todavia não poderá ser beneficiário dele conforme regra geral estabelecida no art. 1.801 do CC.

■ No que tange ao procedimento, o testamento pode ser escrito em língua nacional ou estrangeira (art. 1.871 do CC), bem como pode ser escrito mecanicamente, desde que seu subscritor numere e autentique, com a sua assinatura, todas as páginas (art. 1.868 do CC).

■ O surdo-mudo pode testar, desde que saiba escrever e assine o testamento, além de apresentá-lo com as duas testemunhas (art. 1.873 do CC). Todavia, os analfabetos e cegos não poderão testar por essa modalidade (art. 1.872 do CC).

■ Somente depois de aprovado e cerrado será o testamento entregue ao testador, e o tabelião lançará no seu livro nota do lugar, dia, mês e ano em que o testamento foi aprovado e entregue (art. 1.874 do CC).

■ Somente após a morte do testador a referida cédula será apresentada ao juiz, que o abrirá e o fará registrar, ordenando seja cumprido, se não achar vício externo que o torne eivado de nulidade ou suspeito de falsidade (art. 1.875 do CC).

A não observância de todas as providências apresentadas gera a nulidade absoluta.

c) Testamento particular – arts. 1.876 a 1.880 do CC

Não há outra forma de tratar da presente modalidade testamentária sem afirmar que ele pode ser hológrafo, ou seja, escrito e assinado pelo próprio testador, pois a lei permite que seja feito por processo mecânico, e, portanto, pode ser escrito por outrem, a pedido do testador, mas deverá por ele ser assinado (art. 1.876 do CC).

Do referido dispositivo (art. 1.876 do CC) podem ser observadas duas modalidades existentes.

O primeiro caso refere ao testamento escrito de próprio punho, tendo como requisitos essenciais sua validade, ou seja, lido e assinado por quem o escreveu, na presença de pelo menos três testemunhas, que devem subscrevê-lo.

No segundo caso, o testamento pode ser elaborado por processo mecânico, não pode conter rasuras ou espaços em branco e deve ser assinado pelo testador, depois de tê-lo lido na presença de pelo menos três testemunhas, que o subscreverão.

Em ambas as situações, morto o testador, publicar-se-á em juízo o testamento, com citação dos herdeiros legítimos, bem como das testemunhas, para confirmação do testamento (art. 1.878 do CC).

Referida situação é importantíssima, pois o reconhecimento do testamento se faz em juiz, tendo em vista a falta de fé pública.

Em juízo, nos termos do art. 1.878, parágrafo único, do CC, há três situações bastante definidas.

A primeira delas é recorrente de uma interpretação inversa, ou seja, *a contrario sensu* no sentido da não confirmação do testamento, por falta de amparo legal.

Em seguida, a confirmação do testamento pelas testemunhas quanto ao disposto no documento, ou, ao menos, sobre a sua leitura perante elas, e se reconhecerem as próprias assinaturas.

Por fim, a confirmação na hipótese segundo a qual, se faltarem as testemunhas por morte ou ausência, e se pelo menos

276   Direito Civil

uma delas o reconhecer, o testamento poderá ser confirmado, caso, a critério do juiz, haja prova suficiente de sua veracidade.

A última situação é uma das mais intrigantes, pois deve ser preenchida pelo magistrado nos termos do caso concreto, ou seja, nos termos do convencimento do magistrado.

9.3.3.2 Testamentos extraordinários ou especiais

Como o próprio nome estabelece, são modalidades de testamento especiais, pois se revestem de duas características.

A primeira está relacionada com a **excepcionalidade**, ou seja, somente podem ser realizados em situações **extraordinárias**, pois, elaborados em situação normal, haverá a nulidade absoluta.

Logo, nos termos dos arts. 1.886 e seguintes do CC, temos as seguintes modalidades:

a) o testamento marítimo, que somente pode ser feito nas seguintes situações: se o navio estiver em alto-mar; se estiver no curso da viagem e o testador não pode desembarcar para testar na forma ordinária;

b) o testamento aeronáutico, que pode ser elaborado apenas quando o testador estiver em viagem, a bordo de aeronave militar ou comercial;

c) o militar, que só pode ser realizado nas seguintes situações: pelo militar e demais pessoas a serviço das forças armadas em campanha dentro ou fora do País; por militar ou pessoas que estejam em praça sitiada ou que esteja com as comunicações interrompidas.

A segunda característica é a **provisoriedade**, pois caduca o testamento se o testador não morrer nos 90 dias subsequen-

Direito das sucessões **277**

tes, depois de se encontrar em lugar que possa testar pela forma ordinária (arts. 1.891 e 1.895 do CC).

Portanto, tendo em vista o binômio apresentado, ou seja, a aplicação em situações **extraordinárias** e de **provisoriedade**, há posicionamentos respeitáveis de que referidos testamentos são mero deleite do legislador e deveriam ser extirpados do sistema jurídico.

9.4 Codicilo (arts. 1.881 a 1.885 do CC)

Conforme doutrina predominante, codicilo é o documento particular escrito e assinado pelo próprio codicilante, em que faz disposições sobre o seu enterro, esmolas de pequena monta, assim como sobre móveis, roupas ou joias de pouco valor, de seu uso pessoal.

Referido conceito tem como base fundamental legislação, em especial o art. 1.881 do CC, que dispõe:

> Art. 1.881. Toda pessoa capaz de testar poderá, mediante escrito particular seu, datado e assinado, fazer disposições especiais sobre o seu enterro, sobre esmolas de pouca monta a certas e determinadas pessoas, ou, indeterminadamente, aos pobres de certo lugar, assim como legar móveis, roupas ou joias, de pouco valor, de seu uso pessoal.

Tendo em vista a omissão legislativa, a doutrina pondera quais são os requisitos para a elaboração do referido documento.

Portanto, o codicilo deve ser inteiramente escrito pelo codicilante, sem necessidade de testemunha, bem como há entendimento na doutrina no sentido de que o codicilo pode ser feito por meio de processo mecânico. Todavia, nada impede que seja realizado por terceiro a rogo do codicilante, e, depois, assinado por este.

O codicilo é um documento autônomo, pois a sua existência independe de ter o morto deixado testamento (art. 1.882 do CC). Consideram-se, no entanto, revogados os codicilos se, havendo testamento posterior, este não os modificar ou confirmar.

No entanto, um tratamento equiparado ao testamento deve ser citado, pois, conforme o art. 1.885 do CC, caso esteja fechado, deve ser aberto pela mesma forma prevista para abertura do testamento cerrado, ou seja, pelo juiz.

Quanto às disposições codicilares, é possível nomear testamenteiro (art. 1.883 do CC), perdoar o indigno, nomear tutor (art. 1.729 do CC), reservar parcelas para sufrágios de sua alma (art. 1.998 do CC), podendo também reconhecer filho, visto que a Lei nº 8.560/1992 permite o reconhecimento por meio de escrito particular.

Entretanto, lembra a doutrina que o codicilante não pode, por meio de codicilo, nomear herdeiro, deserdar herdeiro, tampouco dispor sobre bens imóveis.

Feitas as presentes considerações, podem ser anotadas as hipóteses de revogação e rompimento do testamento.

9.4.1 Extinção do testamento

As formas de extinção do testamento são a revogação, o rompimento, a caducidade e a invalidade, as quais serão estudadas pontualmente a seguir.

9.4.2 Revogação

A revogação do testamento é a sua ineficácia por vontade. Tal ato volitivo poderá ser expresso, tácito ou, então, real do testador.

Importa anotar que o testamento é ato essencialmente revogável, sendo nula a cláusula que proíbe a sua revogação. No entanto, algumas cláusulas contidas no testamento são irrevogáveis, por exemplo, a cláusula que reconhece filho, bem como aquela que perdoa o indigno.

No tocante ao elemento da revogação expressa e da tácita, o legislador sabiamente dispôs o quanto segue:

> Art. 1.970. A revogação do testamento pode ser total ou parcial.
>
> Parágrafo único. Se parcial, ou se o testamento posterior não contiver cláusula revogatória expressa, o anterior subsiste em tudo que não for contrário ao posterior.

Dessa forma, será expressa a revogação quando o novo testamento declarar textualmente que revoga o anterior. Todavia, será tácita quando o testamento for incompatível com o anterior, podendo ser parcial ou então total, ou seja, é possível a pluralidade de testamentos, coexistindo todos, se coerentes entre si.

Outro aspecto trata das regras comuns à revogação tácita e à expressa pontuadas pela doutrina.

Conforme muito bem lembra Flávio Tartuce (2020, p. 1515), somente testamento revoga testamento, ou seja, o codicilo e demais escrituras públicas são meios inidôneos para a revogação do testamento.

Nesse sentido, aponta a doutrina que no referido caso não há que falar no princípio da simetria das formas, ou seja, o testamento revogador não precisa ter a mesma forma do revogado.

Assim, basta à cédula testamentária ter uma das formas previstas em lei, bem como os requisitos estampados para tanto, ou seja, testamento particular pode revogar o testamento público, e vice-versa.

Em ato contínuo, o testamento revogador deve ser válido, pois, caso contrário, subsiste o anterior, bem como não há repristinação de testamento, salvo se houver cláusula expressa nesse sentido.

Por fim, não menos importante, há a revogação real ou material. Tal situação decorre da destruição total ou parcial do testamento pelo testador ou por alguém a seu mando.

Tendo em vista as modalidades e os requisitos de formação, somente serão possíveis no testamento particular, ou então no cerrado, que pode ser revogado dessa forma, por exemplo, o testador ou seu mandatário poderá rasgar, riscar ou até mesmo colocar fogo na cédula testamentária.

O testamento público, por sua vez, como tem o seu original arquivado no cartório, não pode ser revogado por essa forma. É cabível, no entanto, ação de reconstituição de testamento público, no caso de ter sido indevidamente destruído.

Como exemplo pode-se citar o do cartório, onde o testamento estava arquivado, que pegou fogo ou foi inundado. Referidas situações não são tão fantasiosas, basta lembrar de eventos históricos como de São Luiz do Paraitinga no ano de 2010, quando uma inundação praticamente acabou com a cidade inteira.

Quanto ao testamento cerrado, em especial, por ter o seu conteúdo secreto, não se admite ação de reconstituição, salvo se ele for indevidamente destruído depois de ter sido aberto pelo juiz.

9.4.3 Do rompimento ou ruptura do testamento (arts. 1.973 a 1.975 do CC)

O rompimento ou ruptura também se denomina revogação legal, pois independe da vontade do testador, bastando que ocorra uma das situações taxativamente previstas na lei para que o testamento seja automaticamente rompido.

Lembra a doutrina que o rompimento do testamento é sempre total e condicional. Tal afirmação está fundamentada no fato de que o testamento rompido perde todas as disposições testamentárias, bem como opera-se sob condição suspensiva, qual seja, a sobrevivência do descendente do testador.

Nos termos da legislação em vigor, vale a leitura dos seguintes dispositivos:

> Art. 1.973 do CC. Sobrevindo descendente sucessível ao testador, que não o tinha ou não o conhecia quando testou, rompe-se o testamento em todas as suas disposições, se esse descendente sobreviver ao testador.

> Art. 1.974 do CC. Rompe-se também o testamento feito na ignorância de existirem outros herdeiros necessários.

Nos termos dos referidos dispositivos, pode-se afirmar que são duas as nítidas possibilidades de rompimento.

A primeira situação está prevista na primeira parte do art. 1.973 do CC, que dispõe o seguinte termo: "que não o tinha".

282   Direito Civil

Nesse caso, por exemplo, o testador que, sem filho, faz seu testamento, mas, depois do ato, seu filho nasce ou há o reconhecimento de uma paternidade desconhecida. Na referida hipótese, o testamento está totalmente rompido.

A segunda situação está prevista na segunda parte do art. 1.973 do CC, que estabelece: "que não conhecia". Em dada circunstância, o testador, quando elaborou a cédula testamentária, ignorava a existência de descendente.

A título de exemplo, pode ser citada a situação do testador que ignora a existência do filho e faz o seu testamento, bem como, após a elaboração deste, vem ser o réu numa ação de investigação de paternidade, que é julgada procedente.

Outra situação prevista na legislação está contida no art. 1.974 do CC, que estabelece a hipótese em que o sujeito que o testou considerava morto um herdeiro necessário – no referido caso, mais comum a existência de descendentes e ascendentes –, no entanto está vivo.

Em todas as três situações, o testamento é considerado rompido e suas disposições testamentárias apresentadas sem efeito, ou seja, perde todas as disposições testamentárias.

9.4.4 Caducidade e invalidade do testamento

Conforme pode ser anotado pela doutrina, a caducidade é a ineficácia de um testamento válido por fato posterior à sua formação, que não importa em revogação ou rompimento do testamento, por exemplo, o herdeiro beneficiário pré-morto, sem substituto nem direito de acrescer.

A invalidade, por sua vez, como não poderia ser de outra forma, é a ineficácia em razão da violação dos requisitos necessários à sua formação válida. Salienta-se que a invalidade pode ser considerado tanto como nulidade absoluta quanto como nulidade relativa.

Como exemplo de nulidade absoluta temos o testamento feito por pessoa incapaz de testar, bem como a nulidade relativa quando houver erro, dolo, coação ou então fraude contra credores.

9.4.5 Cláusulas testamentárias, interpretação e integração do testamento

9.4.5.1 Das disposições testamentárias

Conforme muito bem é apontado pela doutrina, o tratamento legislativo dado aos arts. 1.897 a 1.911 do CC revela que o estudo deve ser feito em três momentos, ou seja, a partir das regras de interpretação, regras permissivas e, por fim, regras proibitivas, as quais serão analisadas na referida ordem.

9.4.5.1.1 Regras interpretativas

O principal dispositivo é o art. 1.899 do CC, que estabelece: "Quando a cláusula testamentária for suscetível de interpretações diferentes, prevalecerá a que melhor assegure a observância da vontade do testador".

Nesse sentido, de acordo com o art. 1.899 do CC, a interpretação do testamento que deve prevalecer é sempre aquela que assegure a vontade do testador.

O objeto da interpretação é o próprio testamento e, portanto, a vontade do testador deve ser extraída diretamente do ato *causa mortis*, não sendo possível socorrer-se, quando da interpretação do testamento, de documentos extrínsecos a ele, por exemplo, outros escritos e testemunhas.

284   Direito Civil

Há uma única exceção prevista no art. 1.903 do CC que possibilita elementos externos: quando houver erro na designação do herdeiro ou do legatário ou, então, da coisa legada.

Diante do exposto, parece claro que o legislador, em vez de desconsiderar as disposições dúbias, tenta resolvê-las "traduzindo" ou tentando aplicá-las ao máximo.

Uma fórmula bastante comum indicada pela doutrina trata da aplicação do art. 112 do CC que dispõe: "Nas declarações de vontade se atenderá mais à intenção nelas consubstanciada do que ao sentido literal da linguagem".

Assim, sempre deve ser levada em conta inicialmente a disposição testamentária, e, caso esta seja dúbia, poderá ser realizada sua intenção, concatenando as demais disposições e os outros elementos passíveis de averiguação, como o tempo da disposição, sua saúde, amigos e inimigos etc.

Feitas as considerações iniciais, passamos às regras pontuais previstas na legislação em vigor quanto às regras interpretativas.

a) Disposições a entidades beneficentes (art. 1.902 do CC): a disposição geral em favor dos pobres, como dos estabelecimentos particulares de caridade, ou de assistência pública, entender-se-á relativa aos pobres no lugar do domicílio do testador, ao tempo de sua morte, ou dos estabelecimentos aí situados, salvo se manifestamente constar que tinha em mente beneficiar os de outra localidade.

b) Erro quanto à pessoa do beneficiário (art. 1.903 do CC): o erro na designação da pessoa do herdeiro, do legatário, ou da coisa legada **anula** a disposição, salvo se, pelo contexto do testamento, por outros documentos, ou por fatos inequívocos, puder identificar a pessoa ou coisa a que o testador queria referir-se, conforme anotado anteriormente.

Direito das sucessões **285**

c) Partes iguais aos herdeiros (art. 1.904 do CC): se o testamento nomear dois ou mais herdeiros, sem discriminar a parte de cada um, a herança quota hereditária testada será partilhada por igual entre todos os beneficiários.

d) Partes iguais para os grupos ou indivíduo (art. 1.905 do CC): se o testador nomear certos herdeiros individualmente e outros coletivamente, a herança será dividida em tantas quotas quantos forem os indivíduos e os grupos designados.

e) O que não for indicado pertence aos legítimos (art. 1.906 do CC): se forem determinadas as quotas de cada herdeiro, e não absorverem toda a herança, o remanescente pertencerá aos herdeiros legítimos, segundo a ordem da vocação hereditária.

f) Indicado o quinhão de um e o dos demais não, estes últimos receberão de forma igual (art. 1.907 do CC): se forem determinados os quinhões de uns, e não os de outros herdeiros, distribuir-se-á por igual a este último o que restar, depois de completas as porções hereditárias dos primeiros.

9.4.5.1.2 *Regras permissivas*

Inicialmente, deve-se ressaltar que, para o direito privado, o elemento basilar é o da legalidade *lato sensu*, ou seja, é possível realizar tudo o que não for vedado ou defeso em lei.

A única regra permissiva está prevista no art. 1.897 do CC que dispõe o seguinte: "A nomeação de herdeiro, ou legatário, pode fazer-se pura e simplesmente, sob condição, para certo fim ou modo, ou por certo motivo".

Conforme pode ser observado, a referida regra tem como mote a nomeação de herdeiro ou legatário e poderá ocorrer:

286 Direito Civil

a) pura e simplesmente;

b) sob condição (futuro incerto);

c) para certo fim ou modo (encargo);

d) ou por certo motivo.

Cumpre esclarecer que a última situação relaciona-se com a ideia da motivação estabelecida no testamento, ou seja, que, se oportunamente não for verificada, poderá ocorrer a anulação da cédula testamentária.

Retomando as hipóteses anteriores apresentadas, a lei permite a nomeação de herdeiro e também de legatário sob condição, por exemplo, Amanda será minha herdeira testamentária, se João concordar; bem como permite a nomeação de herdeiro e de legatário sob encargo, por exemplo, Alice é minha herdeira, desde que ela construa uma escola.

Por fim, porém não menos importante, deve ser registrado que todas as situações estão sendo tratadas a partir do plano da eficácia do testamento, ou seja, o último plano da escada ponteana.

9.4.5.1.3 Regras restritivas

Nesse momento, será analisado um ponto sensível das disposições testamentárias, pois sua observância ou inobservância poderá gerar efeitos singulares quando da abertura da sucessão.

Conforme já mencionado, é possível a nomeação de herdeiro ou legatário de forma pura e simples, sob condição, sob encargo, ou por certo motivo.

No entanto, vale a análise do disposto no art. 1.898 do CC: "Art. 1.898. A designação do tempo em que deva começar ou cessar o direito do herdeiro, salvo nas disposições fideicomissárias, ter-se-á por não escrita".

Como se verifica, essa é a primeira restrição, pois da análise do art. 1.898 do CC é vedada a nomeação de herdeiro na modalidade do termo, seja na modalidade suspensiva ou devolutiva, salvo na hipótese de fideicomisso.

Lembra Flávio Tartuce (2020, p. 1515) que o efeito da referida cláusula não é a nulidade do testamento como um todo, mas sim a disposição específica testamentária, manifestando o princípio do mantenimento dos contratos e a primazia da vontade do testador.

No entanto, não é só. Em um segundo momento, há determinadas situações que dizem respeito à pessoa do beneficiário, no sentido de que a não observância gera a nulidade do testamento.

Assim, vale a transcrição do art. 1.900 do CC:

> Art. 1.900. É nula a disposição:
>
> I – que institua herdeiro ou legatário sob a condição captatória de que este disponha, também por testamento, em benefício do testador, ou de terceiro;
>
> II – que se refira a pessoa incerta, cuja identidade não se possa averiguar;
>
> III – que favoreça a pessoa incerta, cometendo a determinação de sua identidade a terceiro;
>
> IV – que deixe a arbítrio do herdeiro, ou de outrem, fixar o valor do legado;
>
> V – que favoreça as pessoas a que se referem os arts. 1.801 e 1.802.

Dos referidos dispositivos cabem as seguintes considerações:

a) Referente ao inciso I do art. 1.900 do CC: observa-se que a disposição condição captatória, ou seja, derivativa de ambição ou desejo de usufruir vantagem, de que este disponha de seus bens, é nula.

Tal vedação é nula, pois se trata de vontade derivativa oriunda do vício da vontade, ou até mesmo a vedação do *pacta corvina*.

b) Referente ao inciso II do art. 1.900 do CC: não é possível realizar testamento sem identificação do herdeiro, sob pena de ser a disposição nula de pleno direito.

Nesse sentido, é possível afirmar que a referida disposição testamentária, em si mesmo, não vai atingir resultado algum.

c) Referente ao inciso III do art. 1.900 do CC: o que diferencia essa situação da anterior é que no referido momento há a indicação de pessoa incerta de terceiro, o que também é vedado.

d) Referente ao inciso IV do art. 1.900 do CC: tendo em vista o direito personalíssimo do ato de testar, não é possível a indicação do herdeiro por outra pessoa, bem como é vedado o testamento com indicação do *quantum* a ser transferido.

e) Referente ao inciso V do art. 1.900 do CC: não podem ser favorecidas as pessoas interessadas diretamente no testamento (art. 1.801 do CC), bem como pessoas não legitimadas a suceder, ainda quando simuladas sob a forma de contrato oneroso, ou feitas mediante interposta pessoa (art. 1.802 do CC).

Direito das sucessões **289**

A terceira e última disposição testamentária está prevista no art. 1.910 do CC, que dispõe:

> Art. 1.909. São anuláveis as disposições testamentárias inquinadas de erro, dolo ou coação.
>
> Parágrafo único. Extingue-se em quatro anos o direito de anular a disposição, contados de quando o interessado tiver conhecimento do vício.

Assim, são anuláveis as disposições testamentárias inquinadas de erro, dolo ou coação, bem como o prazo decadencial para ela é de quatro anos, contados do conhecimento do vício pelo interessado.

Referências

AMORIM FILHO, Agnelo. Critério científico para distinguir a prescrição da decadência e para identificar as ações imprescritíveis. *Revista da Faculdade de Direito*, v. 14, 1960. Disponível em: http://www.revistadireito.ufc.br/index.php/revdir/article/view/434. Acesso em: 28 mar. 2022.

BETTI, Emilio. *Teoria geral das obrigações*. Trad. Francisco José Galvão Bruno. Campinas: Bookseller, 2006.

BEVILÁQUA, Clovis. *Direito das coisas*. 3. ed. Rio de Janeiro: Renovar, 1951. v. I.

CASSETTARI, Christiano. *Elementos de direito civil*. 2. ed. São Paulo: Saraiva, 2013.

CAVALCANTI, Marise Pessoa. *Superfície compulsória*: instrumento de efetivação da função social da propriedade. Rio de Janeiro: Renovar, 2000.

CHAVES DE FARIAS, Cristiano; ROSENVALD, Nelson. *Direitos reais*. 4. ed. Rio de Janeiro: Lumen Juris, 2007.

COELHO, Fábio Ulhoa. *Família e sucessões*: de acordo com o novo divórcio (EC. 66/2010). 4. ed. São Paulo: Saraiva, 2011.

DIAS, Maria Berenice. *Novo curso de direito civil*: direito de família. 2. ed. São Paulo: Saraiva, 2012.

DINIZ, Maria Helena. *Curso de direito civil brasileiro*. 36. ed. São Paulo: Saraiva, 2019.

DINIZ, Maria Helena. *Curso de direito civil brasileiro*: direito das coisas. 4. ed. São Paulo: Saraiva, 2020a.

DINIZ, Maria Helena. *Curso de direito civil brasileiro*: teoria geral das obrigações. 37. ed. São Paulo: Saraiva, 2020b.

DINIZ, Maria Helena. *Curso de direito civil brasileiro*: teoria geral do direito civil. 37. ed. São Paulo: Saraiva, 2020c.

FIGUEIREDO, Luciano; FIGUEIREDO, Roberto. *Manual de direito civil*: volume único. 2. ed. Salvador: JusPodivm, 2021.

GAGLIANO, Pablo Stolze; PAMPLONA FILHO, Rodolfo. *Manual de direito civil*: volume único. 4. ed. São Paulo: Saraiva, 2020a.

GAGLIANO, Pablo Stolze; PAMPLONA FILHO, Rodolfo. *Novo curso de direito civil*: direito das sucessões, v. 7. São Paulo: Saraiva, 2020b.

GAGLIANO, Pablo Stolze; PAMPLONA FILHO, Rodolfo. *Novo curso de direito civil*: direito de família. 10. ed. São Paulo: Saraiva, 2019.

GOMES, Orlando. Perfil dogmático da alienação fiduciária. *Doutrinas Essenciais Obrigações e Contratos*, v. 5, p. 475, jun. 2011.

GOMES, Orlando. *Direito de família*. 11. ed. Rio de Janeiro: Forense, 1999.

GONÇALVES, Carlos Roberto. *Direito civil esquematizado*. 7. ed. São Paulo: Saraiva,2019.

GONÇALVES, Carlos Roberto. *Direito civil brasileiro*: parte geral. 18. ed. São Paulo: Saraiva, 2020a.

GONÇALVES, Carlos Roberto. *Direito civil brasileiro*: contratos e atos unilaterais. 17. ed. São Paulo: Saraiva, 2020b.

GONÇALVES, Carlos Roberto. *Direito civil brasileiro*: direito das coisas. 15. ed. São Paulo: Saraiva, 2020c.

GONÇALVES, Carlos Roberto. *Direito civil brasileiro*: direito de família. 17. ed. São Paulo: Saraiva, 2020d.

GONÇALVES, Carlos Roberto. *Direito civil brasileiro*: direito das sucessões. 14. ed. São Paulo: Saraiva, 2020e.

LIRA, Ricardo Pereira. O Moderno direito de superfície: ensaio de uma teoria geral. *Revista de Direito da Procuradoria Geral do Estado do Rio de Janeiro*, n. 35, 1979.

MADALENO, Rolf. *Curso de direito de família*. 5. ed. Rio de Janeiro: Forense, 2013.

OLIVEIRA, Carlos Eduardo Elias de. Hipoteca e outras garantias reais no Brasil: Debilidades traiçoeiras diante de credores "privilegiados". *Migalhas*, set. 2021. Disponível em: https://www.migalhas.com.br/coluna/migalhas-notariais-e-registrais/352019/hipoteca-e-outras-garantias-reais-no-brasil. Acesso em: 12 abr. 2022.

PEREIRA, Caio Mário da Silva. *Instituições do direito civil*. 32. ed. Rio de Janeiro: Forense, 2019.

ROPPO, Enzo. *O contrato*. Coimbra: Almedina, 1988.

SCHREIBER, Anderson. *Manual de direito civil*: contemporâneo. 3. ed. São Paulo: Saraiva, 2020.

TARTUCE, Flávio. *Direito civil*: direito de família. 9. ed. São Paulo: Método, 2014.

TARTUCE, Flávio. *Manual de direito civil*: volume único. 10. ed. São Paulo: Método, 2020.

TARTUCE, Flávio. SIMÃO, José Fernando. *Direito civil*: direito das sucessões. 3. ed. São Paulo: Método, 2010.

TEIXEIRA, José Guilherme Braga. *O direito real de superfície*. São Paulo: Revista dos Tribunais, 1993.

VENOSA, Sílvio de Salvo. *Direito civil*. v. 5: Direito das Coisas. 3. ed. São Paulo: Atlas, 2003.